HEIKO GEBHARDT

Du armer Hund

Eine Liebeserklärung anstelle eines Vorworts

Man sagt, ein Mann solle in seinem Leben ein Kind gezeugt, ein Haus gebaut, einen Baum gepflanzt und ein Buch geschrieben haben.

Da kann ich mithalten, ich habe Frau und Sohn, dazu eine liebe Schwiegertochter und zwei noch liebere Enkelkinder, ein Mädchen und einen Jungen. Das Haus ist gebaut, auch an Buch und Baum fehlt es mir nicht. Wollte ich mehr?

Meine Frau ist in 30 Ehejahren ein Stück von mir geworden, mein Sohn wuchs mir längst über den Kopf, der Baum ragt dem Haus übers Dach, und die Sache mit dem Buch ist auch schon eine Weile her.
Ja, ich wollte mehr.

Sollte ich eine neue Affäre beginnen? Man sagt auch, für einen Mann sei es zur Liebe nie zu spät. Ich wagte es.

Ach, wenn Sie wüßten, was es heißt, wenn man im dritten Drittel seines Lebens das Herz noch einmal laut pochen fühlt. Gestern ist es mir widerfahren. Dabei war ich nur zwei Tage fort gewesen; dann hatten wir uns wieder, fielen uns in die Arme.

Ich weiß, der Autor dieses Buches würde mich belehren, daß es sich bei meinem Freund „Nuck" nicht um Arme, sondern um „Vorderläufe" handelt, aber Arm hin, Lauf her, so stürmisch wurde ich lange nicht mehr begrüßt.

Hat der sich gefreut!
Und habe ich mich gefreut!
Im Überschwang meiner Zärtlichkeit habe ich ihn sogar „Nucki" genannt, obwohl ich bedenken sollte, daß solch läppischer Kosename einem erwachsenen Hundemann nicht zu Gesicht steht.

Um so mehr, wenn es sich um das kluge Gesicht eines Airedale-Terriers von vornehmster Abstammung handelt. Denn Nuck ist der Sohn des Pascha von Miekenberg und der Assi von Morgenstern. Und zudem ist er ein gesamtdeutscher Hund, denn seine Mutter war DDR-Siegerin und sein Großvater Heiko war Champion dortselbst.

Est nomen omen?
Heiko Gebhardt, der dieses Hundebuch schrieb, ist Reporter und Hundezüchter zugleich. Wann immer wir in der Redaktion nach ihm fahnden, steckt er bei seinen Hunden. Wann immer er als Reporter in der Welt herumreist, sorgt seine Frau Nini für die Hunde, auch sie gehörte einmal zur Sternredaktion.
Ein guter Stall demnach.

Nun haben sie auch „den Alten" auf den Hund gebracht.
Und weil der damit um Jahre jünger geworden ist, wünscht er diesem Buch viele Leser und jedem Leser die Liebe zu seinem Hund.

Henri Nannen

EIN
STERN-
BUCH

Herausgeber: Henri Nannen
Redaktion: Victor Schuller
Gestaltung und Herstellung: Erwin Ehret
Lektorat: Ernst Artur Albaum
Produktion: Gruner+Jahr-Druckzentrale
Druck: Brillant-Offset, Hamburg

1. Auflage 1978
ISBN 3–570–05638–4

Wie ein Killer sieht
er aus, dieser Dobermann.
Doch vielleicht ist
er daheim in der Familie
ein sanftes Lamm.
Alles hängt davon
ab, was der Mensch,
dem er sich ergeben hat,
aus ihm macht

Jahr für Jahr reisen ehrgeizige Züchter mit ihren besten Tieren von Hundeschau zu Hundeschau. Siege sind für den Zwinger die beste Reklame und für die Besitzer wichtige Selbstbestätigung

CHAPPI
Qualitätsnahrung
für Hunde
1629

Schon auf Faust's Osterspaziergang war er dabei, und er saß auch im Sportwagen des Liebesmädchen Rosemarie Nitribitt: der Pudel. Eigentlich ein intelligenter, robuster Hund. Die Mode, in die er unverschuldet kam, ist ihm schlecht bekommen. Nur zu leicht fällt er Damen zum Opfer, die sonst nichts mehr zum Hätscheln haben

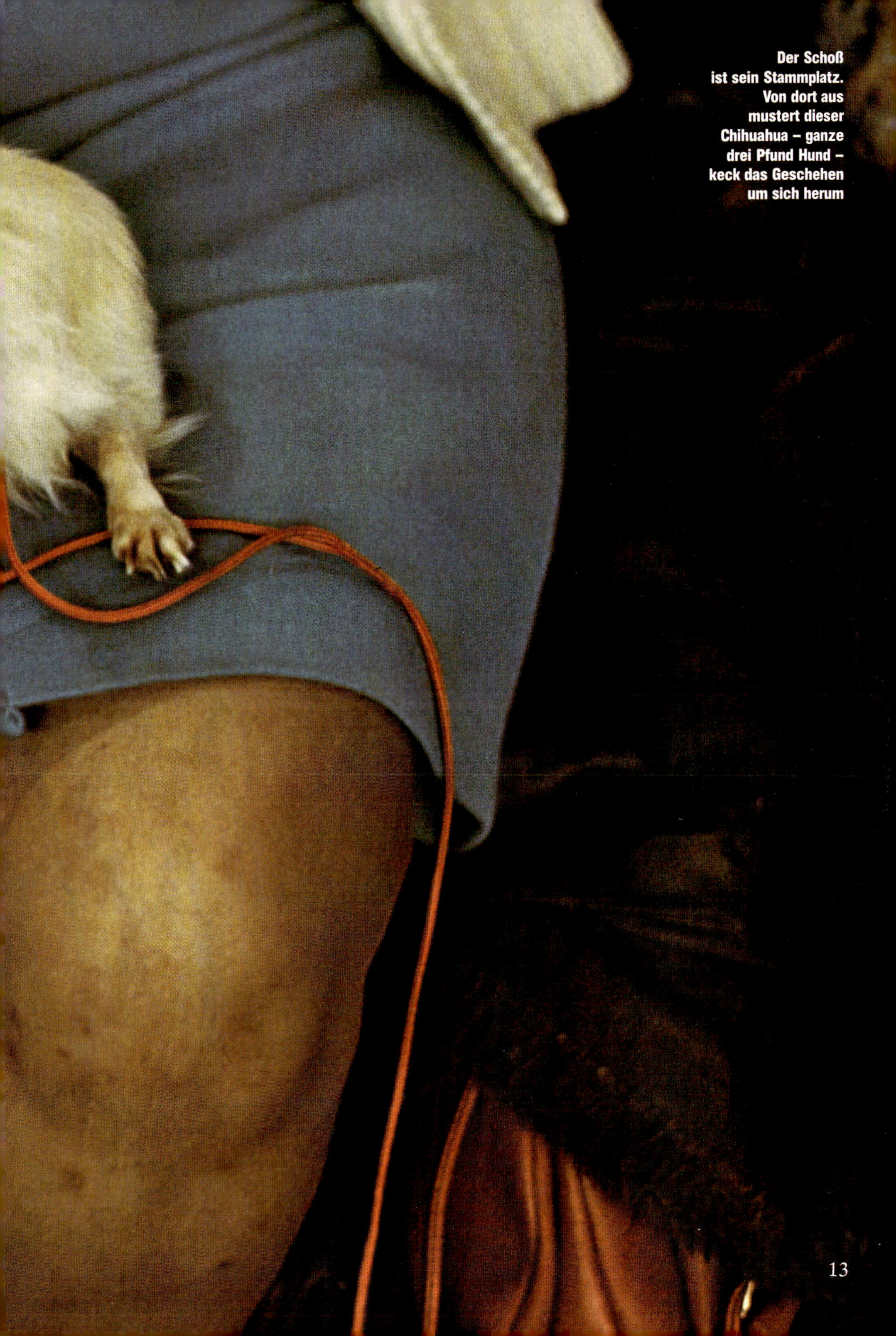

Der Schoß ist sein Stammplatz. Von dort aus mustert dieser Chihuahua – ganze drei Pfund Hund – keck das Geschehen um sich herum

Auf großen Hundeausstellungen tröstet häufig ein Transparent: „Jeder hat den besten Hund". Ein schwacher Trost. Wenn ein Besitzer ohne Pokal bleibt, gibt's nicht selten Tränen. Richter werden beschimpft oder sogar der eigene Hund

Drei Stars aus der französischen Bulldog-Zucht des Prinzen Alexander von Ratibor-Corvey. Ihr Stammbaum kann sich mit dem des Züchters messen. Das Licht der Welt erblicken die Bullies im Schlafzimmer seiner Hoheit – leider meist durch Kaiserschnitt

Einst war es das höchste Vergnügen des Adels, die Hetzjagd mit der Hundemeute. In unserer dicht besiedelten Landschaft ist kaum noch Platz für diese Art der Jagd. Nur noch selten sieht man im Herbst die Rotröcke zu Pferde hinter der kläffenden Meute. Jagd auf lebendes Wild ist indes nur noch in Frankreich gestattet

1 Von Hunden und Menschen

Bis auf die Hunde sind wir alle Langschläfer bei uns zu Hause. Den Weckdienst hat unser Airedale-Terrier-Rüde Simon übernommen. Er schläft zusammen mit der Airedale-Hündin Katja, genannt Püppi, bei uns im Schlafzimmer, weil ich oft auf Reisen bin und meine Frau sich so beschützter fühlt. Simon erhebt sich jeden Morgen pünktlich um sieben Uhr aus seinem Korb und stupst mich mit seiner kalten Hundeschnauze aus meinen Träumen. Püppi sieht ihm lachend zu. Ja, dieser Hund kann lachen. Jedenfalls sieht es genauso aus. Wenn er sich freut, zieht er seine Lefzen weit über die Zähne empor und schaut einen grinsend an.

Ich ziehe mir den Bademantel über und gehe mit den beiden Hunden nach unten. Dort sehe ich gerade, wie sich Sally, die Irish-Wolfhound-Hündin, aus ihrem Lieblingssessel im Wohnzimmer erhebt. Sie ist erst ein Jahr alt, aber schon fast so groß wie ein Kalb. Unbegreiflich, wie sie trotzdem ihre Ausmaße in dem Sessel unterbringt.

Sally streckt sich und gähnt. Die drei beschnüffeln sich untereinander und warten darauf, daß ich endlich die Tür zum Garten aufschließe. Schwanzwedelnd begrüßen sie den neuen Tag, die Stummelschwänze der Terrier fächeln nur Luft, während die lange Rute von Sally klatschend gegen die Möbel peitscht. Sie drängeln sich durch die Tür und verschwinden wie die wilde Jagd im Wald.

Ich kehre zum zweiten Schlaf ins Bett zurück, der für mich der schönste ist. Um halb neun klingelt dann der Wecker. Meinc Frau — die Nini — steht auf und geht in das Zimmer unseres Sohnes. Er ist zwar auf den Namen John-Heinrich getauft – eine Reverenz an seine beiden Großväter —, wird aber nur Bübchen genannt. In den ersten Wochen nach seiner Geburt vor nunmehr zweieinhalb Jahren hatte er unseren Lebensrhythmus empfindlich gestört. Er brüllte immer schon um fünf Uhr. Das legte sich lähmend auf unser Familienleben und auf meine Arbeitskraft. Ich habe damals zeitweilig im Hotel gewohnt. Bübchen hat sich inzwischen angepaßt und schläft genauso lange wie wir.

Das Frühstück dehnt sich bei uns immer sehr aus. Die Hunde sind von ihrem ersten Streifzug zurückgekehrt, ihr Fell ist naß vom Morgentau und duftet würzig nach Gras, Moos und Wald. Jeder hat seinen Platz am Tisch. Püppi liegt neben dem Stuhl meiner Frau und beobachtet futterneidisch jede Bewegung. Simon hat den Kopf auf meine Füße gelegt und träumt vor sich hin. Er genießt mein Dasein und ich die Wärme seines Hundefells. Nur Sally mangelt es manchmal noch an guten Manieren. Sie überragt den Tisch bei weitem und kann sich bequem selber bedienen. Zuweilen versucht sie das auch. Das trägt ihr meinen Tadel ein und böses Knurren von

Simon. Sally ist sehr sensibel. Sofort rollt sie sich artig hinter Bübchens hohem Kinderstuhl zusammen.
Für Bübchen ist jetzt der Zeitpunkt für seine Ein-Mann-Show gekommen. Er gießt seinen Kakao aus dem Becher in den Teller und wieder zurück. Auf dem Tischtuch bilden sich Lachen. Anschließend schmeißt er sein Frühstücksei an die Wand. Es detoniert dicht neben meinem Lieblingsbild, einem Männerporträt aus den zwanziger Jahren, einem Meisterstück der neuen Sachlichkeit. Weil der Mann so elend dreinschaut, behauptet Nini, das Bild sei ein Jubiläumsgeschenk der Barmer Ersatzkasse. Ich sage: „Pfui, Bübchen. Das ist pfui." Sally hat sich das Ei ergattert, und meine Frau sagt: „Gewöhn dir bitte ab, mit dem Jungen so zu sprechen wie mit deinem Hunde."
Nun habe ich mit der Erziehung von Hunden viel mehr Erfahrung als mit der von Kindern, meine aber, daß es im Prinzip auf das gleiche hinausläuft. Verhaltensforscher wie Konrad Lorenz, immerhin Nobelpreisträger, geben mir recht. Anfangs habe ich noch versucht, Nini dafür zu gewinnen, Bübchen ab und zu nach seinen Missetaten einen Klaps geben zu dürfen. Das lehnt sie entrüstet ab. Steinzeitmethoden seien das. Ihre progressiven Tendenzen werden unterstützt von unserem Freund und Nachbarn Jürgen. Und gemeinsam fallen sie bei solchen Diskussionen über mich her. Jürgen ist wie ich Journalist und hat sich auf Gerichtsreportagen spezialisiert. In seinen Geschichten hat der Mörder immer eine schwere Jugend gehabt, und ein bißchen ist bei ihm auch das Opfer schuld daran, daß es erschlagen wurde. Jürgen hat alle psychologischen und psychiatrischen Werke in sich hineingefressen, von Professor Freud bis Professor Bürger-Prinz. Er zitiert daraus so mühelos wie mein alter Deutschlehrer Goethe und Schiller. Jürgen hat mich längst analysiert. Er führt mein, wie er sich ausdrückt, patriarchalisches Verhalten zurück auf eine zu kurze anale Phase. Meine Eltern hätten mich wahrscheinlich zu früh den Windeln entwöhnt und auf den Topf gesetzt. Seither ist das Verhältnis zwischen Jürgen und meiner Mutter gespannt.

Nini hat sich mit ihrem Hausideologen im Rücken gegen mich durchgesetzt. Bei uns stehen inzwischen an die 20 Bücher über Kindererziehung aller antiautoritären Richtungen herum, von Wera Schmidt, der Erziehungswissenschaftlerin aus der russischen Revolution, bis Summerhill. Aber auch Jürgen ist durchaus nicht gegen alle psychischen Fährnisse gewappnet. Vor einigen Jahren hat er einen Hund von mir gekauft. Der tanzt ihm bis heute viel schlimmer auf der Nase herum als Bübchen uns.

Am Ende des Frühstücks schmiere ich für die Hunde eine Schnitte mit Leberwurst. Ich versuche sie gerecht in drei gleiche Teile zu teilen, aber meistens ist eins kleiner. Das bekommt Püppi, sie ist ohnehin zu dick. Die Fütterung übernimmt Bübchen. Er wackelt auf seinen kleinen Beinen um den Tisch und steckt seine Kinderhand tief in die Hundemäuler mit Zähnen so lang und spitz wie dreizöllige Nägel. Von ihm nehmen die Hunde die Leckerbissen so vorsichtig wie ein Konfirmand die Hostie.

Hinterher machen Bübchen, die Hunde und ich regelmäßig unseren Rundgang über das Grundstück. Es ist etwa 40 000 qm groß, und es in Ordnung zu halten würde entweder unsere ganze Arbeitskraft erfordern oder einen Gärtner, den wir uns nicht leisten können. Deshalb wächst alles so, wie es will. Der Rasen ist bei uns Wiese und der Wald fast Urwald. Nur ein kleines Stück Land hat sich meine Frau urbar gemacht und mit Küchenkräutern, Kartoffeln und Erdbeeren bestellt. Daß sie vorzüglich gedeihen, ist nicht zuletzt auch mein Verdienst. Seit fast jeder zweite Bauer bei uns da draußen die Erholung auf dem Pferderücken propagiert, ist in unseren Wäldern ein großes Traben und Galoppieren — vor allem an den Wochenenden. Sonntags schreite ich dann mit meinen Hunden die Reitpfade ab und sammle die Pferdeäpfel in eine Plastiktüte. Freunde, die mich zuweilen begleiten, rümpfen die Nase und verbreiten, ich würde immer schrulliger. Aber unsere Erdbeeren und Kartoffeln danken uns die konsequente biologisch-dynamische Betreuung.

Wir haben noch nie einen Hund gehabt, der so penibel Körperpflege betreibt wie Simon. Jeden Morgen wälzt er sich vor unseren Augen demonstrativ durch das taunasse Gras einen Hügel hinunter, schubbert sich genüßlich den Rücken, strampelt mit seinen Läufen in die Luft und brummt dabei zufrieden wie ein Bär. Anschließend schüttelt er sich und läuft zum Zaun an der Straße. Dort lauert er auf fremde Hunde. Er erspäht sogar Hunde, die im Auto vorbeifahren. Bellend und grollend rast er den langen Zaun hinauf und wieder hinunter. Wenn andere Hunde ihm kontra geben, beißt er wütend in den Maschendraht. Dieses Spiel ist ihm in nunmehr acht Jahren noch nie langweilig geworden. Ein tief eingetretener Trampelpfad am Zaun zeugt von seinen Aktivitäten.
Püppi ist eine leidenschaftliche Jägerin. Lautlos verschwindet sie im Wald und inspiziert mehrere Reisighaufen, in denen die Kaninchen gern Unterschlupf suchen. Sagt ihre Nase, daß sich dort tatsächlich eines dieser armen Geschöpfe verkrochen hat, schlägt sie mit einem keifenden Gebell Alarm. Sofort kommen die anderen beiden herangeflitzt. Püppi bohrt sich tief in den Reisighaufen hinein, bis man nur noch ihre aufgeregt wackelnde Schwanzspitze sieht. Die Äste knacken und brechen. Gleichzeitig umkreisen Simon und Sally grimmig bellend den Haufen. Irgendwann verliert das Kaninchen die Nerven und springt aus seinem Versteck. Es bleibt nur die Flucht durch einen weitmaschigen Jägerzaun aufs Nachbargrundstück oder in ein rettendes Erdloch. Aber nur die Ausgebufftesten schaffen das. Wenn das Kaninchen nicht schon beim Hinausspringen geschnappt wird, setzt ihm Sally direkt nach, als Windhund viel schneller als die Airedales. Die beiden Terrier nehmen den Flüchtling von den Seiten in die Zange.
Auf heißer Fährte sind sie alle drei wie von Sinnen und stoßen ein urhundhaftes, schrilles Gewinsel aus. Dann nutzt dem Kaninchen meist der raffinierteste Haken nichts mehr. Das Team ist zu eingespielt. Sowie die Beute erlegt ist, trottet Simon wieder zum Zaun und schiebt Wache. Er ekelt sich vor Kaninchenfleisch. Püppi und Sally zerlegen das Kaninchen, wobei Sally respektvoll darauf achtet, daß die alte Jägerin die besten Stücke bekommt.

Für mich ist das ein grausames Spiel, an dem ich mich bestimmt nicht freuen kann. Aber die Natur hat es nun einmal so eingerichtet. Die Hunde bringen die Kaninchen um, schnell und sauber, ohne die Bosheit, mit der manche Menschen töten. Verhindern ließe sich das nur, wenn ich meine Hunde im Zwinger einsperren würde. Doch dann hätte ich bald abgestumpfte Tiere.

Püppi lauert oft stundenlang regungslos wie ein Denkmal vor einem Mauseloch oder einem Maulwurfshügel. Plötzlich schnellt sie mit den Vorderläufen blitzschnell in die Luft, läßt sich fallen und beißt zu. Nur selten hat sie nichts zwischen den Zähnen. Sie ist auch ein erbarmungsloser Rattenkiller, schüttelt die Ratten regelrecht tot. Fatalerweise haben wir sie gelobt, als sie in ihrer Jugend zum erstenmal einem dieser lästigen Nager den Garaus machte. Seither schleppt sie jede Ratte, derer sie habhaft wird, zum Entsetzen meiner Frau ins Wohnzimmer und wartet mit stolz wackelndem Hinterteil, begleitet von ihrem unnachahmlichen Grinsen, auf unseren Dank. Wie soll ich dem Hund das nur abgewöhnen, ohne ihm dabei sein Erfolgserlebnis zu vermiesen?

Über eine Birkenallee, die in der guten alten Zeit die Kutschenauffahrt markierte, kehren Bübchen und ich zum Haus zurück. Unser Haus ist ein Holzhaus, das Anfang des Jahrhunderts gebaut wurde. Heute steht es etwas windschief da, ist aber noch durchaus solide. Und überhaupt ist unser Haus einmalig. Es hat ein Grasdach, auf dem im Frühling Blumen wachsen, bunt bemalte Fensterläden, und am First züngelt, wie bei einem Wikingerschiff, ein Drachen. Unser Drachen schaut recht gutmütig drein. Solche Häuser gibt es sonst nur in Norwegen, in Schleswig-Holstein sind sie Fremdlinge, die viel Spott über sich ergehen lassen müssen. Unser Vermieter ist ein generöser Mann. Er denkt nicht daran, das riesige Grundstück in Parzellen zu zerschneiden und als Bauland zu verkaufen. Es macht ihm Freude, daß alles so bleibt, wie es immer war, und daß dort eine Familie mit ihren Tieren glücklich ist.

Neben dem Wohnhaus steht noch einmal das gleiche Haus als winzige Miniaturausgabe, ebenso bunt bemalt und auch mit einem Grasdach. Im Mietvertrag ist es als „Kavaliershäuschen“ aufgeführt. Wir haben es in „das Arbeitshaus“ umgetauft. Es sollte mein ganz eigenes Domizil werden. Ich habe mir dort eine Bibliothek eingerichtet, und es gibt eine Schreibmaschine, ein Diktiergerät und einen eigenen Telefonanschluß. Ein Tischler mußte extra eine Schreibtischplatte anbringen, so groß wie ein Tischtennisfeld. Auf dem Tisch herrscht strenge Ordnung, gespitzte Bleistifte, Filzstifte in allen Farben, ein Terminkalender, Radiergummi, Klebestreifen, eine Schere und soviel Manuskriptpapier, daß es, wenn es benutzt würde, mehrere Jahre ausreichte. Freunde, die das alles gesehen haben, sagen nicht ohne Neid: „Hier muß man doch herrlich arbeiten können!“ Sie haben ja keine Ahnung. Wie soll man da arbeiten können, wo es so schön ist?

Ich habe es wirklich oft versucht. Aber es ist jedesmal das gleiche: Kaum sitze ich am Schreibtisch, entdeckt Simon, daß sein Herr fehlt. Er springt auf die Türklinke, öffnet sich die Tür, legt seinen Kopf auf meinen Schoß und schaut mich erwartungsvoll an. Er will mit mir spazierengehen. Ihm folgt garantiert Sally mit einem Stock im Maul, den ich für sie wegwerfen soll. Und auch Püppi hat plötzlich kein Interesse an der Jagd mehr. Wo die Hunde sind, ist bald auch Bübchen. Erst bemalt er meine Tischplatte mit Filzstift. Dann soll ich mit ihm in der Sandkiste Kuchen backen. Inzwischen ist auch Nini da, die sehen will, wo Kind und Hunde geblieben sind.

Ich habe gebrüllt und gedroht, das Arbeitshaus für alle zum exterritorialen Gebiet erklärt, es hat nichts genutzt. Sie kommen immer wieder auf neue Ideen, meine Arbeit zu sabotieren. Und wenn Püppi aus Niedertracht schnell eine Ratte fängt, die ich aus dem Wohnzimmer transportieren muß.

Ich kann es wohl nicht verbergen, daß ich im Grunde dankbar bin für alles, was mich losreißt von dem weißen Blatt Papier, das ich mit Zeilen füllen soll, die mir nicht einfallen wollen. Das Ende vom Lied ist immer, daß ich für eine Zeit Abschied nehme von daheim und mich in einen anonymen Raum flüchte, zu dem ich keinerlei Beziehungen habe, in ein Hotel oder in die leerstehenden Wohnungen und Häuser von Freunden. Im Exil geht mir das Schreiben schnell von der Hand, schon deshalb, weil ich gern wieder zu Hause sein möchte.

Die Redaktion hat ihren Sitz in Hamburg. Muß ich dort hin, nehme ich meist einen Hund mit. Alle drei wissen sofort, wann es soweit ist. Der braune Aktenkoffer, den ich zu diesem Anlaß mitschleppe, gibt ihnen das Signal. Sie drängeln sich vor dem Auto, jeder will mit. Ich muß scharf aufpassen, sonst sitzen alle drei drin. Aber bei uns geht es gerecht der Reihe nach, und der, der ge-

Ein altes Holzhaus mit Grasdach ist die Heimat des Autors und seiner Familie

rade dran ist, blickt aus dem Fond hochmütig auf die beiden anderen, die zu Hause bleiben müssen. Die Fahrt nach Hamburg wird von meinen Hunden als Auszeichnung betrachtet, vor allem, weil wir mittags auf die Hundewiese an die Alster gehen. Die Hunde scheinen ähnlich wie Nini zu empfinden, die es zur Erhaltung ihrer Lebensqualität braucht, mindestens alle drei Wochen einmal über den Jungfernstieg oder über die Mönckebergstraße zu flanieren. Ich dagegen fahre nur ungern in die Stadt.

Auf der Hundewiese ist immer ein Mordsbetrieb. Von weither werden die Stadthunde von ihren Herrchen und Frauchen heranchauffiert, damit sie sich auf dem Rasen vom ewigen Pflastertreten erholen können. Für meine Hunde gibt es da ungeheuer viel zu sehen. Die Artgenossen aus der Stadt sind meist viel schicker frisiert als sie, manche tragen sogar Mäntelchen in den neuesten Modefarben und extravagante Kettchen. Da können meine nicht mithalten. Ihr Auftreten und ihre Umgangsformen sind längst nicht so geschliffen. Das Landleben hat sie geprägt. Vielleicht haben sie deshalb sogar Komplexe, denn sie geben sich hier betont ruppig und inszenieren allzugern Raufereien. Seit Simon einmal an einem kalten Januartag einen blasierten Königspudel, der ihm dumm gekommen war, in die Alster getrieben hatte — der Besitzer des begossenen Pudels drohte mit Strafanzeige —, nehmen viele Herrchen und Frauchen ihre Hunde auf den Arm, wenn sie mich nur von weitem sehen. Selbst Sally, die ebenso riesig wie gutmütig ist, hat hier einen schlechten Ruf. Meinen Hunden macht das nichts. Obwohl sie nicht die geringste Chance haben, in den noblen Klub der Stadthunde aufgenommen zu werden, lieben sie diese Wiese, genießen es, dort ein wenig vom Duft der großen weiten Welt zu erschnüffeln.

Das Redaktionshaus steht nicht weit von der Hundewiese entfernt. Im Volksmund heißt es der „Affenfelsen", womit nicht auf die Insassen angespielt wird, sondern auf die Form des Gebäudes, die geprägt ist von der eigenwilligen Handschrift eines Stararchitekten. Das Bauwerk ist so modern, daß man darin kein Fenster mehr öfnnen kann. Die Luftzufuhr wird von einer Klimaanlage dirigiert. Den Hunden ist diese Luft zu dick. Schon nach einer Viertelstunde hecheln sie apathisch vor sich hin und saufen eimerweise Wasser. Die Menschen, die hier arbeiten, müssen robuster sein als Hunde. Auf den mit grüner Synthetikfaser ausgelegten Fluren fallen die vierbeinigen Lebewesen sofort als Fremdkörper auf. Die Sekretärinnen kommen aus ihren Zimmern, fallen rudelweise über meine Hunde her und wollen mit ihnen schmusen. Der Duft von Chanel und Madame Rochas, der sie umgibt, setzt die sensiblen Hundenasen außer Gefecht, die schönsten Kaninchenfährten sind perdu. Von allen Seiten ertönt es: „Wauwilein, willst du ein Stückchen Schokolade. Nein, bist du ein Süßer. Gib Pfötchen. Komm, mach hübsch."

Kritischer reagieren die Journalisten. Mancher sieht in mir einen Snob, der mit seinem hündischen Freizeit-Look die Arbeitswelt provozieren will. Andere drücken sich ängstlich an die Wand und blaffen mich an: „Nehmen Sie bloß Ihre Töle weg!" Lassen mich die Liberalen noch als Hundenarren gelten, bin

Zuletzt kam Sally, die Irish Wolfhound-Hündin, zu uns ins Haus. Schnell ist sie zum ruhenden Pol zwischen den quicken Terriern geworden

ich für die Mehrheit, die nicht schweigt, eher einer mit 'ner Hundemacke. Und auch ich habe mich schon oft gefragt, woran es denn liegen mag, daß ich mich seit über 30 Jahren an einer Hundeleine durchs Leben ziehen lasse. Eine Antwort darauf habe ich bisher nicht gefunden.

Solange ich mich erinnern kann, haben Hunde bei uns zu Hause einfach immer dazugehört. In den wenigen Jahren, in denen ich mir keinen Hund halten konnte, ist eine bestimmte Ecke meines Lebens ziemlich leer gewesen. Vielleicht liegt das in der Familie. Schon mein Großvater hat Hunde gehabt, zeitweilig sogar selber gezüchtet. Wenn ich in alten Fotoalben blättere, sind neben meinen Großeltern und später neben meinen Eltern und mir die jeweiligen Hunde abgebildet. Mein Großvater war Reichsbahn-Beamter, ein sehr korrekter und kaisertreuer Mann, auch noch, als es längst keinen Kaiser mehr gab. Widerspruchslos gab er seine Hunde her, als der Erste Weltkrieg begann. Sie wurden als Sanitäts- und Meldehunde an die Front geschickt. Keiner ist zurückgekommen.

Auch im Zweiten Weltkrieg sollten seine Hunde requiriert werden. Hatte mein Großvater dem Kaiser seine Hunde noch zugestanden, so waren sie ihm für den Führer, den er stets verächtlich „dieser Herr Hitler" nannte, zu schade. Das muß er der Kommission, die die Hunde abholen sollte, recht drastisch klargemacht haben. Man nahm nicht nur die Hunde, sondern auch ihn mit. Erst nach einigen Tagen kehrte er zurück. Vermutlich hat ihn sein Alter vor größerem Schaden bewahrt.

Auch sein Lieblingshund Harras wurde bald als dienstuntauglich zurückgeschickt. Ausbilder hatten den alten Hund fast zu Tode geschunden. Er starb wenig später an dem, was er erlitten hatte. Und damals schwor sich mein Großvater, so hat es mir meine Mutter erzählt, sich nie wieder einen Hund anzuschaffen.

Wir erlebten das Kriegsende in einem kleinen niedersächsischen Dorf in der Nähe von Hannover. An einem Frühlingstag des Jahres 1946 ging ich zusammen mit anderen Kindern auf Kaninchenfutter-Suche. Auf einer Wiese fanden wir Handgranaten und spielten Soldaten. Eine Granate explodierte und zerriß einen Jungen. Ich wurde von Splittern im Kopf und in den Beinen getroffen. Das Krankenhaus war weit von unserem Dorf entfernt. Meine Eltern konnten mich nur selten besuchen, die Verkehrsverbindungen waren schlecht. Es gab Typhus- und Diphtherieepidemien. Viele Kinder starben. Die Erinnerungen daran sind verblaßt, eines weiß ich aber noch ganz genau: Die Särge, in denen die Kinder begraben wurden, waren weiß. Kurz vor Weihnachten war ich wieder zu Hause. Ich mußte ein zweites Mal laufen lernen.

Es sollte trotzdem mein schönstes Weihnachtsfest werden. Mein Großvater, der selbst keine Hunde mehr haben wollte, hatte für seinen Enkel einen jungen Airdale-Terrier besorgt, in jenen Zeiten eine Rarität, die nicht mit Geld zu bezahlen war. Er gab dafür seine Briefmarkensammlung her. Schon Wochen vorher — so erfuhr ich später — hatte er starrköpfig, wie er nun einmal war, gesagt: „Der Junge braucht einen Hund. Ein Hund muß her.“

Und so hockte am Weihnachtsabend Arrak unter dem Tannenbaum, ein zehn Wochen altes Hundeknäuel. Als er mich sah, machte er zuallererst einmal einen See. Arrak durfte bei mir im Zimmer bleiben. In der ersten Nacht habe ich allerdings kaum geschlafen. Immer wieder bin ich aufgestanden und habe meinen Hund gestreichelt. Schließlich hatte Arrak ein Einsehen und sprang zu mir ins Bett. So ist es dann geblieben, bis er herangewachsen war.

Seinen ersten Streich, es sollten danach noch viele folgen, vollführte Arrak gleich zu Silvester. Er fraß uns heimlich in der Küche die Krapfen weg. Die Zutaten hatten meine Eltern mühsam auf dem Schwarzen Markt erkungelt. Es setzte Hiebe für Arrak, und ich habe geweint. Der Hund und ich wurden unzertrennlich. Nach meinem Unfall war ich noch nicht wieder in der Lage, mit den Dorfkindern herumtoben zu können, und so machte ich meine Streifzüge gemeinsam mit Arrak. Wir schlichen uns schon frühmorgens aus dem Haus, wenn noch alles schlief. Wir sahen den Bauern zu, wie sie ihre Pferde anschirrten, gingen in die Ställe und schauten beim Melken zu.

Am Anfang mußte ich Arrak noch vor den Angriffen grimmiger Hofhunde beschützen. Später hat er sich bitter gerächt, er wurde ein großer Kämpfer. Gemeinsam strolchten wir herum und entdeckten die Welt: Das war für uns ein Ameisenhaufen, ein Kaninchen, das Storchennest auf dem Pfarrhaus oder das Flüßchen hinten in der Wiese, wo ich im Frühjahr Kaulquappen fing.

Aus dem Herumstrolchen von damals hat sich bei mir eine Vorliebe für stundenlange Spaziergänge entwickelt, nie aber ohne Hund. In den Zeiten, in denen ich keinen besaß, habe ich für meine

Gänge einen von Freunden ausgeliehen. Komme ich mit Büroärger im Bauch nach Hause oder steckt in mir noch das Elend, das ich auf einer meiner Reisen erlebt habe, den Krieg in Nahost, das Erdbeben in Peru oder die Hungersnot in Äthiopien, pfeife ich, ehe ich die Familie meiner deprimierten Stimmung aussetze, einen meiner Hunde herbei, meistens ist es Simon, und gehe mit ihm in den Wald.

Sowie der Hund die Leine sieht, springt er schweifwedelnd um mich herum und bellt in Vorfreude auf den Spaziergang meinen ganzen Unmut zum Teufel, erpreßt sich rücksichtslos gute Laune. Vom Hund kann man wieder lernen, was man längst verlernt hat: ohne Ziel anzukommen. Dort gilt es für ihn eine Hasenspur zu verfolgen und im weiten Bogen auf die Stimme seines Herrn zurückzukommen, hier wird das Bein gehoben und schnell eine Marke gesetzt. Kleinigkeiten macht er zum Ereignis. Da steht er mit gespitzten Ohren, meldet die Ankunft eines Fremden, jagt wenig später wieder ein Eichhörnchen auf einen Baum empor, umwedelt Hündinnen, beknurrt sich mit Rüden, nimmt zwischendurch einen Schluck aus einer Pfütze. Sein Schwanz, dieser Stimmungspegel, steht hoch. Die Welt ist schön. Wie kann man da selbst noch verdrießlich sein? Vieles, was einen eben noch bewegte, verliert an Wichtigkeit, und man kommt als Mensch zu seiner Familie zurück.

Fast jeder singt ein Lobeslied auf *seinen* Hund. Ich mag fast alle Hunde, gebe aber vor allen anderen dem Airedale den Vorzug. Das ist Arraks Verdienst, des Freundes aus meinen Kindertagen. Ein echter Airedale-Terrier ist nach außen hin ein Rauhbein, innerlich aber voller Gemüt. Er ist ein Temperamentsbolzen und steckt voller Kampfeslust, die er jederzeit für seinen Herrn einsetzt, genausogern aber auch zu seinem eigenen Spaß benutzt, was häufig zu Ärger mit der Umwelt führt. Er ist keine liebedienerische Kreatur, nichts für jene, die sich nur einen stummen Diener wünschen. Ein Airedale von gutem Geblüt wird immer seinen eigenen Kopf behalten, aus dem niemand ihm die Flausen ganz vertreiben kann.

Von meinem Großvater lernte ich, wie man einen Hund richtig erzieht. Er machte das mit unendlicher Geduld und Liebe, lobte viel und strafte selten, war dabei aber immer konsequent. Er hielt nichts davon, die Persönlichkeit des Hundes zu zerstören, ihn zu brechen, wie das bis heute nur allzuoft auf den Abrichtplätzen geschieht. Arrak wurde trozdem ein tüchtiger Gebrauchshund. Der Dickkopf hatte großen Respekt vor dem alten Mann, erlaubte sich ihm gegenüber nur selten Mätzchen. Er lernte bei Fuß gehen, Sitz- und Platzmachen, Fährtenlesen, über Hindernisse springen und Hölzer apportieren. Sogar wie man einen Bösewicht faßt, brachte ihm mein Großvater bei. Das Opfer war ein Melker von einem benachbarten Bauernhof, der sich für ein paar Flaschen Bier einen Kartoffelsack um den Arm wickelte und dann den Strolch mimte. Er tat das allerdings nur ein paarmal, dann wurde ihm die Sache zu riskant.

Der Unterricht wurde auf langen Spaziergängen erteilt, die meist zum Marienberg emporführten, einem dicht bewaldeten Hügel, auf dessen Spitze die Marienburg thronte, dem heutigen Stammsitz der Welfen. Eines Tages wur-

den wir von einer Frau im Trainingsanzug überholt, die sich dort fit trimmte. Als sie Arrak erblickte, blieb sie stehen, streichelte ihn und sagte: „Ein Airedale, ein prächtiges Tier. Wie kommen Sie denn zu dem?“ Mein Großvater mochte es nicht, wenn Fremde den Hund anfaßten, und konnte sehr barsch werden. Diesmal hatte er ehrfurchtsvoll seinen Hut gezogen, stand stramm da, wie zu seinen Ulanenzeiten, und gab höflich Auskunft. Als die Frau weitergelaufen war, sagte er andachtsvoll: „Junge, das war eben Viktoria Luise, die Tochter unseres Kaisers.“ Ich kannte Könige und Kaiser bis dahin nur aus Grimms

Unsere Airedale-Terrier-Hündin Püppi ist ein großer Jäger. Selbst aus dem Fenster späht sie nach Kaninchen aus, die unser Grundstück bevölkern

Märchen, die mir meine Großmutter abends vor dem Einschlafen vorlas. Zwar hatten die darin nie Trainingsanzüge getragen, sondern Kronen und purpurfarbene Mäntel, doch das war mir egal. Daß eine Kaiserstochter meinen Arrak gestreichelt hatte, machte mich damals unendlich stolz.

Von meinem Großvater erfuhr ich vieles über die Geschichte der Rasse des Airedale-Terriers. Er hatte sie als junger Mann während eines England-Aufenthaltes kennengelernt, und als er nach Deutschland zurückkehrte, begleitete ihn sein erster Airedale. Das war Ende des Jahrhunderts gewesen. Der Airedale stammt ursprünglich aus der Grafschaft Yorkshire. Die Bauern, Fabrikarbeiter, Bergleute und Viehhändler im wasserreichen Yorkshire brauchten schneidige, wetterfeste Hunde, die Haus und Hof vor Räubern schützten und einzeln oder in Meuten in Gewässer getrieben werden konnten, wo sie vor allem Ottern und Ratten aufspüren sollten. Selbst bei niedrigsten Temperaturen scheuen die Hunde den Sprung ins Wasser nicht.

Als Schöpfer des eigentlichen Airedales gilt ein gewisser Wilfried Holmes, der in der Nähe von Bradford in der Grafschaft Yorkshire lebte. Er kreuzte diesen Terrier, der sich seit Jahrhunderten bewährt hatte, mit dem Otternhund, ebenfalls einem großen Wasserfreund, mit dem Black-and-Tan-Collie und dem Gordon-Setter, die dem Terrier seine braun-schwarze Färbung verliehen. Bullterrier-Blut erhöhte die Kampfeslust noch, und der Bluthund vererbte ihm die feine Nase. Durch komplizierte Kreuzungen, Rückkreuzungen und Inzucht entstand in relativ kurzer Zeit der Airedale-Terrier, damals auch unter dem Namen „Bingley-Terrier“ bekannt. 1878 wurde der Hund vom englischen Kennel-Club als Rasse anerkannt. Bald schon verbreitete er sich von seiner Heimat Yorkshire aus über die ganze Welt. In Deutschland machte ihn der „Klub für rauhhaarige Terrier“ (heute „Klub

für Terrier“), der 1894 gegründet worden war, populär. Er ist bis heute die einzige ausländische Hunderasse geblieben, die hierzulande als Gebrauchshund anerkannt ist. Fast gleichzeitig mit dem Schäferhund trat er in die Dienste der Polizei. Airedales begleiteten Deutsche 1900 zum Boxer-Aufstand in China, in Afrika wurden sie zur Löwenjagd verwendet. Daß er auch im Ersten und Zweiten Weltkrieg eingesetzt wurde, habe ich bereits berichtet.
So nüchtern, wie sich das hier liest, waren die Geschichten nicht, die mein Großvater erzählte. Er spickte sie mit Histörchen und Erlebnissen, die er mit seinen eigenen Hunden gehabt hatte. Für ihn, den Monarchisten bis zum letzten Atemzug, war der Airedale, wie er stets betonte, der König unter den Terriern, von denen es, wie ich bald wußte, über 30 Arten gibt. Damals kannte ich sie alle auswendig.
Arrak hat es nie ganz eingesehen, daß ich eines Tages zur Schule mußte und nicht mehr ausschließlich für ihn da war. Um die Wartezeit abzukürzen, begleitete er mich morgens hin und erwartete mich mittags ungeduldig vor dem Portal. Wenn ihm der Unterricht zu lange dauerte, drang er in das Schulgebäude ein und kratzte und winselte vor der Tür zu meinem Klassenzimmer. Die anderen hatten dann ihre Gaudi, ich hatte den Ärger mit den Lehrern.
Ich war noch immer ein schwächliches Kind. Arrak sorgte dafür, daß ich nie Keile bezog. Wenn es einmal brenzlig wurde für mich, zeigte er nur seine Zähne und knurrte leise. Jeder hatte eine Heidenangst vor ihm. Auch meine Eltern durften in seiner Gegenwart nie die Hand gegen mich erheben. Das hatte zur Folge, daß ich mich weit vor der Zeit zwangsläufig einer ziemlich antiautoritären Erziehung erfreute.
Arrak ist nicht sehr alt geworden. Seine letzten Jahre mußte er in der Stadt verbringen, was ihm nicht sehr behagte. Zu sehr war er die Freiheit des Landlebens gewohnt, ähnlich erging es auch mir. In jeden Ferien fuhren wir von Hannover, wohin meine Eltern gezogen waren, zu den Großeltern aufs Dorf hinaus, und dann war es wieder wie in alten Zeiten. Bis er eines Tages Wucherungen in den Ohren bekam und in der Tierärztlichen Hochschule operiert werden mußte. Ich habe ihn dort selber wieder abgeholt. Bevor ich Arrak zu sehen bekam, führte mich der Professor, ein freundlicher alter Herr, in sein Zimmer. Er nahm sich viel Zeit, erklärte mir geduldig, was ich nicht begreifen wollte, daß Arrak rettungslos von Krebs befallen sei. Er wollte ihn gleich töten, doch als er merkte, wie sehr ich an dem Hund hing, ließ er sich noch einmal erweichen. Er sagte: „Erspar ihm unnötige Qualen. Wenn es schlimmer wird, sollen deine Eltern mich anrufen. Ich tue ihm bestimmt nicht weh, das verspreche ich dir.“
Bis dahin war der Tod für mich etwas Abstraktes gewesen. Nie hatte ich darüber nachgedacht, daß alles einmal zu Ende geht. Nun sollte ausgerechnet Arrak sterben. Der Professor mußte sich geirrt haben. Das stand fest für mich.
Arrak hat sicherlich gespürt, daß ich mit ihm nicht zufrieden war. Noch einmal raffte er sich auf, und es schien alles gut zu werden. Doch dann fraß er immer weniger, magerte gottserbärmlich ab. Häufig verunreinigte er die Wohnung, was ihm selbst am peinlichsten war.

Eines Morgens bin ich dann mit ihm seinen letzten Gang gegangen. Ich wollte nicht, daß jemand dabei war. In der Nacht zuvor hatte er noch einmal, wie Weihnachten 1946, auf meiner Bettdecke geschlafen. Und auch diesmal kamen wir nicht zur Ruhe. Dazwischen lagen zehn Jahre.
Beim Fleischer kaufte ich von meinem Taschengeld noch ein Pfund Tartar. Das hatte er immer besonders gern gemocht. Wir sind zu Fuß durch den hannoverschen Stadtwald zur Tierärztlichen Hochschule gelaufen, ganz langsam. Zwischendurch rasteten wir ein paarmal auf einer Bank, und ich versuchte Arrak mit dem Fleisch zu füttern. Doch er mochte nicht mehr, wohl nur mir zuliebe würgte er einige Brocken hinunter. Selbst auf seinem letzten Gang war er noch ein echter Terrier. Hunde, die uns zu nahe kamen, verjagte er mit seinem altvertrauten, dumpfen Knurren.
Ich habe ihn in den Armen gehalten, als der Professor ihm die Spritze gab, und erst jetzt fiel mir auf, wie grau sein Bart geworden war, wie stumpf seine Augen. Das Töten ging schnell und schmerzlos, wie das Impfen in der Schule. Aber dann sah ich, wie mein Arrak einfach weggeworfen wurde, hinein in einen Behälter für Tierkadaver. Hatte er das verdient, mein Hund?
Ich ließ das geschehen. Über seinen Tod hinaus hatte ich mir überhaupt keine Gedanken gemacht. Später, als ich ohne meinen Hund nach Hause ging, nur noch seine Leine und sein Halsband in der Hand, kam ich mir treulos und gemein vor. Eine unbändige Wut gegen die Stadt erfüllte mich, in die Arrak und ich nicht gewollt hatten, in der man nicht einmal seinen Hund anständig begraben durfte. Ich sehnte mich zurück aufs Land, wo Arrak im Garten oder im Wald die letzte Ruhe gefunden hätte. Für Arrak war es zu spät. Nie wieder habe ich einen Hund dem Abdecker überlassen.
Meine Eltern holten sich schnell einen neuen Hund ins Haus. Auf Konos folgte Anette. Beide waren wieder Airedales. Ich habe sie gemocht. Aber eine Bindung, wie ich sie zu Arrak hatte, kam nicht zustande. Wahrscheinlich habe ich sie zu sehr an ihm gemessen, und außerdem war ich inzwischen in einem Alter, in dem ich sehr mit mir selbst beschäftigt war. Später, als ich durch die Welt zu reisen begann, kam ich oft in Länder, in denen es von herrenlosen Hunden wimmelte. Manchmal habe ich einen dieser armen Kerle durchgefüttert, bis ich wieder weiter mußte.
Dann lernte ich Nini kennen. Sie war, wie ich, auf dem Land groß geworden, und es zog sie genauso wie mich dorthin zurück. Durch eine Zeitungsannonce fanden wir unser Norwegerhaus. Nur ein Hund mußte noch her, das stand für mich fest. Nicht aber für Nini, die in ihren Entschlüssen zaghafter ist als ich. Ein Hund, das war etwas Neues für sie, nie hatte sie einen besessen, und sie traute sich nicht recht zu, mit so einem Tier fertig zu werden.
Eines Tages überredete ich sie, mit mir einen Wurf Airedales anzuschauen, wohl wissend, wie schnell sich kleine Hunde in Frauenherzen einschmeicheln. Der Züchter war Bahnwärter an der Hauptstrecke zwischen Hannover und Göttingen. Seine Hunde bekamen wir allerdings nicht zu sehen. Nur noch zwei Welpen seien da, klagte der Mann, als wir bei ihm eintrafen. Die anderen

seien vergangene Woche aus dem Zwinger ausgebrochen und vom Personenzug nach Elze erfaßt worden. Das war nicht sein einziges Pech gewesen. Sein Deckrüde war unter den TEE Gambrinus geraten, und so ging das weiter. Hundesterben nach Fahrplan. Fluchtartig suchten wir das Weite.
Simon fanden wir in einem Zwinger bei Hildesheim. Er schoß gleich aus der Meute seiner Brüder und Schwestern heraus und hängte sich mit seinen spitzen Milchzähnen in mein Hosenbein. Der kleine Bursche strotzte vor Selbstbewußtsein. Auf seiner braunen Brust hatte er einen kleinen weißen Fleck, genauso wie Arrak.
Eine halbe Stunde später saß er bereits auf dem Schoß meiner Frau im Auto. In der Lüneburger Heide machten wir eine Pause. Simon jagte sofort durch das Heidekraut, das höher war als er, und kugelte sich die sandigen Hügel hinunter. Von Heimweh war ihm nichts anzumerken. Er schien froh zu sein, nicht mehr in seinem Zwinger hocken zu müssen. Seine geballte Lebenslust versöhnte schließlich auch Nini, die sich erst von mir überrumpelt gefühlt hatte. Ein paar Tage später mußte ich für längere Zeit in die Sowjetunion. Als ich zurückkam, waren die beiden längst dicke Freunde.

Obwohl ich so oft weg bin, ist Simon ganz auf mich fixiert. Wenn ich auf Reportage-Reisen bin, tritt in seinem Leben eine Pause ein. Er verzieht sich dann auf seinen Stammplatz unter der Treppe, frißt kaum und läßt sich von niemandem trösten. Bei der Heimkehr werde ich jedesmal mit einem heulenden Freudentanz empfangen, wie ich ihn noch bei keinem anderen Hund erlebt habe. Zur Strafe für meine Abwesenheit traktiert er mich mit kleinen Bissen und Kniffen.

Im ersten Jahr lahmte Simon oft. Nini ließ ihn von mehreren Tierärzten untersuchen. Sie konnten nichts finden, bis wir feststellten, daß unser Hund immer dann hinkte, wenn ich wieder mal weg war. Es dauerte lange, bis er diese Protesthaltung aufgab.

Mit allen Tricks möchte sich Simon bei mir einschmeicheln. Auf Spaziergängen springt er — ohne Befehl — über die höchsten Hindernisse hinweg und erwartet Lob und Beifall. Er schleppt ganze Baumstämme herbei und inszeniert Prügeleien, nur um mir zu imponieren. Ich habe das genau beobachtet. Als ich ihn eines Tages vor unserem Kaufmannsladen angebunden hatte, sah ich durch das Schaufenster, daß eine Frau ihren Cocker neben Simon plazierte. Der nahm von dem anderen Hund keine Notiz. Erst als ich aus dem Laden kam, stürzte er sich wie wild auf den Cocker und legte ihn aufs Kreuz.

Einmal, er war gerade zwei Jahre alt, hätten wir Simon beinahe verloren. Ich

Von allen Hunden liebt unser Sohn Bübchen die Riesin Sally am meisten, und sie ihrerseits hat bei ihm Ammenfunktion übernommen. Es ist eine Beziehung ohne Krampf. Er lernt neben Tieren zu leben, gleichzeitig ihre Grenzen zu erkennen

hatte mehrere Wochen in München zu tun und nahm Nini und Simon mit. Gleich am ersten Tag gingen wir im Englischen Garten spazieren, nicht ahnend, daß es dort Rehwild gibt, sonst hätte ich meinen Hund an der Leine behalten. Plötzlich sprang vor uns ein Reh auf, und weg war der Hund.

Stundenlang haben wir gepfiffen, geschrien, alle Spaziergänger nach Simon ausgefragt. Unsere Wut ging in Angst über, die Prügel, die wir ihm zugedacht hatten, wären nie vollzogen worden, alles hätten wir ihm verziehen, wäre er nur wieder dagewesen.

Schließlich erinnerte ich mich eines Tricks, den mir einst mein Großvater verraten hatte. Man soll einen Gegenstand, der nach einem selbst riecht, an der Stelle deponieren, an der der Hund durchgebrannt ist. Der Hund verfolgt seine eigene Fährte zurück und wartet bei diesem Gegenstand, bis er von seinem Herrn geholt wird. Ich legte meine Unterhose an den Fluchtort. Alle drei Stunden bin ich in dieser Nacht, einer bitterkalten Februarnacht, zu meiner Unterhose gegangen. Von Simon keine Spur.

In aller Frühe telefonierten wir am nächsten Morgen mit Polizei, Tierheim, Straßenmeisterei und der Städtischen Abdeckerei. Simon war weder lebendig noch tot gesichtet worden. Nini hängte im Englischen Garten Fahndungszettel an jeden zweiten Baum, erlebte dabei eine nie gekannte Solidarität zwischen Bayern und Preußen. Ich versuchte derweil in den Redaktionen der lokalen Zeitungen mein Glück. Dort sollte man über Simons Verschwinden berichten. Ich machten den Kollegen die Geschichte schmackhaft, indem ich ihnen von einem Talent Simons erzählte, das ihn über andere Hunde hinaushebt. Simon kann nämlich singen. Ich brauche ihm nur einen hohen Ton ins Ohr zu flüstern, und schon stimmt er eine herzzerreißende Arie an. Diese künstlerische Begabung meines Hundes hat mir in meiner Stammkneipe schon manches Freibier eingebracht und sollte sich auch diesmal als nützlich erweisen.

Am nächsten Tag erschien tatsächlich die Geschichte Simons mit dessen Bild in allen Münchner Zeitungen. Der singende Hund hatte Schlagzeilen gemacht. In den nächsten drei Tagen riefen Hunderte von Leuten bei uns im Hotel an, die angeblich Simon gesehen hatten. Ich mußte das Telefonfräulein mit einem hohen Trinkgeld bei Laune halten. Unglaublich, wo der Hund überall gewesen sein sollte. Ich bin seiner Spur Hunderte von Kilometern nachgefahren. Vergebens. Ich hatte unseren Simon längst aufgegeben, wagte nur nicht, das Nini zu sagen, die immer noch Hoffnung hatte und nicht vom Telefon wegzubewegen war.

Am vierten Tag, morgens, wieder ein Anruf: „Ihr Hund sitzt hier in Schwabing mitten auf der Feilitzschstraße und blockiert den Verkehr." Sicher wieder eine Falschmeldung, dachte ich, fuhr aber trotzdem hin. Und da saß er tatsächlich, unser Simon, ließ sich von niemandem anfassen. Eine tierliebende Münchnerin hatte ihm eine Schüssel mit Milch hingeschoben.

Kaum hatte er mich entdeckt, vollführte er seinen berühmten Freudentanz, sprang mir mit beiden Pfoten vor die Brust und schaute mich anklagend an, als wolle er sagen: „Warum habt ihr mich so lange allein gelassen?"

Nachdem er sich ausgeschlafen hatte, wurde er sogar in die Abendschau des Bayerischen Fernsehens zum Vorsingen eingeladen. Viel später noch erreichte uns der Brief eines Bierzeltbesitzers. Simon sollte während des Oktoberfestes in dessen Zelt jodeln. Der Schankwirt bot eine ansehnliche Gage. Aber unser Hund hatte von München die Nase voll.

Püppi, die drei Jahre nach Simon zu uns kam, ist nicht so abhängig von den Menschen. Sie geht gern ihre eigenen Wege, ist noch mehr Hund. Nur wenn sie Mutterfreuden entgegensieht, entwickelt sie ein besonders inniges Verhältnis zu uns.

Nach Püppi kam unser Sohn. Püppi geht ihm aus dem Wege, mag seine kindlichen Grobheiten nicht. Anders Simon. Er sieht in Bübchen einen lästigen Konkurrenten und verfolgt ihn mit seiner Eifersucht. Einmal hat er ihn sogar gebissen, was ihm die Prügel seines Lebens eintrug. Seither kennt er seine Grenzen genau. Das hindert ihn aber nicht, furchterregend zu grollen wie der Metro-Goldwyn-Mayer-Löwe, sowie Bübchen ihm zu sehr auf die Pelle rückt. Besucher, die das sehen, werden immer ganz blaß.

Bübchens Hund ist Sally, die wir uns anschafften, als mein Sohn ein Jahr alt war. Sie wuchs schnell davon, und heute ist sie sein Kindermädchen. Draußen im Garten läßt sie ihn nicht eine Sekunde aus den Augen, ist ständig um ihn herum. Er darf sie malträtieren, wie er will. Sie erlaubt es sogar, daß er ihr die Hundekuchen vor der Nase wegstibitzt. Geduldig läßt sie sich auf Spaziergängen von dem Zwerg, der ihr gerade bis zum Bauch reicht, kommandieren und an der Leine herumführen. Von Passanten wird das jedesmal so gespannt betrachtet, als gehe ein Dompteur mit seinem Löwen Gassi. Und abends, bevor Bübchen ins Bett muß, schmiegt er sich, längst todmüde, in sie hinein, nuckelt an seinem Daumen oder fährt mit seinen Spielzeugautos in ihrem Fell herum.

Nini spottet des öfteren über diesen Hund, der so ganz anders ist als die Terrier, viel sanftmütiger. Ich habe Sally auch anders erlebt — leider. Während einer Wanderung auf der Insel Sylt im letzten Sommer erspähte sie plötzlich in der Ferne eine Schafherde. Ich konnte sie nicht mehr zurückhalten. Sie stürzte sich in die Herde hinein und packte sich ein Schaf. Als ich dazukam, hatte sie es bereits mit einem einzigen Biß ins Genick getötet. Das Tier, das mit blutverschmiertem Fell seine Beute knurrend vor mir zu verteidigen versuchte, war — bevor ich es zur Räson brachte — für Momente mehr Wolf als Hund. Abends spielte Sally wieder, als sei das alles nie geschehen, treu und brav den Bettvorleger für unseren Sohn.

Ich will ein Buch über Hunde schreiben, und gleich im ersten Kapitel ist so viel von den Menschen die Rede, von meiner Familie und von mir. Aber das muß wohl so sein. Erst der Mensch hat aus dem Wolf den Hund gemacht, und gäbe es ihn nicht mehr, würde aus dem Hund wieder Wolf. Durch meine Hunde habe ich verstehen gelernt, daß an der Beziehung zwischen Mensch und Hund etwas ganz Besonderes ist. Anders als die Katze, die in ihrer eigenen Welt lebt, hat der Hund sich ganz dem Menschen zugewendet. Er erwartet nur Gutes von seinem Herrn. Das ist seine Stärke und zugleich seine Schwäche.

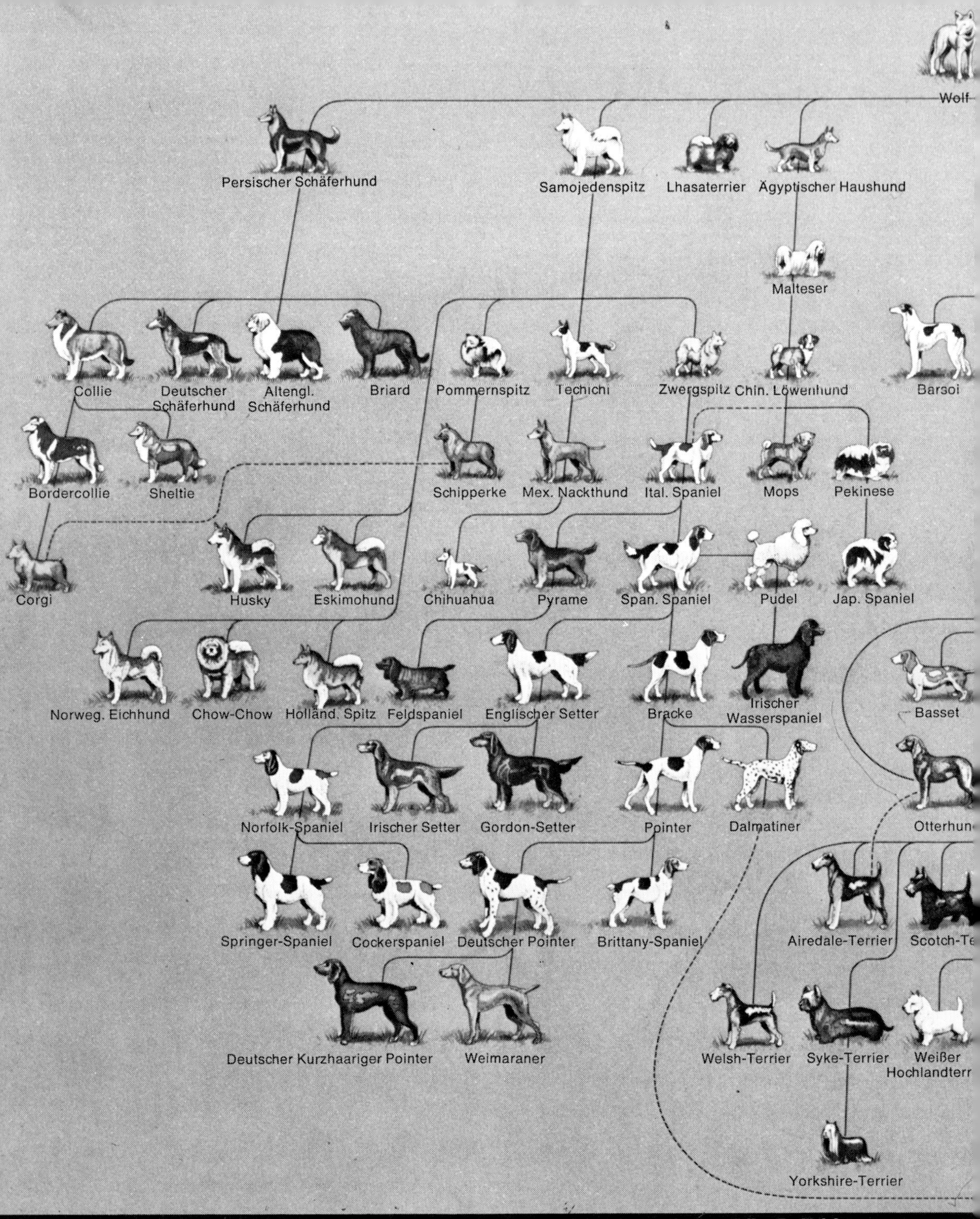

Wie der Wolf Karriere machte

Lange hat es ein wissenschaftliches Hickhack um den Stammbaum des Hundes gegeben. Inzwischen steht fest, daß einzig der Wolf sein Stammvater ist. Im Laufe der Jahrtausende hat sich der Mensch aus ihm den Hund für seine speziellen Bedürfnisse herausgezüchtet. Bullige Hunde für den Kampf, schnelle für die Hatz, Hunde mit besonders feinen Nasen zum Aufspüren des Wildes und Winzlinge für den Damenschoß.

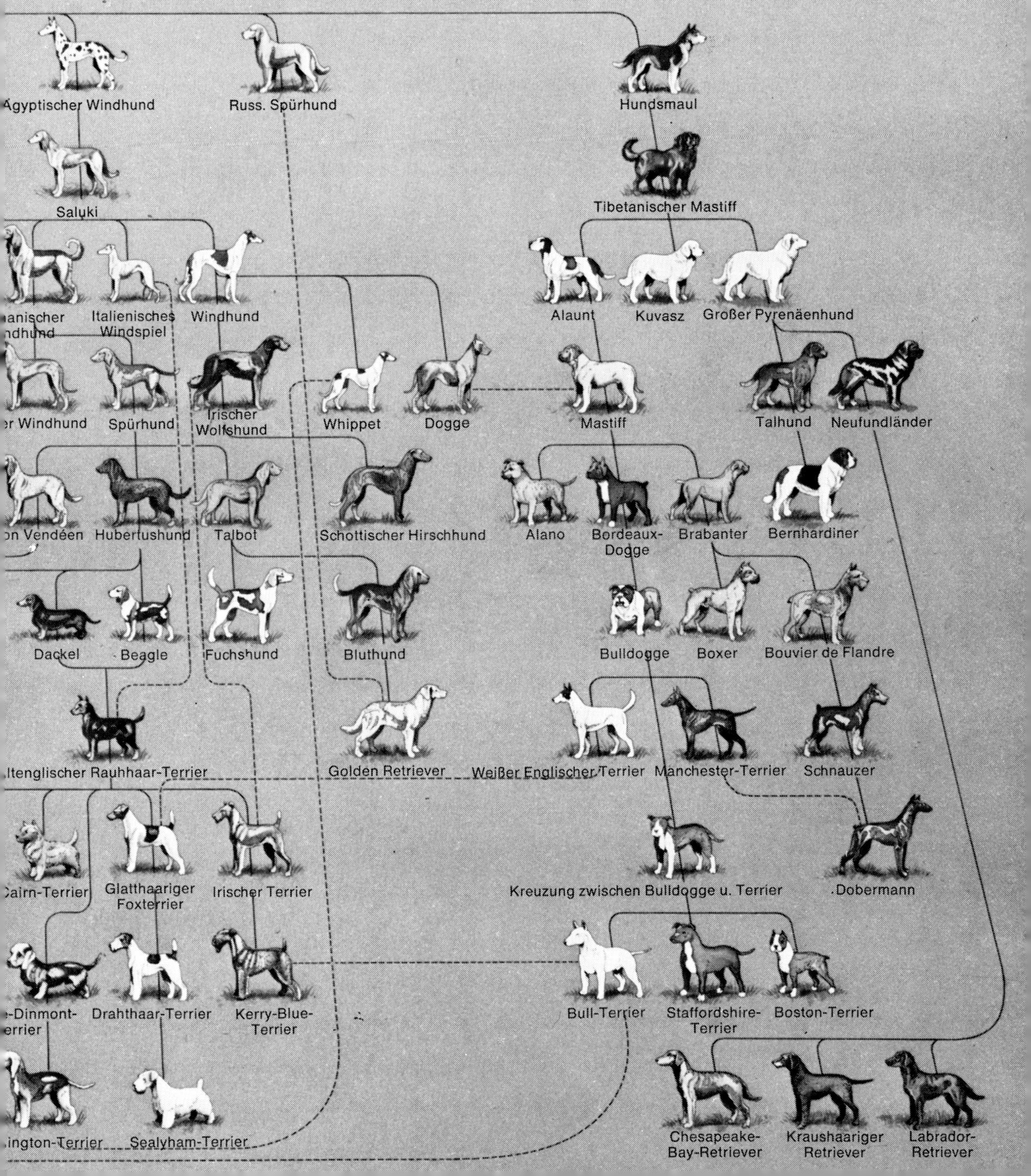

Ägyptischer Windhund
Russ. Spürhund
Hundsmaul
Saluki
Tibetanischer Mastiff
anischer
ndhund
Italienisches
Windspiel
Windhund
Alaunt
Kuvasz
Großer Pyrenäenhund
er Windhund
Spürhund
Irischer
Wolfshund
Whippet
Dogge
Mastiff
Talhund
Neufundländer
on Vendéen
Hubertushund
Talbot
Schottischer Hirschhund
Alano
Bordeaux-
Dogge
Brabanter
Bernhardiner
Dackel
Beagle
Fuchshund
Bluthund
Bulldogge
Boxer
Bouvier de Flandre
ltenglischer Rauhhaar-Terrier
Golden Retriever
Weißer Englischer Terrier
Manchester-Terrier
Schnauzer
Cairn-Terrier
Glatthaariger
Foxterrier
Irischer Terrier
Kreuzung zwischen Bulldogge u. Terrier
Dobermann
e-Dinmont-
errier
Drahthaar-Terrier
Kerry-Blue-
Terrier
Bull-Terrier
Staffordshire-
Terrier
Boston-Terrier
ington-Terrier
Sealyham-Terrier
Chesapeake-
Bay-Retriever
Kraushaariger
Retriever
Labrador-
Retriever

2 Wie der Wolf Karriere machte

Die Geschichte des Hundes, erstes Haustier des Menschen, hat zwei Aspekte: einmal den wissenschaftlich-kynologischen, zum anderen den einer mystischen Urfreundschaft zwischen Mensch und Tier, um die sich Legenden, Sagen, Märchen und Histörchen ranken bis hin zu Fernsehsendungen à la „Lassie“, Tierschnulzen mit höchsten Einschaltquoten, in denen der Hund schon fast Mensch ist.

Alles begann, so der neueste Forschungsstand, vor nunmehr 12000 Jahren, als es den Hund überhaupt noch nicht gab. Durch die Wälder und Steppen der Steinzeit streiften damals diverse Wolfarten, Schakale und allerlei längst ausgestorbenes, hundeähnliches Getier. Wer aber nun war der Urahn des Hundes? Darüber haben die Wissenschaftler einander bis in die jüngste Zeit hinein in den Haaren gelegen.

Vor allem Konrad Lorenz, der Nestor der Verhaltensforschung, verfocht die Theorie, daß neben dem Wolf (canis lupus) auch der Goldschakal (canis aureus) kräftig mitgemischt hatte bei der Entstehung des Hundes. In seinem berühmten Buch „So kam der Mensch auf den Hund“ schrieb er: „Ganz sicher ist der Stammvater unserer meisten Haushunde nicht der nordische Wolf.“ Nach Lorenz waren es vor allem der Goldschakal und andere größere, wolfsähnliche Schakalarten. Er wandte seine Erkenntnisse auf den Hund an und unterschied zwischen vorwiegend wolfsblütigen (lupusblütigen) und vorwiegend schakalblütigen (aureusblütigen) Hunderassen. Nach Lorenz’ Ansicht waren die meisten europäischen Hunderassen aureusblütig. Vorwiegend lupusblütig waren dagegen für ihn die Hunde, die dem hohen Norden entstammten: Eskimo- und Indianerhunde, russische Laikas, Chow-Chows.

Auch in der Beziehung zum Menschen, so meinte Lorenz, unterschieden sich die beiden Hundestämme erheblich. Für den Verhaltensforscher hat diese Beziehung zwei verschiedene Keimzellen. Eine ist die Bindung, die das Jungtier an die Eltern fesselt, die andere ist die Bindung, die das erwachsene Tier gegenüber dem Rudelführer, aber auch gegenüber seinem Rudelgefährten zeigt. Bei den aureusblütigen Hunden, so Lorenz, entsprach die Bindung an den Menschen mehr der Bindung des Jungen an die Eltern. In der Verhaltensforschung nennt man das „Neotonie“. Bei den lupusblütigen Hunden war es mehr die Bindung an Rudelführer und Rudelgenossen in einer Art Gefolgschaftstreue. Dementsprechend sahen schakalblütige Hunde in ihrem Herrn eher das Elterntier, fielen also mehr durch kindliche Unterwürfigkeit auf, während wolfblütige Hunde in ihrem Herrn eher den Leitwolf sahen, also mehr „Mannestreue“ zeigten.

Eine einleuchtende Theorie, dennoch hatte Lorenz, und mit dem prominenten

Irgendwann in der Steinzeit entdeckten die Menschen, daß der Wolf mehr als ein Braten war. Er wurde ihr Jagdgenosse und Beschützer

Der Verhaltensforscher Erik Zimen lieferte Indizien für die Wolfsabstammung des Hundes

Mann Generationen von Kynologen, eine falsche Fährte aufgenommen. Neueste Forschungsergebnisse beweisen eindeutig, daß der alleinige Stammvater aller heute existierenden Hunderassen der Wolf ist. Konrad Lorenz hat seinen Irrtum inzwischen zugegeben, was den großen alten Mann der Verhaltensforschung nicht kleiner macht.

Für die Wolfsabstammung des Haushundes sprechen eine ganze Reihe von Fakten. Der Hund, sollte er vom Schakal abstammen, müßte noch einiges aus dem Lautrepertoire des Goldschakals geerbt haben. Das ist aber nicht der Fall. Dagegen ist die Lautgebung von Wolf und Hund weitgehend identisch. Außerdem ist der Haushund ohne besondere Schwierigkeiten mit dem Wolf kreuzbar. Leichte Kreuzbarkeit gilt in der Wissenschaft als Beweis für nahe Artverwandtschaft. Die daraus hervorgegangenen Nachkommen sind unbegrenzt fruchtbar.

Viel komplizierter sind dagegen Kreuzungen mit dem Goldschakal. Sie sind zwar auch möglich, aber nur mit allerlei Tricks, die sich der Mensch ausgedacht hat. Bei Versuchen wurden die für die Paarung vorgesehenen Partner von klein auf miteinander aufgezogen, wurde für die Hundewelpen eine Schakalmutter als Amme eingesetzt und umgekehrt. Auch der Fuchs hat als Ahn des Hundes herhalten müssen. In Zeitungsmeldungen wird häufig über Hunde-Fuchs-Hochzeiten berichtet. Das sind aber Enten. Selbst künstliche Besamung zwischen Hund und Fuchs brachte keinen Erfolg. Die befruchteten Eizellen starben sehr rasch.

Weitere wichtige Beweise für die alleinige Abstammung des Hundes vom Wolf hat Professor Wolf Herre herausgefunden, Leiter des Instituts für Haustierkunde der Universität Kiel. Seine Aussagen basieren auf funktionell-anatomischen Untersuchungen verschiedener Körperteile, insbesondere der Schädel von Wolf, Goldschakal und Hund. An Hand bestimmter Kriterien lassen sich Körperteile von Wolf und Goldschakal deutlich voneinander unterscheiden, und es lassen sich große Übereinstimmungen anatomischer Art zwischen Wolf und Hund, nicht aber zwischen Goldschakal und Hund beweisen.

Andere Forscher stellten fest, daß auch die Ausgestaltung des Hundegebisses mit dem des Wolfes, aber nicht mit dem des Goldschakals, grundsätzlich übereinstimmt. Weitere Übereinstimmungen ergaben sich bei der Untersuchung bestimmter Blutanteile (Eiweißfraktionen) von Hund und Wolf.

Vor kurzem wurde noch einmal diskutiert, ob nicht der Basenji, ein afrikanischer Jagdhund, der nicht bellt und vielleicht gerade deshalb auch bei uns immer mehr Liebhaber findet, eine Ausnahme von der Regel darstelle. Aber auch er ist genau so wie der Dingo, jener australische Wildhund, der immer wieder als Gegenargument herhalten muß, Nachkomme des Wolfes.

Der Wolf ist Sieger über den Schakal geblieben. Zu viele anatomische (Körperbau), physiologische (Körpervorgänge) und ethologische (Verhalten) Untersuchungsergebnisse sprechen für ihn. Was die Übereinstimmung zwischen Wolf und Hund angeht, aber auch die domestikationsbedingten Unterschiede, so hat der schwedische Verhaltensforscher Erik Zimen wertvolle Hinweise gegeben, der das Verhalten von Wölfen in einem Freigehege im Nationalpark Bayerischer Wald erforscht und dort zuzuweilen sogar mit ihnen heult.

Ob Pekinese oder Bernhardiner — der Wolf, spätestens seit Rotkäppchen fälschlicherweise der Böse genannt, stand am Anfang. Und auch die lateinische Bezeichnung „canis lupus familiaris", die der Naturforscher Linné unserem Haushund vor mehr als 200 Jahren verliehen hat, erweist sich im nachhinein wieder als korrekt.

Wie aber mag es zu dieser seltsamen Kumpanei zwischen Steinzeitmenschen und Wölfen gekommen sein, die sich bis heute fortsetzt? Vielleicht haben die Feuerstellen der Menschen die Wölfe angelockt. Vielleicht waren sie neugierig, sicher aber hungrig auf deren Abfälle. Aber noch lange, bevor es Schafe und Rinder gab, wurden auch sie selbst von den Menschen verzehrt. Ihr Fell wurde zum Wams verarbeitet.

Höhlenbilder aus Europa und Nordafrika: Schon in der Jungsteinzeit tauchen unterschiedliche Hundetypen auf. Ihre aufgestellten Ohren und der auf dem Rücken eingerollte Schwanz erinnern ein bißchen an unseren Spitz

In dieser Beziehung sind wir übrigens inzwischen wieder in die Steinzeit zurückgefallen. Hundefleisch als Delikatesse, das ist zur Zeit wieder „in“. Nicht nur in China, auch in französischen Feinschmeckerlokalen kann man sich — ganz diskret — daran delektieren. Der Welt-Tierschutzverband zog vor kurzem gegen diese Gourmets zu Felde, beschimpfte sie als „gierige und rücksichtslose Gourmands“, was Fresser heißt. Und auf südafrikanischen Farmen werden herdenweise Hunde gezogen, denen man das Fell über die Ohren zieht, um daraus schicke Pelze zu machen. Diese werden auch in der Bundesrepublik angeboten.

Doch zurück in die gute alte Steinzeit. Irgendwann einmal muß ein besonders niedlicher kleiner Wolfswelpe, der seine Mutter verloren hatte und in der Wildnis herumirrte, das Herz eines Steinzeitmenschen erweicht haben. Vielleicht war es ein Steinzeitkind, das einen Spielgefährten vermißte, eine frustrierte Steinzeitfrau, die etwas zum Hätscheln suchte, oder auch ein einsamer Steinzeitgreis, der sich nach Gesellschaft sehnte. Jedenfalls endete dieser Wolf nicht am Bratspieß. Und bald entdeckte man, daß er noch ganz andere Qualitäten besaß. Er warnte vor feindlichen Horden, war Jagdgehilfe und später auch Viehhüter.

Bei Ausgrabungen fand man in Siedlungen der Jungsteinzeit bereits die Gebeine von Hunden neben denen von Menschen. Auf Felsfresken der Bronzezeit sind deutlich die ersten Vorläufer unserer Rassehunde zu erkennen. Da gibt es Spitz-ähnliche Hunde, mit geraden Ohren und eingerolltem Schwanz, und andere, die dem Windhund und

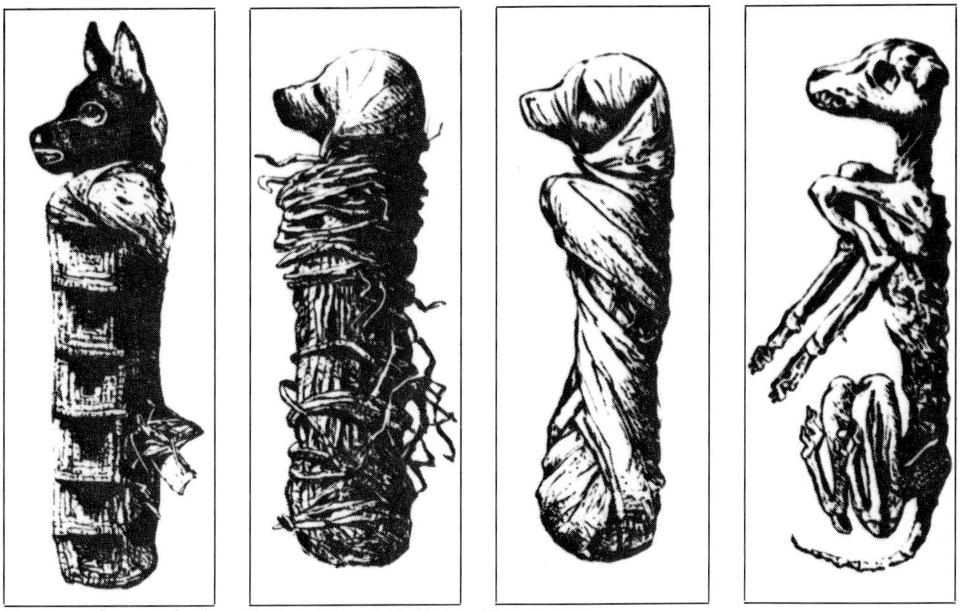

Hundemumien aus der ägyptischen Totenstadt Kynopolis

dem Schäferhund ähneln. Der wölfische Hausgenosse hatte sich auch äußerlich immer mehr von seinen Urahnen und deren weiterhin in Freiheit lebenden Nachfahren entfernt. Ohnehin gelten Wölfe, so die Zoologen, als eine „plastische" Tierart, die ihre Körperform leicht wechselnden Lebensumständen anpaßt — im Dienst des Menschen, vom natürlichen Selektionsdruck fast ganz befreit, konnte der Wolf seine Wandlungsfähigkeit unter Beweis stellen wie kaum ein anderes Lebewesen: Er präsentierte sich nach und nach in Hunderten von Hundespielarten. Darwin schrieb dazu schon 1869: „Nur irrtümlich kann man sagen, der Mensch spiele mit der Natur und erzeuge Variabilität. Wenn das organische Wesen nicht eine inhärente Neigung zu variieren besessen hätte, so würde der Mensch nichts habe ausrichten können." Auf einer Felszeichnung aus Nordafrika, die 7500 v. Chr. entstanden ist, sind ein Bogenschütze und eine Meute von Hunden zu erkennen.

Der Pharao Antef II. (2118–2069 v. Chr.) muß schon ein ziemlicher Hundenarr gewesen sein. Er ließ die Namen seiner fünf Lieblingshunde auf einer Stele verewigen. Bald wurde der Hund dargestellt auf den Wänden der Prunkgräber, abgebildet in Stein und Ton, als Zierde von Gefäßen. Im Mittleren Reich (1991–1339 v. Chr.) tauchte sogar ein Vorläufer unseres Dackels auf. Man hat später einige dieser kurzbeinigen Exemplare gefunden, einbalsamiert wie ihre Herren. Und von dem jungen ägyptischen Pharao Tut-ench-Amun (1347–1339 v. Chr.) gibt es eine Abbildung, wie er von seinen mächtigen Hunden begleitet in den Krieg zieht. Sie laufen neben seinem Kampfwagen her und schlagen die Feinde in die Flucht. Vor allem aber die assyrischen Könige liebten den Hund als Kampfgefährten. Sie hüllten ihre Molosser-Hunde, Vorfahren der Bernhardiner und Doggen, fürsorglich in Panzer, um sie gegen feindliche Speere zu schützen.

In den Legenden und Hymnen des antiken Griechenland hatte der Hund längst seinen festen Platz. Homer erzählt die Geschichte von „Argos", dem Hund des Odysseus. Argos ist der einzige, der seinen Herrn sofort erkennt, nachdem dieser von seiner Irrfahrt zurückgekehrt ist. Er springt ihm entgegen und stirbt überwältigt von allzu großer Wiedersehensfreude. Der Schweinehirt Eumaios, der dabei ist, Odysseus aber nicht erkennt, erzählt über das Tier:

„Dies ist der Hund des ferne gestorbenen Mannes.
Wär' er derselbige noch an Gestalt und mutigen Taten,
als Odysseus ihn, zu den Troiern schiffend, zurückließ,
sicherlich würdest du jetzt die Kraft und die Schnelle bewundern.
Trieb er ein Wildbret auf im dicht verwachsenen Waldtal,
nimmer entfloh es ihm; denn er war auch ein waidlicher Spürhund.
Aber nun liegt er im Elend hier, denn fern von der Heimat
starb sein Herr, und die Mägde sind faul und keine versorgt ihn . . .
Argos aber umfing der schwarze Schatten des Todes . . ."

Als Statussymbol — ähnlich wie heute mancher Playboy — betrachtete der Athener Politiker und Dandy Alkibiades die Hunde. Er kaufte sich für die

Die Jagd mit der Meute hatte ihre festen Regeln . . .

enorme Summe von 7000 Drachmen einen seltenen Schoßhund. Um in der Athener Society Aufsehen zu erregen, hackte er dem teuren Tier eigenhändig, lange bevor das Kupieren Mode war, den Schwanz ab.

Um 400 v. Chr. verfaßte der griechische Heerführer und Schriftsteller Xenophon einen Leitfaden für Hundefreunde. Die einzelnen Stücke wurden später unter dem Titel „Kynegeticus" zum ersten Handbuch über Hunde in Europa zusammengefaßt. Es enthält unter anderem 47 Kurznamen für Hunde, die als Rufformen empfohlen werden. Seinen eigenen Lieblingshund rief Xenophon, für den Hunde „eine Erfindung der Götter" waren, allerdings Hippokentauros. Das Werk enthält zum Teil heute noch gültige Zucht- und Dressuranleitungen. Der römische Dichter Ovid stellte später eine Tabelle der verschiedenen Hunderassen auf, Varro zitierte

. . . der Eifer der Hunde wird mit dem Kopf des Hirsches belohnt . . .

. . . der „Hundeknecht" erhält von seinem Herrn den Fuß des erlegten Wildes

in seinen „Rerum rusticarum libri" fünf Hauptrassen: den Molosser, den Wachhund, den Jagdhund, den Schoßhund und einen mastiffartigen Hund.

Im alten Rom war vor vielen Häusern ein Mosaik angebracht, auf dem „cave canem" (Vorsicht! Hund!) stand. Doch nicht die Hunde Roms waren es, die den Überfall der Gallier meldeten, sondern die Gänse des Capitols. Das hat dem Image des Hundes enorm geschadet. Jedes Jahr wurde an einem Gedenktag die Wachsamkeit der Gänse gepriesen und zur Schande seiner Art ein gekreuzigter Hund durch die Straßen geschleift. Auch sonst hatte der Hund kein leichtes Leben. Er wurde im Rom späterer Jahrhunderte überwiegend für die dekadent-sadistischen Spiele in den Arenen benutzt (siehe auch Kapitel 12: „Der Gladiator").

Besser behandelte der Frankenkönig Dagobert I. seine Hunde. Als 639 n. Chr. seine letzte Stunde schlug, ließ er all seine Hunde an sein Totenbett führen. Seine letzten Worte galten den Tieren: „Auch von der besten Gesellschaft muß man sich eines Tages trennen." Karl der Große, selbst ein großer Hundeliebhaber, mußte per Dekret der übergroßen Tierliebe seiner Höflinge Einhalt gebieten. Die Adligen hatten sich angewöhnt, ihre Hunde mit in die Kirche zum Gottesdienst zu nehmen. Zeitweilig muß es dort zugegangen sein wie auf einer der Hundespielwiesen in unseren Großstädten. Im Mittelalter eroberte sich der Hund auch seinen Platz im Wappen manchen Edelmannes. Beliebtester Zeitvertreib war die Jagd, und da war der Hund unentbehrlich. Wer etwas auf sich hielt, besaß eine ganze Meute. Den niedrigen Ständen war es dagegen verboten, sich Jagdhunde zu halten. Das war ein Privileg des Adels. Der Dieb eines Jagdhundes wurde zu jener Zeit

Wildschweinjagd im Frankreich des 15. Jahrhunderts

dazu verurteilt, das Hinterteil des gestohlenen Tieres „coram omni populo", vor versammeltem Publikum zu küssen. Kaiser Otto I. führte als Strafe gegen Adlige, die gegen das Reich aufgemuckt hatten, das sogenannte „Hundetragen" ein. Im Jahre 1155 mußte der rebellische Pfalzgraf Hermann einen Hund 30 Kilometer weit von einem Gau in den anderen tragen, einen Hund, das Symbol der Treue. Er wurde bei seinem Marsch von einer Eskorte von Herolden begleitet. Als Strafverschärfung galt es, einen räudigen Hund tragen zu müssen.

Im 14. Jahrhundert schreibt der französische Graf Gaston III. de Foix mehrere Bücher, die dem Hund gewidmet sind. Er illustriert seine Werke mit herrlichen Miniaturen, beschreibt und zeichnet auf, wie man kranke und bei der Jagd verletzte Hunde wieder gesund pflegt. Für den Grafen sind vor allem zwei alte Rassen der Ursprung aller anderen Hunderassen gewesen: die Doggen und die Windhunde. Aber auch der Schäferhund wird bei ihm schon erwähnt: „Der Schäferhund braucht nicht so groß und schwer zu sein wie der Wachhund, denn man nimmt ihn zum Aufpassen und zum Laufen, da man von ihm erwartet, daß er den Wolf verjagt ... Er muß weiß sein, damit der Hirt ihn leichter zwischen den Wölfen zu unterscheiden und zu erkennen vermag, auch wenn es dunkel ist, eine Zeit, die man zwischen Hund und Wolf nennt."

In England ist es 200 Jahre später Dr. John Caius, Leibarzt Heinrichs VIII., der sich als Kynologe hervortut. In seinem Buch „Abhandlung über die Hunderassen" teilt er die ständig zunehmende Zahl der Hunderassen in drei große Gruppen ein: Jagdhunde, Gebrauchshunde, Gesellschaftshunde. Daran hat sich bis heute nicht viel geändert.

Wie sehr Friedrich der Große, grenzenlos in seiner Menschenverachtung, seinen Hunden zugetan war, beschreibt sein Leibarzt Ritter von Zimmermann in seinen Erinnerungen: „Die Hündchen des Königs will ich indessen doch erwähnen, weil seine zwar etwas übertriebene Liebe für diese liebenden und treuen Tiere auch etwas Sanftes im Herzen beweiset. So treu und liebend, wie seine Hündchen, zeigten sich vielleicht dem König nicht immer alle Menschen. Vielleicht hatte er sie darum auch so lieb. Immer sah ich zwei dieser Tierchen, kleine italienische Windspiele, im Zimmer des Königs. Eins lag auf einem Stuhl von hellblauen Atlas, immer neben dem König; das andere lag immer auf einem großen Kanapee. Sie regten sich nie und gaben vor mir nie einen Laut. Im Jahre 1785, als der König zum letzten Male nach der schlesischen Revue reiste, war eines dieser lieben Hündchen sehr krank. Er befahl bei seiner Abreise, daß man ihm jeden Tag eine Stafette nachschicke mit Nachricht von dem Befinden des Kranken. Bei des Königs Rückkunft aus Schlesien war das Hündchen tot und begraben. Der König ließ es ausgraben, um es noch einmal zu sehen, verschloß sich den ganzen Tag, ließ niemand vor sich kommen und weinte bitterlich. Wer diese Tränen mißversteht, dem möchte ich wünschen, daß man ihn von seiner zärtlichen und vielleicht schwachen Seite auch mißverstehe." Der Alte Fritz hatte in seinem Testament sogar festgelegt, daß er neben seinen Hunden begraben werden wollte. Sein letzter Wunsch wurde ihm aber nicht erfüllt.

Bei den Rokokodamen kam der Schoßhund ganz groß in Mode. Im Volksmund wurde er anzüglich „Punzenlekker" genannt. Wissenschaftlich belegte der Sexualforscher Kinsey erst viel später, daß knapp drei Prozent aller amerikanischen Frauen irgendwann einmal intime Kontakte mit Hunden hatten.

So ein Schoßhund machte sogar Napoleon schwer zu schaffen. Er beklagte sich einmal bitter über den Mops seiner Mätresse Josephine de Beauharnais, die später zur Kaiserin avancierte: „Weder schön noch gut oder liebenswürdig, niedrigen Wuchses, mit langem Körper, weniger falb denn rot, erinnerte dieser Mops mit seiner Wieselnase höchstens durch seine schwarze Maske und seinen Korkenzieherschwanz an seine Rasse ... Er war im Besitz von Madames Bett, als ich sie heiratete. Ich wollte ihn dar-

Der Preußenkönig Friedrich der Große war seinen Windspielen mehr zugetan als den Menschen. Er wollte sogar neben ihnen begraben sein.

aus entfernen lassen: nutzloses Unterfangen. Man erklärte mir, ich müsse mich entscheiden, ob ich woanders schlafen oder der Teilung zustimmen wolle. Dies widerstrebte mir recht sehr; aber es gab keine andere Wahl, als anzunehmen oder zu verzichten. Ich schickte mich darein. Der Günstling war weniger nachgiebig als ich. Den Beweis dafür trage ich an diesem Bein!" Damit spielte der Feldherr auf einen Biß an, den ihm der respektlose Mops zugefügt hatte.

Dennoch hatte der kleine Kaiser ein großes Herz für Hunde. In der Verbannung auf St. Helena erzählte er einmal, wie er am Abend nach einer Schlacht in Italien einen Hund gesehen habe, der das Gesicht seines gefallenen Herrn leckte und dabei kläglich winselte: „Ich blieb unwillkürlich stehen, um dieses Schauspiel zu betrachten. Dieser Mann, sagte ich mir, hat vielleicht Freunde, vielleicht sogar im Feldlager, in seiner Kompanie, und er liegt hier, von allen verlassen, nur nicht von seinem Hund! Welche Lektion erteilte uns die Natur durch die Vermittlung eines Tieres ... Ich hatte ohne Bewegung Schlachten angeordnet, die über das Schicksal der Armee entscheiden sollten. Ich hatte trockenen Auges Bewegungen ausführen gesehen, die den Verlust einer großen Zahl der Unsrigen zur Folge hatten, und hier fühlte ich mich bewegt. Ich war gerührt von der Klage und dem Schmerz eines Hundes!"

Der Dichterfürst Goethe war ein eingeschworener Hundefeind. Er gab lieber sein Amt als Theaterintendant in Weimar auf, als es zuzulassen, daß in einem Theaterstück ein dressierter Pudel auftrat, wie der Großherzog Karl August von Weimar von ihm verlangt hatte. Im Faust ließ er den Teufel in die Gestalt eines Pudels schlüpfen, des Pudels Kern jedenfalls ist uns aus der Deutschstunde unvergessen.

Der „Eiserne“ Kanzler Otto von Bismarck, im allgemeinen ein poltriger Mann, behandelte seine Doggen, darunter den legendären „Reichshund Tyras“, stets liebevoll. Vor allem nachdem er bei Kaiser Wilhelm II. in Ungnade gefallen war, wandte er sich immer mehr seinen Hunden zu und ging täglich bei Wind und Wetter mit ihnen im Sachsenwald spazieren. Gäbe es einen Himmel, sinnierte er in späten Jahren, so sei der sicher „auch für Tiere da“. Er hoffte „zuversichtlich, im Himmel meinen Hunden wieder zu begegnen“.

Wie kein anderes Tier hatte es der Hund, einst von den Steinzeitmenschen als Gehilfe in die menschliche Horde aufgenommen, verstanden, sich dem Menschen auch als Gefährte unentbehrlich zu machen. Vor der Zuneigung, die er ihm entgegenbrachte, kapitulierte mancher Großer der Zeitgeschichte, manches Genie verwendete seine kostbaren Gedanken an ihn. Der französische Dichter Balzac riet: „Beurteilen Sie einen Menschen, der sein Pferd und seinen Hund liebt, immer vorteilhaft.“ Sein Kollege Victor Hugo: „Der Hund ist die Tugend, die, da sie nicht Mensch werden konnte, zum Tier wurde.“ Arthur Schopenhauer, Philosoph und Pudelfan, sagte zu seinem Hund „Mensch“, wenn er ihn tadeln wollte. Verächtlich verglich der Misanthrop das „ausdrucksvolle, wohlwollende und grundehrliche Wedeln“ des Hundes mit den „Bücklingen und grinsenden Höflichkeitsbezeugungen des Menschen“. Thomas Mann schrieb mit „Herr und Hund“ eine literarische Hymne auf seinen Hühnerhund-Bastard Bauschan. Mozart widmete seinem Spitz „Bimperl“ ein Lied, und Beethoven komponierte die „Elegie auf den Tod eines Pudels“.

Doch zu allen Zeiten gab es nicht nur Hundefreunde. Gottfried Wilhelm Leibnitz über den Hund: „Ein von Flöhen bewohnter Organismus, der bellt.“ „Einen faulen, schweifwedelnden Schmarotzer“ nannte ihn Friedrich Nietzsche. Der Hund sei „erst als Knecht des Menschen hündisch“ geworden. „Hundenarren“, schrieb Kurt Tucholsky einmal, „sind häufig ganz erbarmungslose Menschen.“ Er spielt auf mörderische Hundefreunde vom Schlage eines Adolf Hitler und Heinrich Himmler an, die 1933 nach der Machtergreifung als erstes die Bürgerrechte einschränkten, doch zugleich vorbildliche Tierschutzgesetze verabschiedeten. Noch heute schwärmt mancher alte Hundeverbandsfunktionär von der Hitlerzeit, nicht, weil er ein unbelehrbarer Nazi ist, sondern weil es den Hunden und den Verbänden, die dazu gehören, damals so gut ging. Dem Hund aber erging es bald schlecht. Im Zweiten Weltkrieg schnallte man ihm Minen auf den Rücken und hetzte ihn auf feindliche Panzer. Per Fernzündung jagte man ihn dann zusammen mit der Bombe in die Luft.

Tucholsky ist es auch gewesen, der vor mehr als 50 Jahren prophezeite, „eine fortgeschrittene Zivilisation“ werde den Hund, „dies anachronistische Wesen, als barbarisch abschaffen“. Barbarisch aber ist nicht der Hund, barbarisch ist allzuoft in dieser fortgeschrittenen Zivilisation sein Leben.

Freunde, Kumpel, Seelentröster - doch wehe sie werden unbequem

In den Großstädten ist die Existenz des Hundes bedroht. Längst haben Stadtparlamente ein totales Hundeverbot erwogen. Hauptärgernis: bellen, beißen, scheißen.

Aus dem Leben eines Nobelhundes. Täglich wird dieser Dalmatiner mit Chauffeur und Rolls-Royce in den Londoner Hyde Park gefahren. Dort soll er sich austoben

Zwei einsame Geschöpfe: ein Hund, der keinen Herrn mehr hat, der alte Mann, auf den niemand mehr wartet

3 Freunde, Kumpel, Seelentröster - doch wehe sie werden unbequem

Ist der Hund nur noch ein anachronistisches Wesen aus längst vergangenen Zeiten? Ein überflüssiges Fossil in unserer Industriegesellschaft? Zumindest in den Städten hat es diesen Anschein. Was soll ein Hund inmitten von Ampeln und Rolltreppen, in Hochhäusern und U-Bahn-Schächten, auf zugepflasterten Hinterhöfen und zwischen Autostaus — seine Nase, die besonders feine, immer in Auspuffhöhe?

Ein Krieg ist entbrannt in den Großstädten zwischen Hundefreunden und Hundefeinden. Neutral ist kaum noch jemand. Der Streit beschäftigt die Gerichte, wird nicht selten auch auf offener Straße und mit der Faust ausgetragen. Eine Geschichte, wie sie der britische Autor H. W. Hannah zum Spaß aufgeschrieben hat, könnte bei uns durchaus Ernst werden: „Der Mastiff von A. machte eines Morgens einen längeren Spaziergang durch die Nachbarschaft. Dabei zertrampelte er das Petunienbeet von B., biß die Katze von C. tot, knurrte die ältere Dame D. an, die vor Schreck stolperte und sich den Fuß verrenkte. Dann jagte er die Schafe von E. über die Weide, wobei ein Lamm totgetreten wurde. Als er das Grundstück von F. durchquerte, schoß dieser auf ihn und verletzte sein Bein, worauf der Hund nach Hause humpelte. Zwei Tage nach diesem ereignisreichen Morgenspaziergang sah E. den Mastiff vor dem Hause von A. liegen und erschoß den Hund. Eine ganze Reihe von Prozessen mit recht unterschiedlichem Ausgang war die Folge."

Die Hauptärgernisse auf den kürzesten Nenner gebracht: bellen, beißen, scheißen. Es ist statistisch erfaßt: Westdeutschlands Hunde werfen jeden Tag etwa 300 Tonnen Kot ab. Das wäre eine Dauerwurst — so wird es von denen, für die der Hund eher Töle oder Köter ist, ausgemalt —, die von Kiel bis Bonn reichen würde. Der Chef der Hamburger Stadtreinigung, Herbert Oppermann, in dessen Revier täglich zehn Tonnen Hundekot anfallen, hat es gewagt, die Hundehaltung in den Großstädten vorsichtig in Frage zu stellen. Boulevardblätter fragten besorgt: „Hundeverbot in ganz Hamburg?" Seither hat Oppermann kein ruhiges Leben mehr. Anonyme Anrufer beschimpften ihn: „Sie hat man vergessen zu vergasen. Wir werden das nachholen." Ein Hundebesitzer schickte ihm im Auftrag eines französischen Bullys einen Reim: „Sehe ich Herrn Oppermann, freß ich ihm die Hosen an."

Der Verband für das Deutsche Hundewesen (VDH) versucht dem Anti-Hund-Trend gegenzusteuern, bietet Hundebesitzern Plastiktüten und Schaufeln an und wirbt für Eigenhilfe. Sogar an den Universitäten hat man sich den Kopf über den lästigen Hundedreck zerbrochen. In Gießen wurde eine Studie zur „Lenkung der Kotabgabe beim Hund" erarbeitet. Die Wissenschaftler sind allerdings dagegen, daß die Eigen-

beseitigung von Hundeexkrementen von den Behörden verordnet wird: „Durch eine solche Verordnung wird der Hundebesitzer zweifellos psychisch belastet, sowohl durch die nötige Selbstüberwindung bei der Beseitigung des frischen Hundekots als auch durch den Spott von Nichthundebesitzern."
In Hannover führt seit Jahren ein Mopsbesitzer einen verbissenen und kostspieligen Prozeß durch sämtliche Instanzen. Er will seinen Mops von dem Verdacht reinwaschen, daß er es war, der eine Wurst auf den Bürgersteig gelegt hatte. In vielen Städten muß der Hund jetzt auf die Toilette, extra für ihn eingerichtet. In Hamburgs Grünanlagen wurde ihm, von jeher Lauftier, Leinenzwang verordnet. Die Verwaltung des Englischen Gartens in München forderte Schießbefehl für herumstreunende Hunde. In Berlin droht der Maulkorb, eine eigens gebildete Bürgerinitiative „Schutz vor Hundebissen", die täglich neue Anhänger findet, läßt nicht locker. Und im schönen badischen Müllheim dürfen laut Gerichtsbeschluß Hunde in der Mittagszeit und nachts nicht mehr bellen. In vielen Stadtparlamenten ist, heimlich hinter verschlossenen Türen, längst das totale Hundeverbot für die City erwogen worden. Als Beispiel wird die isländische Hauptstadt Reykjavik angeführt, in der seit 1971 totales Hundeverbot herrscht.
Die Hundebesitzer sind nicht schuldlos daran, daß es so weit gekommen ist. Oft benehmen sie sich dickfelliger als ihre Vierbeiner. Außerdem — so argumentieren die Hundegegner — werden in der Bundesrepublik jährlich 10 000 Kinder von Hunden gebissen und — trotz Sprühdose — auch 3000 Briefträger. Jeder fünfte Mietprozeß dreht sich um den Hund. Oft sind dessen Besitzer berufstätig und sperren das Tier den ganzen Tag in der Wohnung ein. Der Hund kläfft, muß seine Notdurft zurückhalten und wird krank davon. Im Hamburger Stadtteil Lohbrügge fand so ein Kläffer unlängst ein trauriges Ende. Wochenlang hatte er die Bewohner eines Wohnsilos mit seinem Bellen terrorisiert. Bis ihn jemand in den Müllschlukker warf — aus dem sechsten Stockwerk.
„München gilt als tierliebende Stadt, nur weil so viele Hunde da sind. Das ist doch Quatsch. Es ist eher umgekehrt", sagt der Tiermediziner Professor Kraft, selbst Besitzer eines Dackels. Er weiß von Hundebesitzern, die sich in einem Apartment zwei Doggen-Riesen halten, und von anderen, die morgens, bevor sie ins Büro gehen, ihre Hunde in den Englischen Garten jagen und sie dort erst abends wieder abholen. Die Barbarei einzelner Hundehalter auf der Etage geht so weit, daß sie ihrem Dauerkläffer vom Tierarzt die Stimmbänder durchschneiden lassen — der Hund als stummer Diener. Der Verhaltensforscher Konrad Lorenz zu diesen Formen verirrter, egoistischer Mensch-Hund-Beziehung: „Eine soziale Sodomie, die ebenso ekelerregend ist wie die geschlechtliche."
Ein Bericht des deutschen Tierschutzbundes moniert, daß jeder zweite Hund in der Bundesrepublik „nicht artgerecht" gehalten wird und jeder dritte „zu bedauern" ist. Dabei heißt es in Paragraph 2 des Tierschutzgesetzes: „Wer ein Tier hält oder zu betreuen hat, muß dem Tier angemessene artgemäße Nahrung und Pflege sowie eine verhaltensge-

Aus Übermut von Jägern abgeknallt: Dingos des Verhaltensforschers Trumler

rechte Unterbringung gewähren." Das Gesetz ist bisher nicht viel mehr als ein Stück Papier geblieben.

Aber auch im deutschen Wald wird dem Hund das Leben schwer gemacht. Jährlich werden 16 000 Hunde abgeschossen, weil sie angeblich gewildert haben. Nun muß ein Hund, der ein Reh reißt, jedem Tierfreund ein Greuel sein. Doch wie oft ist es schon vorgekommen, daß ein Hund — darunter die asthmatischsten Pflasterroller — nur ein paar Meter von seinem Herrn entfernt von Jägern erlegt wurde. Schießwütige Jäger, das ist ein trauriges Kapitel. Wie sinnlos sie oft töten, zeigt sich am Schicksal des Boxers Basco. Er war am Stadtrand von München von einem Auto angefahren worden und hatte sich im Wald verkrochen. Dort schoß der Berufsjäger Josef B. den verwundeten Hund tot. Bascos Besitzer Erich Macher wollte die Gründe wissen, warum sein Hund sterben mußte, und erlebte bei seinen Nachforschungen ein „unglaubliches Trauerspiel".

„Von dem Abschuß erfuhr ich am nächsten Tag durch die Polizei", erzählt Macher, „die Beamten erklärten mir, der Hund habe ein Reh gerissen, ich brauche aber keine Strafe zu zahlen." Eine Stunde später rief der Jäger Josef B. an: „Ich habe Ihren Hund erschossen, weil er Tollwut hatte. Er hatte Schaum vor dem Maul!" Daß die weißen Flocken an den

Lefzen bei Boxern nach jedem Langstreckenlauf auftreten, hat er angeblich nicht gewußt. Den Kadaver hat er in einer Kiesgrube im Wald vergraben, sagte der Jäger noch.
Erich Macher wollte den Hund nun selber untersuchen und ließ sich die Stelle beschreiben. Er fand jedoch nicht Basco, sondern den Kadaver eines Münsterländers. Vor der Polizei erklärte Josef B.: „Den hab' ich auch erschossen, weil er gewildert hat."
Neben dem Münsterländer wurde schließlich auch Basco entdeckt. Die Polizei nahm beide Hundeleichen mit, um sie untersuchen zu lassen. Das ist nie geschehen. Gemeinsam mit dem Jäger ließen die Polizisten die toten Hunde verschwinden. Erich Macher hat seinen Anwalt nun beauftragt, gegen den Jäger und die Polizei Strafanzeige zu erstatten, und der Jäger Josef B. ärgert sich inzwischen: „Hätte ich von den 500 Mark Belohnung gewußt, die ausgesetzt waren, hätte ich den Hund am Leben gelassen."
Auch der Verhaltensforscher Eberhard Trumler hat seine Erfahrungen mit Grünröcken, eher wild gewordenen Ballermännern, gemacht. Nur zum Jux schnitten sie den Zaun seines Versuchsgeländes auf und knallten ihm mehrere Dingos, australische Wildhunde, ab, als diese die Freiheit suchten. Ein Dingo als Trophäe, das war doch mal etwas anderes.
Rauhe Sitten wenden die Waidleute auch gegen ihre Jagdhunde an. Bei Ungehorsam feuern sie ihnen nicht selten eine Schrotladung auf den Pelz. Sie werden „angebleit", wie das im Jägerlatein heißt. An den Tierärztlichen Hochschulen weiß man von bei der Jagd übel zugerichteten Hunden ein Lied zu singen.
Trotz all dieser Widrigkeiten hat der Hund, eigentlich fast nur noch ein Störfaktor im Getriebe der Industriegesellschaft, seine angestammte Position als Haustierspezi souverän verteidigt. Über drei Millionen Hunde gibt es heute in der Bundesrepublik. Neun Millionen Bundesbürger leben in Hausgemeinschaft mit einem Pinscher, Terrier oder Dackel. Die meisten Hunde führen das Leben von Müßiggängern und liegen auf der faulen Haut. Der Gebrauchshund hat weitgehend abgedankt. Nur etwa 20 Prozent arbeiten für die Polizei, Wachmänner, Jäger und Hirten, schnüffeln Rauschgift für den Zoll oder führen Blinde durch den Verkehr. Der Rest ist Familienkumpel und Freizeitpartner geworden.
Übrigens, nicht nur in unserer kapitalistischen Gesellschaft ist der Hund Luxus, auch der Sozialismus hat ihn für seine Zwecke vereinnahmt. In einem Begrüßungswort zur DDR-Siegerausstellung für Hunde heißt es: „Die Hundezüchter nehmen immer erfolgreicher teil am sozialistischen Wettbewerb. Ihre Leistungen tragen zur allseitigen Stärkung und zur Erhöhung des Ansehens unserer Deutschen Demokratischen Republik bei. Möge diese Veranstaltung dazu beitragen, daß wir Kraft schöpfen für die großen Ziele, die wir uns in Vorbereitung des IX. Parteitages der SED gestellt haben."

Die Wissenschaft ergreift für den Hund Partei. Längst hat man erkannt, daß er wie nichts anderes das emotionelle Brachland des Zivilisationsmenschen besetzt, in der Rolle des Seelentrösters unentbehrlich geworden ist. Schon seit einigen Jahren fungieren in Heimen für verhal-

tensgestörte Kinder Neufundländer als zottelfellige Therapeuten. Die Erfolge der kuscheligen Kontakttiere sind beachtlich.
Auffällig steigt auch die Zahl der Hunde in Gebieten, wo es besonders viele Arbeitslose gibt. So traurig das ist, der Mensch sucht seine Anerkennung beim Tier. Ein Leben ohne Hund, das ist nicht nur ein „Irrtum", wie es Carl Zuckmayer einmal ausdrückte, viele können sich das gar nicht mehr vorstellen. In München wickelte sich der 22jährige Tellerwäscher Heinrich B. ein Stromkabel um den Körper und tötete sich dann durch einen elektrischen Schlag. An derselben Stelle hatte am Tag zuvor seine Schäferhündin „Jane" das Kabel der Stehlampe durchgebissen und war an einem Stromschlag gestorben. Ärzte verschreiben Patienten, die sich zuwenig bewegen und vom Infarkt bedroht sind, den Hund als lebendes Trimm-dich-Gerät. Kinder schenken ihrem alten Vater oder der alten Mutter einen vierbeinigen Liebling. Da brauchen sie selber nicht mehr so oft zu kommen. „Wenn ein Mops die letzten Jahre einer alten Dame oder eines alten Herrn verschönern kann, dann jammert mich dieser Mops selbst dann nicht, wenn er dafür mit einer Verkürzung seines Lebens auf Grund einer liebevoll angemästeten Herzverfettung bezahlen muß", bemerkte Horst Stern, publizistischer Vorkämpfer für eine bessere Umwelt, in seinem Fernsehfilm „Der Hund als Ware". Stern weiter: „Es ist nur zu fragen, ob wir recht daran tun, unsere sozialen Pflichten vermehrt auf den Hund abzuwälzen."
Aber es sind nicht nur die Alten, die sich dem Hund zuwenden. Auch immer mehr Studenten halten sich Hunde, bevorzugt Bastarde. Morgens nehmen sie ihre Vierbeiner mit in die Hörsäle und abends in verräucherte Kneipen. Neuerdings sind vorlesunghörende Hunde in vielen Universitäten nicht mehr gelitten. In Osnabrück z. B. war der Inhaber des Lehrstuhls für Didaktik der Physik von einem Studentenhund gebissen worden. Der Rektor der Universität ließ daraufhin überall auf dem Campus Verbotsschilder für Hunde aufstellen.
Schon einer der geistigen Väter der Neuen Linken, Theodor Adorno, hatte sich für eine verständnisvolle Einstellung gegenüber dem Tier eingesetzt. Sein „Dasein ohne Licht der Vernunft", so Adorno, sei Folge eines „Unglücks", das „in der Urzeit sich ereignet" habe. Und der Biologe Joachim Illies interpretiert die studentische Tierliebe gesellschaftspolitisch. Er sieht in der Zuneigung zum „Menschenbruder Tier" ein kollektives schlechtes Gewissen des Zivilisationsmenschen gegenüber der verdrängten und ausgebeuteten Kreatur. Vielleicht aber ist der Hund in der abstrakten Welt, in der sich die Studenten zurechtfinden sollen, das einzig Greifbare. Von Hundeliebe handelt auch das Lied: „Gonna buy me a dog" der Rock-Gruppe „The Monkees", das schnell zum Hit wurde:

Weißt Du, mein Mädchen rief eben an,
als ich gerade schlief,
Du hättest hören sollen, was sie mir für Sachen sagte.
Weißt Du, sie verletzte meine Gefühle tief.
Ich werde mir 'nen Hund kaufen,
weil ich jetzt einen Freund brauche.
Einen Hund, einen Hund, warum?

In einer immer abstrakter werdenden Welt suchen viele junge Leute im Hund ein Stück Natur

Sag doch: Du brauchst alle Freunde,
die du kriegen kannst!
Ich werd' mir 'nen Hund kaufen.
Mein Mädchen, mein Mädchen,
sie liebt micht ni-nicht.

Ich habe an mir selbst erlebt und bei anderen beobachtet, wie Hunde das Leben von Menschen verändern können. Einmal habe ich einer Freundin einen Hund geschenkt. Er sollte für sie ein lebendes Psychopharmakon sein, und anfangs hatte ich dem Tier gegenüber ein schlechtes Gewissen. Andere schüttelten den Kopf über meine Idee. Die Freundin hatte sich emanzipiert, als es noch nicht Mode war, und Karriere gemacht. Tagsüber mußte sie in einer Männergesellschaft die Ellenbogen zeigen. Abends war sie fast immer auf Achse. Sie hatte viele Freunde und war trotzdem allein. Da habe ich den Hund gekauft. Einen Sealyham-Terrier, klein, aber alles andere als ein Schoßhund. Der Erfinder der Rasse, ein englischer Offizier, pflegte jedem Schwächling aus seiner Zucht „vor den Kopf zu schießen“. Ein Hund also, der einiges aushalten kann.

Meine Freundin wollte den neuen Hausgenossen erst nicht. Sie scheute sich vor dieser Bindung. Mittlerweile hat dieser kleine Kerl sie fest im Griff. Zwar hat er nicht gerade ein ideales Hundeleben, hockt oft unterm Schreibtisch im Büro und ist auch schon zum Partygänger geworden, aber er zwingt seinem Frauchen seinen Lebensrhythmus auf, verlangt seine Spaziergänge, sein Fressen und duldet keinen Katzenjammer. In stundenlangen Telefongesprächen muß ich mir anhören, was der Hund wieder gemacht hat: wie er Telefonkabel durchgenagt hat, wie er hinter den Enten her in die Alster gehechtet ist, oder wie er bei Werbeaufnahmen 50 Mark verdient hat. Und wenn sie das alles erzählt, klingt ihre Stimme glücklich.

Oder der Kollege und Nachbar Jürgen, von dem ich schon erzählt habe. Er, seine Frau und seine zwei Töchter waren richtige Stubenhocker, blasse und überzeugte Stadtmenschen. Sein Interesse galt nur seinen Manuskripten, die er am Fließband fertigte, und seinen Büchern, vor allem Erstausgaben, die er schon fast manisch zusammenträgt. Aus dem Haus konnte die Familie nur der Geheimtip über ein neues Schlemmerlokal locken. Aus mir unerfindlichen Gründen wollte ausgerechnet Jürgen einen Hund von mir. Ich mochte ihm das nicht abschlagen, obwohl ich fest damit rechnete, daß der Hund in ein paar Tagen wieder bei uns sein werde.

Der Hund schaffte Jürgen und dessen Familie leicht. Nahm er sie an die Leine oder sie ihn, auf jeden Fall ging man plötzlich spazieren, berichtete uns begeistert von langen Wanderungen. Und es dauerte gar nicht lange, da gestand uns Jürgen, der unser Landleben immer als öde empfunden hatte, daß er ein Haus ganz in unserer Nähe gekauft habe. Natürlich nur für den Hund. Merkwürdiges ist seitdem mit Jürgen geschehen. Er läßt seine Schreibmaschine stundenlang allein und arbeitet im Garten.

Noch ein letztes Beispiel möchte ich erzählen. Vor kurzem hat mich ein promi-

Häufigste Todesursache beim Hund: das Ende unterm Autoreifen

nenter Meinungsmacher gebeten, ihn beim Hundekauf zu begleiten. Er gehört zu jenen, die ins Visier der Terroristen geraten sind. Die Sicherheitsbehörden hatten ihm unter anderem empfohlen, sich zu seinem Schutz einen Hund anzuschaffen. Solange ich ihn kenne, ist dieser Mann immer ein Super-Ästhet gewesen. Er konnte schon über ein Stäubchen am falschen Platz in Wut geraten, die farblich entgleiste Krawatte eines Mitarbeiters kann dem Armen für immer seine Abneigung eintragen. Ausgewählte Expressionisten schmücken die Wände seines Hauses. Es ist ausgestattet mit unersetzlichen Tiffany-Lampen, die er meist persönlich Stück für Stück aus New York in seine Villa transportiert hat. Penibel wacht er über all seine Schätze und wickelt rigoros sämtliche gesellschaftlichen Verpflichtungen in einem vergleichsweise schlichten Keller ab, aus Sorge, daß in der Beletage etwas zu Bruch gehen könnte.

Ich habe mir den Mund fusselig geredet, um ihn vor einem Hund zu bewahren und den Hund vor ihm. Ein Hund sei doch im Ernstfall kein Schutz vor Maschinenpistolen zu allem entschlossener Politgangster, wandte ich ein. Schließlich sagte er mir ganz direkt: „Heiko, ich will 'nen Kumpel." Das hat mich berührt. Bisher erschien er mir immer allmächtig, und gerade bei ihm hätte ich eine solche Sehnsucht niemals vermutet.

Der Hund kam, sah und siegte. Ich war selber dabei, wie dieser Mann eigenhändig einen großen Kothaufen beseitigte, den der Hund mitten in sein Wohnzimmer gesetzt hatte. Er freute sich wie ein Kind darüber, daß sein Hund es so schnell gelernt hat, ihm die Tasche hinterherzutragen, und begeistert sagte er: „Das ist der beste Freund, den ich je hatte. Ich muß mich nur noch daran gewöhnen, daß mein bester Freund Pansen frißt."

Der Hund ist im Laufe der Jahrtausende mit Haut und Haar ein Geschöpf des Menschen geworden. Obwohl meistens ohne sichtbare Funktionen, versteht er sich dennoch unentbehrlich zu machen. „Hunde haben eine Art aufdringlicher Seelenbereitschaft, die verdorrende Menschen erleichtert", so deutet der Schriftsteller Elias Canetti das Phänomen dieser einmaligen Haustierkarriere. Der Hund heute also Therapeut für Menschen mit Macke? Das scheint mir zu einfach zu sein.

Sigmund Freud, Spezialist für Menschenseelen, hat auch über die Hundeseele nachgegrübelt. In einem Brief schrieb er einmal über seinen Hund Jofi: „Es sind wirklich die Gründe, weshalb man ein Tier wie Jofi mit so merkwürdiger Tiefe lieben kann, die Zuneigung ohne Ambivalenz, die Vereinfachung des Lebens, von dem schwer erträglichen Konflikt mit der Kultur befreit, die Schönheit einer in sich vollendeten Existenz. Und bei aller Fremdartigkeit in der organischen Entwicklung doch das Gefühl einer innigen Verwandtschaft, einer unbestrittenen Zusammengehörigkeit. Oft, wenn ich Jofi gestreichelt, habe ich mich dabei ertappt, eine Melodie zu summen, die ich ganz unmusikalischer Mensch als die Arie aus dem ‚Don Juan' erkennen mußte: ein Band der Freundschaft bindet uns beide . . ."

Gibt es vielleicht doch eine Urfreundschaft zwischen Mensch und Hund? War vielleicht von Anfang an zwischen

Steinzeitmensch und Wolf Sympathie mit im Spiel? Die Wissenschaft schließt ein solches irrationales Vorverständnis nicht mehr aus, spricht von einer „affektiven Brücke", die der Mensch-Hund-Beziehung zugrunde liegt.
Das ist Wasser auf die Mühlen der Tierfreunde, denn sie neigen ohnehin dazu, vieles, was ihr Hund tut, zu vermenschlichen. Sie sind gerührt von seinen Taten. Für das meiste haben die Verhaltensforscher eine ganz simple Erklärung. Die wollen Hundebesitzer aber gar nicht hören.
Auf dem Flughafen in Moskau lebt seit dem Herbst 1974 eine Schäferhündin. Sie ist nicht von dort wegzubewegen, kehrt immer wieder zurück. Von hier ist ihr Herrchen abgeflogen, hier wartet sie auf seine Rückkehr. Der Hund wird mittlerweile vom Flughafenpersonal mit durchgefüttert, und tierliebe Russen wollen ihm für seine Treue ein Denkmal setzen.
Was hier als zu Herzen gehende Hundetreue gefeiert wird, ist tatsächlich ein angeborenes hündisches Verhaltensmuster. Der Hund, das hat er vom Wolf geerbt, ist es gewohnt, in der Meute mit einem Boß an der Spitze zu leben, anders als etwa der Fuchs oder der Dachs, die sich auch als Einzelgänger durchschlagen können.
Der Schäferhündin ist nur der Rudelchef abhanden gekommen. Das hat sie aus der Balance gebracht. Forciert wird die Abhängigkeit vom Menschen noch durch eine Eigenschaft, die von der Wissenschaft als „Neotonie" bezeichnet wird: die beim Hund lebenslang fortdauernde Abhängigkeit der Welpen vom Muttertier, die er auf den Menschen übertragen hat. Mit anderen Worten, der Hund ist chronisch infantil und gehorcht dem Rudeloberen nicht nur, er läßt sich auch von ihm bemuttern.
In Texas hat sich eine Promenadenmischung schon daran gewöhnt, von Reportern beguckt zu werden. Banjo ist die unentbehrliche Stütze einer tauben Frau und stupst sie jedesmal mit der Nase an, wenn ihr Baby schreit, die Türglocke klingelt oder das Telefon schrillt. Ohne Banjo wäre die Frau hilflos. Ganz Texas ist begeistert von seiner Klugheit. Was alle erstaunt, brachte dem Hund ein erfahrener Dresseur an Hand von Tonbandaufnahmen bei. Das ist für Banjo bestimmt nicht ohne Schmerzen abgegangen.
Der bayrische Zollhund „Dino vom Föhrenberg" erschnüffelte 54 Kilogramm Haschisch, das in einem Auto unter einer mit Teer und Schmutz überzogenen eingeschweißten Stahlplatte versteckt war. Was die Menschen ihm als Heldentat auslegen, war nicht sonderlich schwer für ihn. Die Nase des Hundes ist mit 300 Millionen Riechzellen ausgestattet, ein einzigartiges Geruchswahrnehmungs-, Geruchsbestimmungs- und Geruchsregistrierlabor.
Er ist ein „Riechwunder", und selbst eineiige Zwillinge kann er durch die Nase voneinander unterscheiden. Essigsäure muß einhundertmillionenfach verdünnt sein, ehe er sie nicht mehr riechen kann. So ist nichts Unheimliches daran, daß mancher Hund den Tod seines Herrn erahnt. Das Nasentier erschnuppert die Stoffwechselveränderungen beim Sterbenden.
Auch das so geliebte Pfötchengeben hat gar nichts mit Händeschütteln zu tun. Der Hund praktiziert nur den „einpfotigen Milchtritt", so der Verhaltensfor-

Die Mutter dieses Kindes ist taub. Der Hund holt sie, wenn ihr Baby schreit

scher Eberhard Trumler, mit dem er schon als Welpe nach der Zitze seiner Mutter getastet hat. Und das Schwanzwedeln, dieses überschwengliche Begrüßungsritual, über das wir immer so geschmeichelt sind, wenn wir nach Hause kommen, ist kein Zeichen von Begeisterung. Der Hund fächelt, auch das hat er vom Wolf übernommen, seinem Rudelboß die individuellen Eigendüfte seines „Analgesichtes" zu.
Die Entzauberung des Hundes geht so weit, daß die Verhaltensforscher behaupten, kein Hund liebe seinen Herrn. Er sei lediglich Ersatz für den „Alpha-Rüden" in der Wolfsmeute. Das möchte ich einfach nicht glauben. Bekanntlich macht Liebe blind — auch die zum Hund.
Der Hund besticht dazu keinesfalls durch ungewöhnliche Intelligenz. Delphine, Affen, Füchse und sogar das Schwein stellen ihn – so haben es amerikanische Forscher getestet — da weit in den Schatten. Aber wir lassen auf unseren Freund Hund nichts kommen. Nach einer Umfrage des Nachrichtenmagazins „Spiegel" glauben sogar 67 Prozent aller deutschen Hundebesitzer unerschütterlich daran, daß der Hund eine Seele hat. Und für 86 Prozent der Hundeherren ist die wichtigste Eigenschaft ihres Hundes die Treue. Die Treue, die er vom Tier verlangt, ist indes

Alltag eines Großstadthundes: Die Pfoten müde vom Pflastertreten, die Nase, die besonders feine, stets in Auspuffhö

bei ihm selbst ins Wanken geraten. Vor allem der Großstadtmensch behandelt ihn oft wie Wohlstandsmüll.
Die Tierasyle der Bundesrepublik sind übervoll mit solchen Hunden. Jährlich werden schätzungsweise 80 000 Hunde ausgesetzt. Um Platz zu schaffen, mußten letztens in Hamburg zur Ferienzeit 57 Hunde eingeschläfert werden. Hundeheim-Chef Otto Kertscher beklagt die „Oberflächlichkeit, mit der Tiere angeschafft werden".

Zwangsläufig landet gerade der von Massenzüchtern lieblos nach dem Legehennensystem fabrizierte Hund bei Menschen, die ihn oft aus einer Laune heraus in den Großstadt-Tierhandlungen kaufen. Er ist schnell und billig zu haben. Es ist ein herzloser Kreislauf, in den diese Tiere geraten, von Anfang an bestimmt zum Wegwerfhund, behandelt wie eine Einwegflasche. Da geht eine Mutter mit ihrem Kind in die Stadt. Das Kind wünscht sich ein Schaukel-

pferd. Das Spielzeuggeschäft hat gerade kein Schaukelpferd. Das Kind quengelt. Nebenan in der Tierhandlung schaut ein kleiner Hund so herzig aus dem Schaufenster. Ohne daß die Mutter groß überlegt, wird er mitgenommen. Das Hundebaby, das ach so süße, wächst sich aus zu einem Zotteltier, das Schmutz in die Wohnung von Frau Saubermann bringt, und wird schließlich davongejagt.

Häufig spart man sich den Weg zum Tierheim. Der Hund wird einfach weggeworfen. Lebendige Hunde in Mülltonnen sind keine Seltenheit mehr. Ferienzeit ist gleichzeitig Arme-Hunde-Zeit: Man bindet sie unterwegs auf einem Autobahn-Rastplatz fest oder scheucht sie irgendwo in den Wald. Schöner Urlaub. Die Tierschutzverbände versuchen zwar, die Massenproduktion von Hunden zu bekämpfen, sind aber den Gangstermethoden, die in dieser Branche herrschen, meist nicht gewachsen. Der Staat reagiert lasch, hat er doch mit seinen Men-

Ein Autobahn-Parkplatz an der Grenze nach Österreich. Bevor sie sich schöne Ferien machten, stopften die Besitzer ihren Hund noch schnell in eine Mülltonne

schen genug zu tun, und schließlich ist Hund nun mal Hund. Und diejenigen, die am Hund verdienen, das sind nicht wenige, haben in Bonn eine gute Lobby und wiegeln ab.

Heute gibt der Deutsche bereits jährlich im Durchschnitt 621 Mark für seinen Vierbeiner aus. Spöttelt der Hundeexperte Horst Stern: „So nagen sie alle verdienstvoll am Knochen Hund." Vor allem die Futtermittelindustrie, die zunehmend von amerikanischen Konzernen beherrscht wird. Traumziel der Futtermittelproduzenten ist es, jeden deutschen Hund so zu erziehen, daß er brav aus der Dose frißt. Wie Hohn klingt für den, der weiß, wohin eine uferlose Hundevermehrung läuft, eine Pressemitteilung der Bremer Vitakraft-Werke, des größten deutschen Tierfutterherstellers: „In deutschen Wohnstuben bellen 3,5 Millionen Hunde, miauen 3,2 Millionen Katzen, zwitschern, tschirpen oder flöten 6,5 Millionen Vögel. Bis 1980 sollen diese Zahlen um 16 Prozent wachsen. Mitwachsen wird auch die Summe, die die Bundesbürger für ihre vierbeinigen, gefiederten oder schuppigen Freunde ausgeben: von 1,5 Milliarden Mark 1975, geschätzten 2,4 Milliarden 1980 auf vermutlich 3,5 Milliarden bis 1985. Die Bremer Vitakraft-Werke richten sich auf künftiges Wachstum ein ...“ Offenbar haben die tierfreundlichen Bundesbürger einen erheblichen Nachholbedarf verglichen mit ihren europäischen Nachbarn. So tummelt sich nach neuesten Zahlen nur in jedem zehnten deutschen Haushalt ein Hund, in den Niederlanden aber schon in jedem fünften und in Frankreich sogar in jedem dritten.

Auf jeden Versuch, den Hundeboom zu drosseln, wird wütend reagiert. Als der Verband für das Deutsche Hundewesen eine Kampagne gegen den wilden Hundehandel startete (Motto: „Kaufe nie 'nen Hund im Sack“), drohten Futterfabrikanten dem Vereinsblatt „Unser Rassehund“ mit Anzeigenstopp.

Für die Geschäftemacher ist die Bundesrepublik in puncto Hund freilich noch ein unterentwickeltes Hundeland. Im hundesteuerfreien Frankreich gibt es über sieben Millionen Hunde. In England, dem „Mutterland“ der Hundezucht, werden jährlich 2,75 Millionen Hunde produziert. Und in Amerika, auch hier das Land der unbegrenzten Möglichkeiten, tummeln sich 40 Millionen Hunde. Was läßt sich da an Dosenfutter absetzen?

Über die Kehrseite wird nicht geredet. In den USA werden jährlich 14 Millionen überflüssige Katzen und Hunde mit einem Aufwand von 125 Millionen Dollar aus der Staatskasse um die Ecke gebracht. Von den jedes Jahr in England fabrizierten Hunden wird knapp eine Million noch innerhalb des ersten Lebensjahres wieder vernichtet. Allein in einer Londoner Tötungsstation werden jährlich 10 000 Hunde mit Strom liquidiert. Jetzt stellte sich heraus, daß die Anlage noch nie technisch überprüft worden ist. Wahrscheinlich sind Tausende von Hunden unter großen Qualen gestorben. In Paris gibt es eine Spezialeinheit der Polizei, die nur damit beschäftigt ist, verstoßene Hunde einzusammeln. Täglich landen mindestens 50 von ihnen in einer Gaskammer. Und auch hierzulande bleibt nichts anderes mehr übrig, als fleißig zu töten — mit Spritze, Stromstoß oder gar auf dem Schlachthof mit dem Bolzenschußgerät.

Am humansten ist da noch die Spritze. Die Arzneimittelhersteller lassen die Hunde leichter sterben als noch vor wenigen Jahren. In ihren Labors wurde eine spezielle Todesmixtur entwickelt, in der ein Curare-ähnliches Gift enthalten ist, das den Kreislauf schlagartig zum Stillstand bringt, gleichzeitig lähmt ein starkes Narkotikum das Atemzentrum. Ein schneller, schmerzloser Tod – aber vielen ist die Spritze zu teuer. Mit Abmeldebescheinigung für die Steuer und Transport zur Abdeckerei kostet sie etwa 40 Mark.

Wie krank die Beziehung zwischen Mensch und Tier zum Teil schon geworden ist, beweist der Bericht eines Tierarztes aus dem Landkreis Stade. Er erzählt von einer Frau, die mit einem etwa drei Jahre alten, völlig gesunden Cocker in seine Praxis gekommen war, um das Tier töten zu lassen. Sie wollte es nicht mit in die Ferien nehmen. Der Tierarzt bot ihr an, den Hund in gute Hände zu vermitteln. Davon wollte sie nichts wissen: „Ich bestehe darauf, daß der Hund getötet wird. Die Kinder freuen sich schon so auf die Beerdigung. Sie haben für ihn extra eine Kiste gebastelt.“

Du armer Hund

Sinnlos produziert, gedankenlos gekauft und schnell wieder weggeworfen: das Schicksal vieler Hunde, so auch dieses Dalmatiners, den sein Besitzer mit einem Stein um den Hals ersäufen wollte

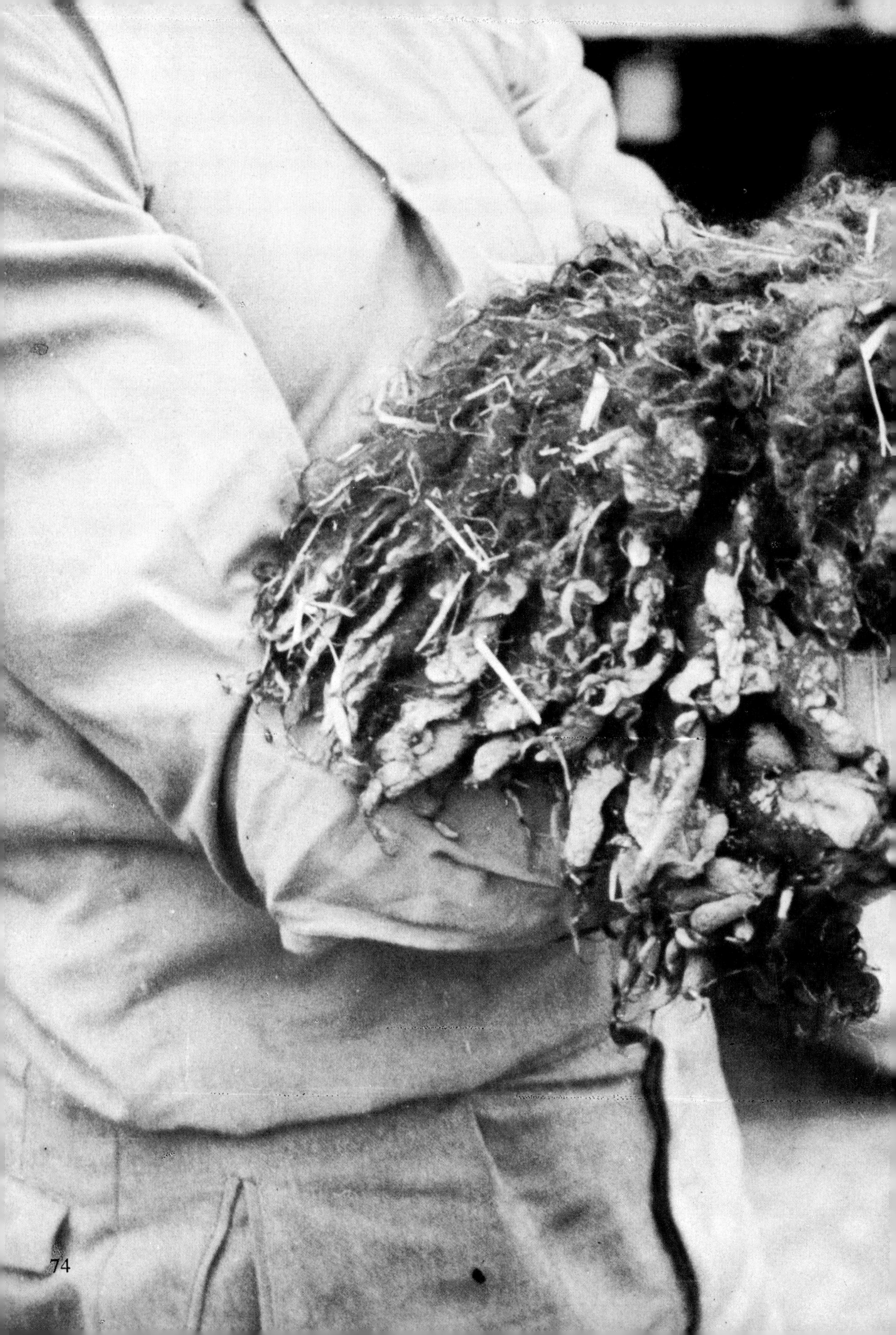

Ein Rassehund aus Niederbayern. Dieser völlig heruntergekommene Pudel wurde von Tierschützern und Polizisten aus seinem Elend auf einer „Hundefarm" im Landkreis Passau befreit

Boxer, eine der freundlichsten Hunderassen. Bei diesem Massenzüchter sind sie zu lebenslanger Kerkerhaft verurteilt, degradiert zu Gebärmaschinen

Razzia gegen Hundeschinder. Doch es ist ihnen sehr schwer beizukommen. Sie sind raffiniert, benutzen einsame Bauernhäuser als Unterschlupf und warnen sich gegenseitig

4 Du armer Hund

Wir können es fast jeden Tag in den Zeitungen lesen: Da wird über den schwäbischen Handwerksmeister berichtet, der seinen Schäferhund an die Stoßstange seines Autos band und über die Dorfstraße zu Tode schleifte, nur weil er nicht pariert hatte. Oder über den jungen Dalmatiner, den man im Hamburger Vorort Schenefeld mit einem Mauerstein beschwert ins Wasser geworfen hatte. Der Hund wurde im letzten Augenblick gerettet. Die „Bild"-Zeitung zeigte Hund und Stein im Foto und fragte in fetten Lettern: „Könnten Sie diesen kleinen Hund ertränken?" Wer wird da schon ja sagen?

Gleichgültiger als solche bösen Einzelfälle wird der allgemeine Niedergang des Hundes hingenommen. Er geht Hand in Hand mit der Einbetonierung der Landschaft, der Verseuchung der Flüsse, der Vergiftung der Luft. Serengeti darf nicht sterben, aber was vor unserer Haustür geschieht, ist egal. So ist der Mensch im Begriff, wieder einmal ein Stück Natur zugrunde zu richten — diesmal den Hund, von Konrad Lorenz einmal so beschrieben: „Ein guter Hund ist ein kluger, treuer, tapferer Hund. Der Hund allein unter allen Lebewesen ist seit mindestens 12 000 Jahren auf Eigenschaften hin gezüchtet worden, die unter uns Menschen mit gutem Recht als Tugenden bewertet werden." Die Geschäftemacher pfeifen darauf. Ihnen geht Quantität vor Qualität, und so wird der Hund in unserer Überflußgesellschaft mehr und mehr Konsumartikel, lebender Schrott vom Fließband, mit dem schnell ein Markt gesättigt werden muß.

Warum aber ist die fabrikmäßige Produktion von Hunden so fatal? Die Massenzucht, so warnen die Tiermediziner, verläuft nach einem schädlichen Schema: Die hygienischen Zustände in den Hunde-Produktionsstätten sind meist katastrophal. Wo viele Hunde zusammenkommen, steigt die Infektionsgefahr ohnehin sofort um ein Vielfaches.

Die Welpen werden zu früh von der Mutter weggenommen. Sie gehen durch viele Hände — oft vergehen Monate, bevor sie zu ihrem Besitzer kommen. Sie sind in einer dunklen Ecke aufgewachsen. Dann hat man sie — oft noch ungeimpft — in eine Kiste gepackt und per Nachnahme mit der Eisenbahn oder im Flugzeug zum Händler geschickt. Dort finden sie sich als Blickfang in einem Schaufenster wieder. Die Art, wie sie ernährt werden, ändert sich ständig. Schon das untergräbt die Gesundheit des Welpen. Sein Organismus gerät aus dem Rhythmus, er reagiert ähnlich empfindlich wie ein Kleinkind.

„Diese Hunde sind prädestiniert für alle möglichen schweren Krankheiten", sagt Professor Eikmeier von der Veterinärmedizinischen Klinik der Universität Gießen, der das Leid dieser Handelshunde täglich miterlebt. Vieles, was ein robuster Hund aushalten würde, verläuft bei diesen von der ersten Lebensminute an falsch behandelten Tieren tödlich. Jene aber, die durchkommen, bleiben zeitlebens Problemhunde. Aufzuchtmängel lassen sich später nur schwer wettmachen.

Der in fast industrieller Stückzahl fabrizierte Hund verkümmert nicht nur physisch, er ist auch psychisch defekt. Verhaltensforscher haben herausgefunden, daß ein Welpe zwischen der 3. und der 8. Lebenswoche intensiven Kontakt zum Menschen braucht. Sie nennen das die „Prägungsphase". In diesem Zeitabschnitt werden die Weichen für die Mensch-Hund-Beziehung gestellt. Der Welpe muß den Menschen körperlich, optisch und akustisch wahrnehmen, sollte täglich seine Zuwendungen, also seine „Streicheleinheiten", bekommen. Hunde, die in diesem Alter nur sich selbst überlassen bleiben, wie das in der Massenzucht die Regel ist, sind für das Zusammenleben mit dem Zweibeiner verdorben. Der Verhaltensforscher Eberhard Trumler: „Eine echte Gemeinschaft, wie sie normalerweise Mensch und Hund verbindet, kann nicht mehr entstehen."

Er und sein amerikanischer Kollege Dr. J. P. Scott haben das unabhängig voneinander mit Versuchen bewiesen. Sie zogen ganze Hundewürfe in der Einsamkeit groß und zeigten sich nur kurz zu den Fütterungszeiten. Die so aufgewachsenen Hunde gewöhnten sich nie an den Menschen, reagierten wie Wölfe mit „erhöhter Fluchtbereitschaft" oder „extremer Aggressivität".

Dozent Dr. Harald Brummer, der sich an der Gießener Universität mit der Psyche des Hundes beschäftigt: „Die verhaltensgestörten Hunde kommen zum großen Teil aus dem Handel. Für den Streß der Großstadt sind sie nicht tauglich." Besonders erbittern den Wissenschaftler, der bestimmt kein sentimentaler Tiernarr ist, die zu frühe Trennung der Welpen von der Mutterhündin und ihr Versand: „Ein gerade von seiner Mutter getrennter Welpe in einer dunklen Transportkiste hat schon einiges auszuhalten."

Für die Veterinäre an den Universitätskliniken wird das Elend dieser Hunde, die wie beliebige Konsumartikel angeboten und verhökert werden, zur Bedrükkung. Professor Felix Müller (Berlin): „Der Hundehandel ist eine Tragödie für die Tiere und die tierliebenden Menschen." Sein Kollege Professor Eikmeier nennt diese traurigen Patienten „Verreckelchen", aber so, wie er das sagt, klingt es nicht lustig. Und Professor Kraft (München): „Da kommen sie mit ihren halbtoten Hunden. Wir können sie meistens nur schnell erlösen. Es jammert einen nicht nur um die Tiere, sondern auch um die Menschen. Die haben ja längst ihr Herz drangehängt."

Vorsichtiger reagieren die praktizierenden Tierärzte. Die Mehrheit schweigt und verdient an dem Malheur, das laufend ihre Sprechzimmer füllt. Aber nicht alle lassen fünfe grade sein. So läßt der Kölner Tierarzt Dr. Karl Spieth im Tierhandel gekaufte Welpen aus Angst vor Infektionen nicht mehr in sein Wartezimmer. Und Dr. Schmitt aus Nürnberg zieht mit Vorträgen vor Hundefreunden gegen die Geschäftemacher zu Felde. Er sagt: „Meistens weiß man sofort Bescheid, wenn man so einen Hund auf dem Tisch hat. Er ist auffallend scheu. Und immer die gleichen Krankheiten: Parasiten, Darmerkrankungen, Wurmbefall, Zwingerhusten, oft auch Staupe."

Jahrelanges Eingesperrtsein hat den Zuchtrüden Arry böse gemacht

Dr. Schilling aus Velbert ist gerichtlich gegen einen Hundehändler vorgegangen, der seinen Kunden geraten hatte, Zwergpudeln ab und zu mal Schnaps einzuflößen, dann blieben sie besonders klein. Vom gegnerischen Anwalt mußte sich der Tierarzt belehren lassen: „Sie haben Ihren Beruf verfehlt. Kümmern Sie sich um Ihre Praxis, und betätigen Sie sich nicht als Kriminalist."

Es ist schon viel geschrieben worden über das schmutzige Geschäft mit dem Hund, wissenschaftliche Abhandlungen, darüber, wie schädlich die Massenzucht für ihn ist, und Zeitungsberichte über die katastrophalen Zustände bei einzelnen Hundeproduzenten und -händlern. Manchen wurde der Prozeß gemacht. Aber die Richter, mit der Materie oft nicht vertraut und gar nicht daran interessiert, zu hören, was der Unterschied zwischen einem mit Liebe gezüchteten und einem billig fabrizierten Hund ist, sprachen diese Leute frei oder verurteil-

Statt Nestwärme ein ausrangierter Autoreifen für die Welpen

ten sie zu Geldstrafen, die im Verhältnis zu deren Profit lächerlich sind. Oft ist vor Gericht auch noch der Kläger der Dumme. Der Händler behauptet einfach, erst der Erwerber habe den Hund krank gemacht — und kommt damit durch.

Wie aber könnte man die Misere aufdecken, endlich Roß und Reiter beim Namen nennen? Ich beschloß, Wallraff-Methoden anzuwenden und als Normalverbraucher Hunde von Massenzüchtern und Händlern zu kaufen. Die schon vorhin zitierten Tiermediziner Professor Kraft, Professor Eikmeier und Professor Müller, Kapazitäten von untadeligem Ruf, waren sofort bereit, mich bei meinem Test zu unterstützen und die von mir gekauften Tiere auf Herz und Nieren zu prüfen.

Um es gleich vorwegzunehmen, das Resultat war noch niederschmetternder, als ich es je erwartet hätte. Von 20 angeblichen „Rassehunden", die ich bei Mas-

Ein Hundeleben im Schweinekoben. Sonnenlicht ist diesem Basset fremd

senzüchtern und Hundehändlern erwarb, mußten sechs eingeschläfert werden, weil sie lebensunfähige Krüppel waren, zwei gingen von selbst an Staupe ein. Kein einziger Hund war gesund, keiner hätte — so die Professoren — überhaupt verkauft werden dürfen. Die Tiere, die überlebten, habe ich in gute Hände verschenkt. Sie sind Problemhunde geblieben. Bei vielen sind die Tierarztkosten inzwischen längst höher als der Kaufpreis.

Ich hätte noch viel mehr Hunde kaufen können, Hunderte, das Ergebnis wäre, da bin ich sicher, nicht besser, eher noch schlechter geworden. Aber die Tierkliniken konnten nicht mehr Hunde verkraften; Untersuchungen und Pflege sind zu zeitraubend, und wohin hinterher mit diesen Kümmerlingen? Fassungslos sagte der Münchner Veterinär Professor Kraft nach der Aktion: „Ich habe viel gesehen und manches geahnt, daß es so finster ausschaut, hätte ich nicht geglaubt."

Verwestes Fleisch in einer verrosteten Badewanne: Die Hundeaufzucht muß billig sein

Noch einmal möchte ich die Reise quer durch die Bundesrepublik nicht machen, eine Reise, schrecklich und deprimierend, von Hundeelend zu Hundeelend. Manchmal war ich nahe daran umzudrehen, das alles lieber zu lassen.

In München fiel mir in der „Süddeutschen Zeitung" in der Sparte „Tiermarkt" folgende Annonce auf: „Aus tierärztlicher Praxis abzugeben: Irish-Setter-Welpen, Boxer-Welpen, Dobermann-Welpen." Daß dort gleich mehrere Rassen angeboten wurden, war ein Indiz für Hundehandel. Ein Liebhaberzüchter engagiert sich meist nur für eine Rasse. Aber sollte sich ein Tierarzt am üblen Hundegeschäft beteiligen? Ich rief die Telefonnummer an, die in der Annonce angegeben war. Es meldete sich ein Mann. Er sei Tierpfleger beim „Herrn Doktor". Der „Herr Doktor" sei leider momentan nicht da. Umständlich beschrieb er den Weg, der nach Niederbayern führte, noch über Passau hinaus.

Wer zu diesem Tierarzt fährt, um sich einen Hund zu kaufen, wird gut eingestimmt: eine wunderschöne Fahrt an der Donau entlang, immer mehr Landschaft, immer weniger Häuser. Von Kilometer zu Kilometer wird der Moloch München unwirklicher. Jeder muß glauben, er könne nirgendwo besser einen vierbeinigen Kameraden finden als hier draußen auf dem freien Lande, wo der Hund robust und kraftvoll aufwachsen kann unter der Obhut eines Tierarztes.
Das Haus, ein Fachwerkbau, fast ein kleiner Gutshof, steht einsam inmitten von Wiesen und Wäldern. Es sticht heraus in dieser armen Gegend, wo Häuser möglichst schnell und billig hochgezogen werden. Ich parke neben einem Porsche. Vielstimmiges Gebell, Gekläff, Gewinsel meldet meine Ankunft. Es kommt von einem Hang, etwa 200 Meter vom Haus entfernt, dort steht Zwinger neben Zwinger.
Ein Mann empfängt mich, es ist der Tierpfleger, er führt mich ins Haus und sagt: „Der Herr Doktor wird gleich kommen." Ich bin allein in einem Raum, halb so groß wie eine Turnhalle. Auf dem Sims über dem gewaltigen Kamin, in dem man leicht ein ganzes Wildschwein braten könnte, stapeln sich Ahnentafeln und Impfpässe. Für die Hunde aber, die dazugehören, scheint der Zutritt verboten zu sein.
Ich hatte mir den Tierarzt als einen urigen Viehdoktor vorgestellt. Der Mann, der da die Treppe herunterkommt und mich abschätzend mustert, hat sich ein seidenes Halstuch ins Hemd geknüpft und duftet morgenfrisch nach herbem Toilettenwasser. Er wird Mitte 40 sein, offensichtlich habe ich ihn im Mittagsschlaf gestört. Er begrüßt mich: „Sehr klug, daß Sie zu mir gekommen sind. Die weite Fahrt wird sich auszahlen. Bei mir finden Sie nicht den Schrott, der sonst so angeboten wird."
Dann fragt er, was für eine Rasse ich denn wolle. Ich sage, daß ich viele Hundebücher gewälzt hätte und mir noch nicht ganz schlüssig sei. Er winkt ungeduldig ab: „Da steht doch nur Quatsch drin in diesen Büchern. Schade ums Geld."
Und dann spricht der Tierarzt: „Gehen Sie bloß nicht mit Ihrem Hund zum Tierarzt. Da sind Sie im Nu 150 Mark los, die nehmen ja schon fürs Fiebermessen zehn Mark. Wenn was ist, rufen Sie einfach mich an." Verdutzt frage ich, wo er denn seine Praxis habe. Er belehrt mich von oben herab: „Was denken Sie, ich praktiziere nicht mehr, ich habe es nicht nötig, in dreckige Kuhställe zu gehen."
Es scheint ihn nicht im geringsten zu genieren, daß er sich mit dieser Antwort selber der Lüge überführt, der Lüge in seinem Anzeigentext. Denn dort heißt es „. . . aus tierärztlicher Praxis abzugeben".
Wir gehen hinaus auf den Hof, da liegt eine Irish-Setter-Hündin. Eigentlich müßte sie jetzt ihren Herrn schwanzwedelnd begrüßen, statt dessen weicht sie scheu zurück, als habe sie nichts Gutes von ihm zu erwarten. Der Zustand des Tieres ist erbärmlich, paßt nicht zum noblen Stil des Hauses. Die Hündin muß vor kurzem Junge gehabt haben. Die Zitzen sind wund. Sie ist viel zu mager. Das Fell, das sonst beim Setter so schön rotbraun glänzt, ist stumpf und ungepflegt. Die Augen sind vereitert.
In einem Stall liegt ein Wurf Boxer. Die Welpen haben die Augen noch nicht geöffnet. Normalerweise müßte die Boxer-

mutter ihre Jungen vor mir, dem Fremden, schützen. Statt dessen drückt sie sich zitternd in eine Ecke und gibt ihren Wurf preis. Der Tierarzt versucht gar nicht erst, die Hündin zu beruhigen, ihr vielleicht mal übers Fell zu streicheln. Der Stall ist vollgekotet, er ist bestimmt mehrere Tage lang nicht gesäubert worden.

„Mit dem Personal wird das auch immer schlimmer", entschuldigt er sich, steht geschniegelt in seinem Dreckstall. Der Gedanke, mal selber Besen und Schaufel in die Hand zu nehmen, würde ihm nie kommen. Wozu auch, wenn er für Kunden Tips wie diesen parat hält: „Sperren Sie das Tier die ersten 14 Tage in eine Kiste mit einem Deckel oben drauf. Lassen Sie es nur alle drei bis vier Stunden kurz einmal in den Garten. Es wird sein Geschäft immer im Garten verrichten, nie aber die Kiste beschmutzen. So bekommen Sie Ihren Hund am schnellsten stubenrein."

Der neue Hausgenosse, von Anfang an in eine Kiste gesperrt — mir reicht es. Ich werde kühl verabschiedet, denn ich habe ja nicht gekauft. Die Setter-Hündin folgt mir zum Parkplatz. Ein paar traurige dunkelbraune Augen schauen mich an. Ein Hund, der allein dazu auf der Welt ist, möglichst viel Junge zu produzieren.

Auf der Rückfahrt komme ich durch Passau. Dort besuche ich Hans Buchberger, den Inspektor des örtlichen Tierschutzvereins. Buchberger ist Polizeibeamter im Ruhestand. Früher hat er das Verbrechen am Menschen bekämpft, jetzt versucht er, das Verbrechen am Tier zu verhindern. Er tut das ehrenamtlich. Und obwohl der vitale Mittsechziger oft Tag und Nacht im Einsatz ist, führt er einen ziemlich aussichtslosen Kampf. Wie der VW aus Wolfsburg und das Marzipan aus Lübeck kommen heute die meisten Hunde aus Niederbayern, dem „Ruhrgebiet der Hundezucht" („Die Welt"). In den Landkreisen Passau, Deggendorf, Dingolfing-Landau und Rottal-Inn gibt es schätzungsweise 3000 Hundezüchter. Buchberger: „Die Hunde werden in Schweineställen gezüchtet, in düsteren Verschlägen, finsteren Schuppen, ausrangierten Autos. Überall." Er korrigiert sich sofort: „Nicht gezüchtet. Fabriziert."

Die Hündinnen werden gleich bei der ersten Hitze gedeckt, wenn sie ungefähr neun Monate alt und selbst noch Junghunde sind. Zur Gebärmaschine degradiert, müssen sie danach ohne Pause Wurf für Wurf liefern. Gnadenbrot ist in diesem Landstrich ein Fremdwort. Viele Tiere werden, wenn sie am Ende sind, einfach totgeschlagen.

Einige Wochen vor meiner Fahrt nach Niederbayern lagen vor der Tierverwertungsanstalt in Plattling frühmorgens 25 ausgediente Mutterhündinnen, erschlagen mit Knüppel oder Eisenstange. Woher sie stammen, weiß niemand, will auch niemand wissen. Jedes Auf und Ab in der Hundekonjunktur wird todsicher von den Tierverwertern registriert; denn Umbringen ist billiger als Durchfüttern.

Kommt eine Rasse aus der Mode, wie unlängst der Dalmatiner, landen die Hunde hier — tot und rudelweise. Stoppt der Welpenabsatz, wie manchmal zur Ferienzeit, gibt es eine Welpenschwemme. Solche Überproduktionen enden dann als Fleischmehl fürs Vieh oder als technisches Fett, das unter anderem auch das Grundmaterial für die

Produktion von Weihnachtskerzen dient.
Immerhin — ein schnelles Ende, gemessen an den Leiden jener Hunde, die an Versuchstierhändler verkauft werden, die kleinen Rassen für fünf Mark pro Stück, die großen für zehn Mark. Qualvoll wie das Leben ist nun auch noch das Ende. Man spritzt und schnitzelt an ihnen herum. Das ist für Hans Buchberger die größte Gemeinheit: „Diese Hunde verdienen wenigstens einen anständigen Tod."
Ich müßte meinen Jahresurlaub nehmen, würde ich alle Akten durchsehen, in denen Buchberger das Verbrechen am Hund registriert hat. Auch jener Tierarzt, von dem ich gerade komme, ist erfaßt. Mehrere Leute, die bei ihm Hunde kaufen wollten, haben sich hinterher beim Tierschutzverein beschwert: Der Mann halte seine Hunde in Betonröhren, wie sie für die Kanalisation verwendet werden. In einem völlig verkommenen Schwimmbecken, voll mit Schlamm, seien zwei Boxer, zwei Jagdhunde, ein Basset und ein Dobermann untergebracht gewesen, alle erst etwa drei Monate alt. Auf Vorwürfe habe der Tierpfleger geantwortet: „Die sollen sich gleich ans Wasser gewöhnen." Das Trinkwasser sei eine stinkende Brühe gewesen, das Futter vergammelt, von Fliegenschwärmen übersät. Außerdem seien viele kranke Hunde dagewesen mit Ausschlag und Bißwunden.
Zunächst trauten sich die Tiermediziner vom Veterinäramt Passau nicht, gegen den Kollegen vorzugehen. Sie taten die Vorwürfe als übertrieben ab. Als endlich eine Kontrolle erfolgte, nachdem auch die „Passauer Neue Presse" den Hundefabrikanten angeprangert hatte, merkte man schnell, daß die Schilderungen nicht übertrieben waren. Tatsächlich wurden Hunde in Betonröhren gehalten. Die Tiere zitterten vor Kälte und Nässe. Das Stroh und Heu war verfault. Die Kontrolleure vermerkten: „Die Anlage entspricht in keiner Weise der Verordnung über das Halten von Hunden im Freien."
Drei Bassets und ein Cocker-Spaniel wurden mitgenommen, alles andere als „Rassehunde aus tierärztlicher Praxis": Der Spaniel hatte fast kein Fell mehr, er litt unter einer eitrigen Hautentzündung mit Juckreiz und Haarausfall. Hinzu kam noch hochgradiger Spul- und Hakenwurmbefall. Die drei Bassets hatten Hornhautentzündungen, Blasenentzündungen, Blut im Kot und im Harn. Alle waren unzureichend geimpft. Der „Züchter", man muß das Wort hier in Anführungszeichen setzen, hatte während seines Studiums als Pflichtfach auch — Tierschutz.
Der Tierschutz-Mann Buchberger reichte mir eine weitere Akte, die eines „seiner ältesten Kunden", wie er sagt. Bereits 1967 wurde dieser Mann erwischt, als er seine Hunde mit dem Fleisch einer verwesten Kuh fütterte. Der Amtstierarzt in seinem Bericht: „Das ganze Anwesen war umgeben von Gestank und Verwesung, Kot und Urin." Zwei Jahre später wurden dort zwischen lebenden Hunden fünf tote gefunden. Sie waren schon fast verwest.
Im August 1974 schickte dieser Hundeschinder bei mörderischer Hitze 16 Hunde in sechs Kartons gestopft nach Gelsenkirchen. Aus dem Protokoll des Gelsenkirchener Tierschutzvereins: „... die Tiere kamen hier an, zusammengepfercht, zum Teil übereinander-

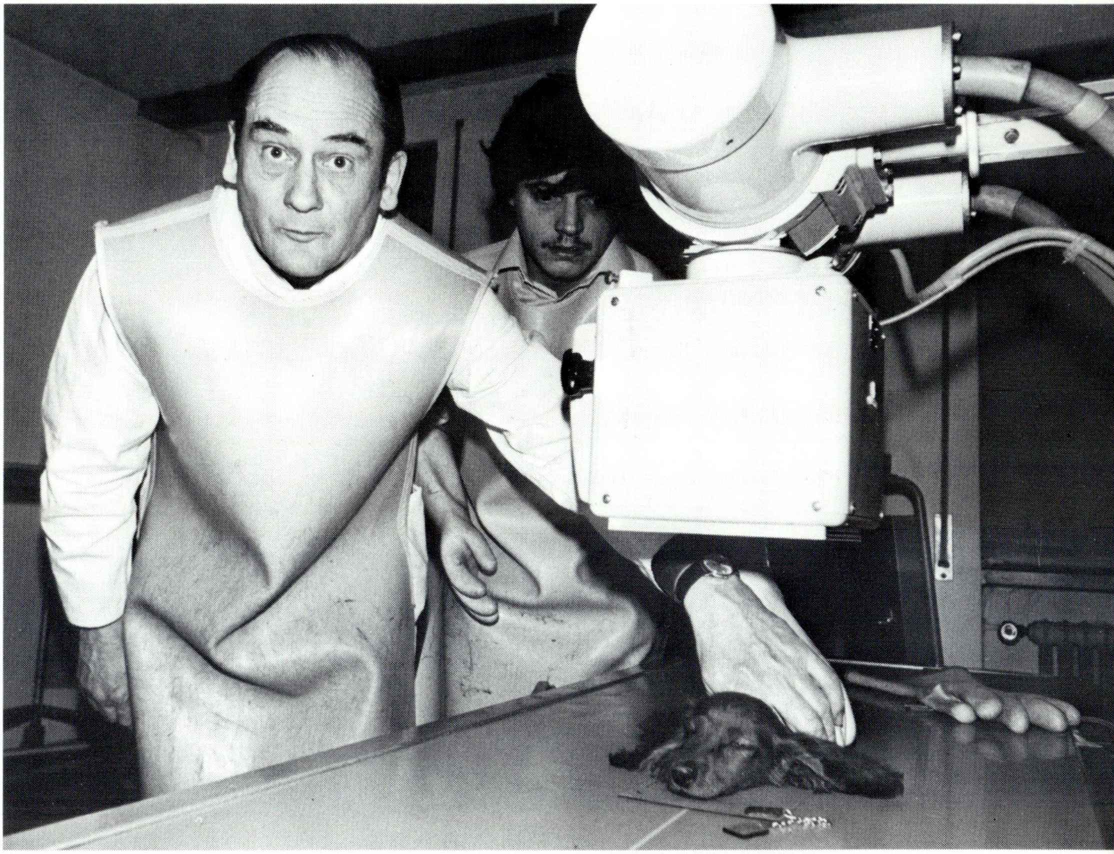

Um die kriminellen Methoden von Massenzüchtern und Händlern aufzudecken, habe ich dort 20 Hunde aufgekauft und von renommierten Tiermedizinern (Foto, Professor Kraft) untersuchen lassen. Keiner der 20 Hunde war gesund. Acht Hunde starben oder mußten eingeschläfert werden. Die Tiere, die überlebten, sind Problemhunde geblieben. Bei vielen übersteigen die Tierarztkosten inzwischen den Kaufpreis. Die Leidensgeschichte dieser Hunde wird auf den folgenden Seiten vorgestellt

hängend, in einem erbarmungswürdigen Zustand." Zwei junge Bernhardiner überlebten den Transport nicht. Der Adressat war ein Hundehändler in Gelsenkirchen, der seine Hunde in fast allen großen Tageszeitungen anpreist: „Aus vorbildlichem Freiluftzwinger."

Mehrfach wurde gegen diesen niederbayrischen Massenzüchter ein „Zwangsgeld" verhängt. Mal 150, mal 200 Mark. Das ist weniger, als ihm ein Welpe einbringt. Sein Anwesen, ein Bauernhof, liegt etwa einen halben Kilometer vom

Aispe vom Baggersee, rote Langhaardackel-Hündin. Alter: knapp drei Monate. Gekauft in einer Münchener Hundehandlung. Preis: 210 Mark. Stammbaum: „Internationaler Dackelclub Gergweis" (IDG) von Hans Fürst. Diagnose: eitriger Nasenausfluß. Zwingerhusten. Augenzittern. Nervöse Störungen. Wasserkopf. Mußte getötet werden. Behandlungskosten: 260 Mark

Dian, Irish-Wolfhound-Rüde. Alter: dreieinhalb Monate. Gekauft auf einer „Kleintierranch" in Westfalen. Preis: 1225 Mark. Stammbaum: obskures Papier vom „Irish Kennel-Cluc". Diagnose: Schwere eitrige Nasenentzündung. Schlechter Pflegezustand. Viel zu mager. Rachitis. Zwingerhusten. Behandlungskosten: 375 Mark

Dorf entfernt. Haus und Stallungen sind halbverfallene Ruinen. Überall liegt Gerümpel herum: verrostete Autowracks, Reifen, Konservenbüchsen, Abfälle. Ratten huschen herum. Eine ausrangierte Badewanne, offensichtlich die Hundetränke, ist mit grünlicher Jauche gefüllt.

Ein Collie, sein Fell ist so verklebt und verdreckt, daß man ihn nur mit Mühe als solchen erkennen kann, macht sich bei meinem Anblick mit eingekniffener Rute davon. Zwei Cocker sind zutraulicher. Sie haben die Räude. Das goldgelbe Fell ist ihnen ausgefallen, geblieben ist nur schorfige Haut, an vielen Stellen blutig gekratzt.

Der „Züchter" kommt mir entgegen, ein dicker, weißhaariger Mann, der gemütlich wirkt. Er spult sofort seine Verkaufsmasche ab: „Ich liefere nur in die ersten Häuser, nach München, Frankfurt, Berlin, Hamburg." Und: „Die Hundezucht ist mein Hobby. Verdienen kann ich daran nichts." Er trägt hohe Gummistiefel. Anders kann man sich in dem Morast, der sich hier auftut, nicht bewegen.

Drinnen klingelt das Telefon. Er muß mich allein lassen. Unbeobachtet kann ich einen Blick in den Stall tun. Ich erkenne etwa 30 Hunde. Kein Bauer würde so seine Schweine halten. Die Wände schimmeln, das wenige Stroh ist vergam-

Mira von Kainzdobl, Dalmatiner-Hündin. Alter: über drei Monate. Gekauft bei einem hessischen Hundehändler. Preis: 380 Mark. Stammbaum: „Internationaler Rasse-Jagd-Gebrauchshunde-Verband e.V." (IRJGV). Diagnose: Gehörgänge durch Ohrmilben entzündet. Augen- und Mandelentzündung. Spulwurmbefall. Verdauungsstörung. Blutarmut. Lungenentzündung. Behandlungskosten: 248 Mark

Bello von der Weizenwiese, Schäferhund-Rüde. Alter: knapp drei Monate. Gekauft bei einem Händler in der Nähe von München. Preis: 300 Mark. Stammbaum: „Verband Internationaler Rassehunde-freunde Diepholz". Diagnose: abgemagert. Rachitis. Gefährliche Parasiten in der Darm-schleimhaut (Coccidien). Zwingerhusten. Bello starb an Staupe. Behandlungskosten: 345 Mark

melt. Hier wurde seit Wochen nicht ausgemistet. Das einzige Futter, das ich sehe, sind angenagte Kuhhäute. Ich streichele eine hochtragende Schäferhündin. Sie ist nur ein Skelett mit einem aufgetriebenen Bauch, der fast bis auf die Erde herunterhängt. Das kraftlose Tier kann ihn kaum tragen. In einigen Tagen ist es soweit, daß diese elende Kreatur neues Elend in eine elende Hundewelt entläßt. Und ihr Besitzer wird wieder in den Zeitungen inserieren: „Bildschöne Rassehunde abzugeben."

Der Mann ist wieder da. Er schimpft auf die „hysterischen Tierschützer". Neulich habe er einen Riesenschnauzer nach München verkauft, ein herrliches Tier. Doch man habe ihn angezeigt. Der Hund sei angeblich unterernährt gewesen: „Dabei war er so dick." Er breitet die Arme aus, als wolle er eine Tonne umarmen.

Auf dem Hof steht ein Mercedes. Am Hinterfenster klebt eine Plakette mit der Aufschrift „Internationaler Dackel-Club Gergweis". Der Mann öffnet den Kofferraum. Hinter dem Reservereifen haben sich vier winzige Welpen verkrochen — zwei Cocker und zwei Dackel, zitternde Fellbündel. Er lockt zum Kauf: „Sind die nicht hübsch und munter!"

Ich habe selbst genug Hunde großgezogen, um zu erkennen, daß die Welpen im

Bonzo vom Lehnerhaus, Chow-Chow-Rüde. Alter: knapp acht Wochen. Gekauft bei einer niederbayrischen Hundezüchterin. Preis: 333 Mark. Stammbaum: „Internationaler Rasse-Jagd-Gebrauchshunde-Verband e.V." (IRJGV). Diagnose: kümmerlicher Welpe. Durchfall. Nasenausfluß. Blutarmut. Spulwurmbefall. Behandlungskosten: 170 Mark

Douglas vom Tannengarten, Collie-Rüde. Alter: dreieinhalb Monate. Gekauft in einer Berliner Hundeboutique. Preis: 595 Mark. Stammbaum: „Deutscher Hundeliebhaber-Club Bad Oeynhausen". Diagnose: unterernährt. Kurzatmig. „Bärentatzigkeit". Spulwurmbefall. Blutarmut. Mandelentzündung. Lungenentzündung. Der Hund starb an Staupe. Behandlungskosten: 370 Mark

Kofferraum krank sind. Den ersten Hund, den ich mitnehme, ist einer von den „hübschen, munteren" Cockern. Inzwischen hat ihn die Spritze eines Tierarztes von seinen Leiden erlöst.

Der nächste, den ich besuche, ist ein angesehener Mann in der Kleinstadt, in der er eine gutgehende Metzgerei betreibt. Sein Laden blitzt vor Sauberkeit, hinter dem Verkaufstresen zwischen Schinken und Würsten hängt ein Schild: „Ladendiebe übergeben wir der Polizei!" Der Metzgermeister verkauft nicht nur Fleisch von Rind und Schwein, er verdient auch am Hund.

Ich gehe in seinen Laden und gebe mich als Hundekäufer aus. Der Metzgermeister will mir seine lebende Ware persönlich vorführen. Er bugsiert mich zu seinem Mercedes und braust los. Rücksichtslos schneidet er andere Autofahrer, fährt bei über 100 Stundenkilometer bis auf einen halben Meter auf, wirft mir bei dieser halsbrecherischen Fahrt einen verschwörerischen Blick zu und sagt fröhlich: „Ich hab' schon neun Punkte in Flensburg, das darf aber meine Frau nicht wissen."

Der Fleischer ist sehr redselig. „Schon mein Großvater und mein Vater haben mit Viechern gehandelt." Der Junior ist auf den Hund gekommen — für ihn ein Stück Fleisch, an dem man mehr verdienen kann als am Schlachtvieh.

Bessy vom Kaakshof, Zwergpudel-Hündin. Alter: zwei Monate. Gekauft bei einer Hamburger Händlerin. Preis: 350 Mark. Stammbaum: „Vereinigung Internationaler freier Hundezüchter Emmerich". Der Hund war nicht rasserein. Diagnose: Magen-Darm-Katarrh. Floh- und Spulwurmbefall. Mandelentzündung. Verdacht auf Staupe und Zwingerhusten. Behandlungskosten: 120 Mark

Tick von der Donauhöh, gestromter Doggen-Rüde. Alter: knapp drei Monate. Gekauft bei einer niederbayrischen Züchterin. Preis: 250 Mark. Stammbaum: „IRJGV". Diagnose: ungeimpft. Ohrmilben. Rachitis. Blutarmut. Parasiten in der Darmschleimhaut (Coccidien). Zwingerhusten. Staupe. Mußte getötet werden. Behandlungskosten: 310 Mark

Er weiß nicht genau, wie viele Hündinnen er besitzt. Auf jeden Fall sind es über 200. Er hat sie bei Bauern im weiten Umkreis einquartiert. Übersicht verschafft er sich durch einen Karteikasten in seinem Büro. Jede Woche fährt er über 1000 Kilometer und sammelt zwischen 50 und 100 junge Hunde ein. Sie werden in Kisten verpackt und per Bahnfracht an Händler in der Bundesrepublik, der Schweiz, in Österreich und Italien verschickt („der Hund geht zum Bahnhof, und dann nach mir die Sintflut"). Der Metzger hat sich auf seltene und dadurch auch teurere Rassen spezialisiert: „Mit Dackeln, Cockern und Pudeln handelt doch hier jeder."

Während der Fahrt redet er kaum von Hunden, aber viel von Geld, „monni", wie er sagt. „Wenn die Woche zu Ende ist, muß die Kasse stimmen", sagt er. Sein Hundefließband bringt ihm — so erzählt er jedenfalls — wöchentlich mindestens 10 000 Mark ein.

Ich frage ihn, was denn mit den alten und kranken Hunden geschieht. Er antwortet, als sei nichts dabei: „Geschäft ist Geschäft. Da bin ich konsequent. Wer nichts mehr taugt, gehört weg." Dazu macht er mit der Hand die Bewegung des Gurgeldurchschneidens.

Der Metzger rast mit mir zu Höfen, auf die er seine Hunde verteilt hat. Mir wird bewußt, weshalb diese Gegend in Nie-

Golden Retriever-Rüde. Alter: über vier Monate. Gekauft in einem „Tierparadies" bei Bremen. Preis: 585 Mark. Stammbaum: obskure Bescheinigung aus England. Diagnose: Schlechter Ernährungszustand. Spulwürmer. Kahle Stellen am ganzen Körper. Ekzeme, vermutlich Milben-infektion. Lungenentzündung. Verdacht auf Staupe. Behandlungskosten: 320 Mark

Rusty of Nurney, Cairn-Terrier-Rüde. Gekauft bei einem Hamburger Hundehändler. Preis: 774 Mark. Stammbaum: obskures Papier aus Irland mit falscher Altersangabe. Diagnose: eitrige Bindehautentzündung. Nasenausfluß. Zwingerhusten. Behandlungskosten: 175 Mark

derbayern „das Armenhaus Deutschlands" heißt. Die Häuser und ihre Bewohner machen einen trostlosen Eindruck. Viele Männer sind schon seit Jahren ohne Arbeit. Sie und ihre Familien führen ein Dasein, das nicht viel besser ist als das eines armen Hundes. Wo soll da das Mitleid mit den Tieren herkommen? Der Metzger hat mir vorher eingeschärft, in Gegenwart der Leute nicht über Preise zu reden. Er sagt mir aber auch, daß ich von ihm unter 500 Mark keinen Hund bekommen könne. Es ist klar, den Reibach macht er. Die Bauern werden mit ein paar Mark abgespeist, und sie müssen noch dankbar sein. Sie selbst sind nicht gewandt genug, auf eigene Faust Geschäfte zu machen.

Es ist jedesmal das gleiche, der Mann fährt mit seinem Mercedes vor und drückt so lange auf die Hupe, bis jemand herbeigerannt kommt. Kaum hat man ihn erkannt, versammelt sich die ganze Familie. Sein Besuch bedeutet Geld, wenn auch nur ein bißchen. Alles flitzt in den Stall und schafft aus den finstersten Löchern die Hundewelpen heran. Wahrscheinlich sehen sie jetzt zum erstenmal das Sonnenlicht. Während der Metzger mir die Hunde zeigt, wird er ängstlich angestarrt. Man will aus seiner Miene lesen, ob er auch zufrieden ist.

Diva vom Schwarzen Wappen, Deutsche Boxer-Hündin. Alter: neun Wochen. Gekauft bei einem Züchter im Ruhrgebiet. Preis: 430 Mark. Stammbaum: „Internationaler Rasse-Hunde-Verband Löhne-Mennighüffen". Diagnose: eitriger Nasenausfluß. Fieberhafte Virusinfektion. Zwingerhusten, ausgelöst meist durch hygienische Mängel im Zwinger. Behandlungskosten: 200 Mark

Oreg von der Berghöhe, Collie-Rüde. Alter: drei Monate. Gekauft bei einem Händler in Darmstadt. Preis: 413,50 Mark. Stammbaum: „IRJGV". Diagnose: Parasiten in der Darmschleimhaut (Coccidien). Einhodigkeit, für die Zucht untauglich. Bindehautentzündung. Fieberhafte Virusinfektion. Zwingerhusten. Behandlungskosten: 211 Mark

Der Metzger will mich überreden, einen jungen Dobermann zu kaufen. Die Mutter mußte erschossen werden, weil sie angeblich die Bäuerin angefallen hatte. Er sagt: „Nehmen Sie den. Der wird groß und scharf. Grad' das Richtige für Sie in der Stadt, wo's so viel Gelumpe gibt. Den hängen S' am besten zuerst an die Kette, und dann geben Sie's ihm mit dem Stock. Der muß von Anfang an wissen, wer der Herr ist." Er knufft mich freundschaftlich in die Seite und lacht: „Aber nicht gleich totschlagen."

Ich schaue mir in Niederbayern noch viele andere Hundefabriken an. Es ist eine trostlose Fahrt. Nirgendwo ein Lichtblick.

Lange werde ich den riesigen Bernhardiner eines sogenannten Züchters nicht vergessen können; ein Exemplar jener kraftvollen Hunderasse, die in den Bergen zahllose Menschen vor dem Lawinentod bewahrt hat — hier eingekerkert in ein enges Gefängnis inmitten von hundert anderen Hunden, dumpf vor sich hindämmernd. Oder den Schäferhundrüden „Arry", den ein Lohnschlachter, der nebenbei Hunde vermehrt, in einer Hütte gefangen hält, die nicht viel größer als eine Kiste ist. Gegen ihn genießt ein Maikäfer in einer Streichholzschachtel die totale Freiheit. Nur wenn Arry eine Hündin decken soll, läßt sein Peiniger ihn heraus, denn

Ulla von Damsberg, Tigerdackel-Hündin. Alter: dreieinhalb Monate. Gekauft bei einer niedersächsischen Händlerin. Preis: 500 Mark. Stammbaum: „Internationaler Dackelclub Gergweis" (IDG) von Hans Fürst. Diagnose: kein Impfpaß. Angezüchteter Augenfehler. Ohrmilben. Coccidien. Hautpilzbefall, ansteckend für Menschen. Mußte getötet werden. Behandlungskosten: 75 Mark.

Gerno vom Grünwaldhof, Rauhhaardackel-Rüde. Alter: drei Monate. Gekauft bei einem niederbayrischen Züchter. Preis: 150 Mark. Stammbaum: „IDG". Diagnose: nicht geimpft. Blutarmut. Haarausfall. Ekzeme auf der Nase. Nasen- und Augenausfluß. Darmentzündung. Hakenwurmbefall. Zwingerhusten. Behandlungskosten: 380 Mark

das bringt Geld. Oder das traurige Hundegetto jenes Massenzüchters, der — so behauptet er jedenfalls — auch die Bundeswehr mit Schäferhunden beliefert. Als ich dort bin, brüllt seine Tochter, ein Teenager, einen Dackel an, der nicht gleich auf Kommando eine Hündin bespringt: „Dich erschieße ich, du Drecksau!" Aus der Garage blitzt ein goldfarbener Mercedes 350 SE. Er hat die Pflege, die den Hunden fehlt.

„Niederbayern betrachtet sich immer als Gottes eigenes Land", sagt Werner Bester, Tierschutzinspektor in Osterhofen, „aber der heilige Franziskus, der im Himmel für die Hunde zuständig ist, wird hier nicht erwähnt, auch von der Kanzel nicht." Tierschutzinspektor Bester, wie sein Kollege Buchberger Pensionär, steht der „ungezielten Hundevermehrung" hilflos gegenüber. Er sagt: „Immer mehr Bauern machen ihre Viehställe leer. Hunde vermehren ist einfach. Sie müssen nicht wie Kühe zweimal am Tag gemolken werden." Und er mutmaßt: „Wenn mal die Flöhe teurer werden als die Hunde, würden sie hier Flöhe verkaufen."

Die bayrischen Tierschützer fühlen sich vor allem von ihrer Regierung im Stich gelassen. Um die Tierquälereien wirkungsvoller bekämpfen zu können, hatten sie gefordert, bei Stadt- und Landkreisen ganz offiziell den Posten eines

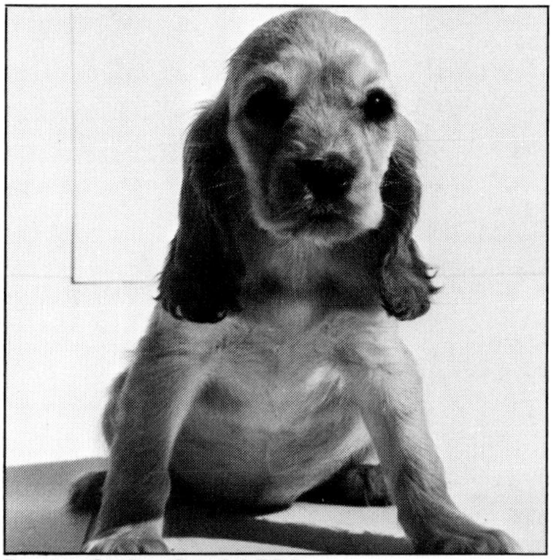

Brauner Cocker-Spaniel-Rüde.
Etwa acht Wochen alt. Gekauft bei einem niederbayrischen Händler. Preis: 250 Mark. Stammbaum: nicht geliefert.
Diagnose: ungeimpft. Miserabler Pflegezustand. Ohren- und Mandelentzündung. Augenausfluß. Blutarmut. Spulwurmbefall. Husten. Staupe. Mußte eingeschläfert werden.
Behandlungskosten: 235 Mark.

Woge vom Lehnerhaus, Basset-Hündin. Alter: knapp drei Monate. Gekauft bei einer niederbayrischen Händlerin. Preis: 220 Mark. Stammbaum: „IRJGV". Diagnose: fast bewegungsunfähig infolge Rachitis und überdehnten Bändern. Darmentzündung. Blutarmut. Lungenentzündung. Verdacht auf Staupe. Wurde eingeschläfert. Behandlungskosten: 270 Mark

Tierschutzbeauftragten zu schaffen. Er sollte ehrenamtlich wie schon jetzt die Tierschützer arbeiten, aber mit mehr Befugnissen.
Dieser Antrag wurde von der CSU-Mehrheit im Bayerischen Landtag abgelehnt. Der CSU-Abgeordnete Dr. Gerhard Frank: „Das ist eine Sache der richtigen Aufklärung und nicht der Kontrolle." Derselbe Dr. Frank ringt als Jäger und Präsident des Bayerischen Landesjagdverbandes um jedes Stück Rotwild, das abgeschossen werden soll, weil es unseren Wald zerbeißt.
In Paragraph 1 des Tierschutzgesetzes heißt es: „Niemand darf einem Tier ohne vernünftigen Grund Schmerzen, Leiden oder Schaden zufügen." In Niederbayern wird jeden Tag tausendfach dagegen verstoßen.

Das Dorf Gergweis liegt nahe Vilshofen, seinerzeit bekannt geworden durch die deftigen Aschermittwoch-Tiraden von Franz Josef Strauß. Noch vor dem Ortsschild weist sich Gergweis auf eigene Art aus. Da steht eine geschnitzte Holztafel mit einem Dackel vor einer Dorfkulisse. Darunter ist zu lesen: „Dackeldorf Gergweis." Ein ganzes Dorf für Dackel — ein Hundeparadies also? Eher das Gegenteil. Aus dieser Idylle ist einst der Bazillus der Massenfabrikation entsprungen, die Hölle für den Hund.

Yvonne vom Sonnental, Zwergschnauzer-Hündin. Alter: zehn Wochen. Gekauft bei einem Händler in Ulm. Preis: 380 Mark. Stammbaum: „Internationaler Rasse-Jagd-Gebrauchshunde-Verband e.V." (IRJGV) von Hans Fürst aus Gergweis. Diagnose: Flohbefall. Nasenausfluß. Zwingerhusten. Behandlungskosten: 190 Mark

Happy Golden Sunshine, Yorkshire-Terrier-Hündin. Alter: fünf Wochen. Gekauft bei einer hessischen Hundehändlerin. Preis: 600 Mark. Stammbaum: „Deutscher Rassehund-Club Salzhemmendorf" (DRC). Diagnose: viel zu jung abgegeben. Lahmgehen, weil beide Kniescheiben ausgerenkt sind. Angeborener Defekt. Der Hund wird nie richtig laufen können.

Das Haus von Kathie Dorfmeister ist ebensowenig zu verfehlen wie das Hermannsdenkmal im Teutoburger Wald. Schilder dirigieren den Besucher zu der berühmtesten Dorfbewohnerin, lange schon Ehrenbürgerin von Gergweis. Kathie Dorfmeister harkt gerade ihre Gartenbeete. Sie sieht aus wie eine Oma aus dem Bilderbuch, straffer grauer Dutt und eine geblümte Kittelschürze. Als ich ankomme, stellt sie die Harke beiseite. Gemütvoll spricht sie von sich selbst als von der „Dackelmutti". Schon als junges Mädchen hat sie Hunde gezüchtet. „Richtig losgegangen ist es aber erst nach dem letzten Krieg", erzählt sie, da haben die Amerikaner das deutsche Fräulein und den deutschen Dackel entdeckt."
Die Besiegten zogen bald nach. Zum ersten Auto, das man sich wieder leisten konnte, gehörte auch der Hund auf dem Rücksitz, am liebsten ein Dackel. Kathie Dorfmeisters Dackelgeschäfte blühten auf. Die Nachbarn beobachteten das nicht ohne Neid. Was die Kathie kann, sagten sie sich, können wir auch. Bald gab es in Gergweis mehr Dackel als Einwohner (heute rund 600). Das Beispiel machte Schule, nach und nach wurde die Fließbandproduktion von Hunden überall in Niederbayern nachgeahmt und später auch in Ostfriesland und ländlichen Gegenden von Westfalen.

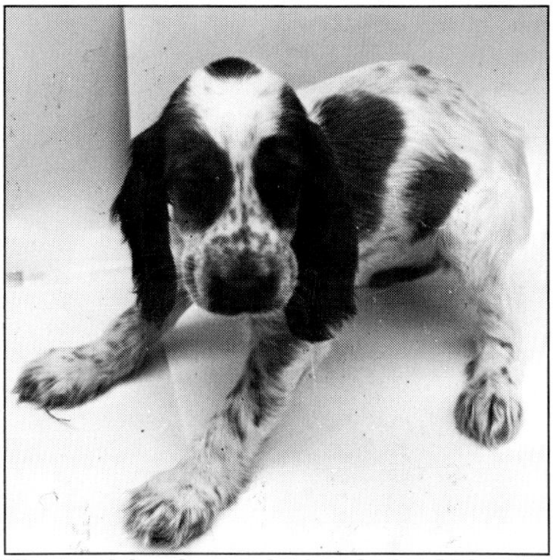

Nica von Johnsohn, gescheckter Cocker-Rüde. Alter: etwa zehn Wochen. Gekauft bei einem Braunschweiger Hundehändler. Preis: 295 Mark. Stammbaum: nicht geliefert. Diagnose: Durchfall. Zwingerhusten. Hautpilzbefall (Mikrosporie), ansteckend für Menschen. Anzeigepflichtig. Mußte eingeschläfert werden. Behandlungskosten: 360 Mark

Castor vom Seggebruch, Foxterrier-Rüde. Alter: etwa neun Wochen. Gekauft in einer Gelsenkirchener Hundehandlung. Preis: 310 Mark. Stammbaum: „Internationaler Rassehund-Verband Löhne-Mennighüffen". Diagnose: typischer Kümmerer. Haarausfall. Schwerer Zwingerhusten. Behandlungskosten: 310 Mark

Eines Tages kam der junge Lokalreporter Hans Fürst nach Gergweis. Er sollte über Kathie Dorfmeister und deren Dakkel berichten. Es blieb nicht beim Schreiben, er heiratete Kathie Dorfmeisters Tochter Resl. Das war 1959. Hans Fürst witterte sofort das Gold, das in den krummen Beinen steckte. Was seine Schwiegermutter bisher eher bauernschlau betrieben hatte, brachte er in ein ausgeklügeltes System. Er gründete den „Internationalen Dackelclub Gergweis" (IDG), nur für den Dackel zuständig. Und später den „Intern. Rasse-Jagd-Gebrauchshunde-Verband e. V." (IRJGV), der auch für alle anderen Rassen da ist. Über diese Clubs erheben inzwischen Hundefabrikanten aus ganz Europa ihre Produktion in den Adelsstand. Sie zahlen eine Gebühr und bekommen dafür eine Ahnentafel, im Volksmund auch Stammbaum genannt. Der Stammbaum ist wie ein Barscheck, mit ihm läßt sich der Hund besser und teurer absetzen.

Fürst hatte richtig kalkuliert. Im Jahre 1975 wurden auf diese Weise über 50 000 Gergweiser Hunde produziert, mehr als die Hälfte waren Dackel. Umsatz: 10 Millionen Mark.

Bilanzmäßig hat Fürst damit den alten und angesehenen Deutschen Teckel-Klub (DTK) überholt. Allerdings ging den passionierten DTK-Züchtern von jeher Qualität vor Masse. Ihre Devise:

„Züchten heißt nicht vermehren, sondern die Rasse verbessern.“ Seit dem Jahr 1888 wird im DTK jeder Dackel in einem Zuchtbuch registriert. In mühevoller Arbeit hat man den Dackel herausgezüchtet, wie man ihn heute kennt und liebt: einen kleinen, aber kernigen Gesellen. Der Verband schaut seinen Züchtern streng auf die Finger. Jeder Wurf wird genau geprüft. Vor allem aber ist es verboten, Welpen an den Hundehandel abzugeben. Der Hund soll nicht zur Ware werden. Der Züchter will wissen, in welche Hände sein Welpe gerät. Wer gegen dieses eiserne Gesetz verstößt, wird ausgeschlossen. Aber der hat ja noch eine Chance bei Fürst, dessen Verbände bedenkenlos die Schaufenster der Tierhandlungen füllen.
Von ernsthaften Fachleuten, denen Hundezucht nicht nur Umsatz bedeutet, wird das Gergweiser Prinzip verurteilt. Der Präsident des Deutschen Tierschutzbundes, der Bremer Rechtsanwalt Dr. Entholt: „Wir stehen dieser Hundefabrik negativ gegenüber.“ Und der Verhaltensforscher Eberhard Trumler, der sich wie kaum ein anderer mit dem Hund befaßt hat: „In Gergweis ist die Hundezucht nur ein großes Geschäft. Es fehlt jedes Verständnis für das Tier.“
Hans Fürst wohnt auf einer Anhöhe, ein paar Kilometer von Gergweis entfernt. Über einen knirschenden Kiesweg fährt man vor. Auf dem Hof spazieren bunte Pfauen herum. Die Villa hat ein Schwimmbad und einen Dachgarten mit weitem Ausblick. Im Souterrain arbeiten fünf Büroangestellte in Sachen Hund. In der Garage steht ein 50 000-Mark-Mercedes. Das Tor ist aus Metall, mit Kupfer beschlagen. Ein klotziger Mann mit eisgrauem Bürstenhaar-

Als „Dackeldorf" verkauft sich die niederbayrische Ortschaft Gergweis. Kritiker sehen hinter der idyllischen Kulisse eher eine Hundefabrik

schnitt begrüßt mich: „Ich bin der Dakkel-Fürst.“ Er ist von Anfang an um Sympathie bemüht, malt eine heile Gergweiser Hundewelt aus. Er erzählt von Bauern, die sich drei oder vier Hunde halten, die mit aufs Feld genommen werden und dort den ganzen Tag im Freien herumtollen können. Ich nehme ihm nicht ab, daß er nichts von dem Elend in den niederbayrischen Schweineställen um sich herum weiß.
Seine Frau sitzt dabei und nickt bei jedem Satz, den ihr Mann sagt. Auf seinem Schoß hat es sich ein kleiner Pekinese gemütlich gemacht, einst Luxushund in den Palästen der chinesischen Kaiser. Ein Dackel ist hier nicht mehr fein genug. Fürst schiebt mir ein paar Exemplare der von ihm herausgegebenen Zeitschrift „Unsere Dackel — unsere Freunde“ zu. Er schreibt darin: „ Ein ‚armer Hund‘ ist tatsächlich, wem es an Freundschaft und Verständnis fehlt, ein ‚reicher Hund‘ ist, wer dieses hat.“
Ich muß an die armseligen Kreaturen denken in ihren dreckigen Verliesen, deformiert vom Menschen: an den kleinen Langhaardackel mit den schweren Nervenstörungen, für den man mir in einem Münchner Hundeladen noch 210 Mark abgeknöpft hatte. Eine Woche später mußte er getötet werden. Oder an den Basset, der so miserabel aufgezogen war, daß er kaum laufen konnte. Ich habe es nicht vergessen, wie er da hilflos, geduldig auf dem Untersuchungstisch hockte: ein faltiges Gesicht mit langen Hängeohren, unendlich traurige Augen, die zusahen, wie der Mann im weißen Kittel die Spritze aufzog, die ihn aus einer Welt befördern sollte, in der er vom ersten Atemzug an keine Chance gehabt hatte.
Eines haben all diese armen Hunde gemeinsam: eine Ahnentafel, die sie als Rassehunde ausweist, unterschrieben von demselben Hans Fürst, der jetzt dasitzt und mir einreden will, daß er stets zum Wohle des Hundes handele und keinen Pfennig daran verdiene. Und dann erzählt er mir noch, daß seine Schwiegermutter Kathie Dorfmeister, die „Dackelmutti“, das Bundesverdienstkreuz bekommen habe, „in Anerkennung für die an Staat und Volk erworbenen Verdienste“, wie es so schön heißt. Haben unsere Hunde das verdient?
Das Hundegeschäft wird nicht nur in Niederbayern gemacht. Etwa 100 000 Hunde werden jährlich in die Bundesrepublik importiert. Hauptlieferant ist Holland. Mit dem Niedergang des Pfundes zieht aber auch England nach. Zentrum des holländischen Hundehandels ist das Städtchen Tilburg. Es wird beherrscht von Rinus van de Velde und dessen Sohn Sanders. 1975 machte die Polizei, von Interpol alarmiert, eine Hausdurchsuchung bei den van de Veldes. Die Beamten hoben ein ganzes Büro aus, in dem die van de Veldes unter dem Decknamen „Der neue Kynologe“ Zehntausende von Ahnentafeln gefälscht hatten. Vater und Sohn wurden verhaftet. Die Steuerbehörden schätzen den jährlichen Hundeabsatz der van de Veldes auf mindestens 20 000 Tiere. Bei der Polizeiaktion wurden 30 heruntergekommene Tiere gefunden, die getötet werden mußten.
Vater und Sohn van de Velde sind längst wieder auf freiem Fuß und spielen ihr Spiel weiter. Dazu Heinz Matrose, Geschäftsführer des „Verbandes für das Deutsche Hundewesen“ (VDH) in Dortmund: „Wenn irgendwo schmut-

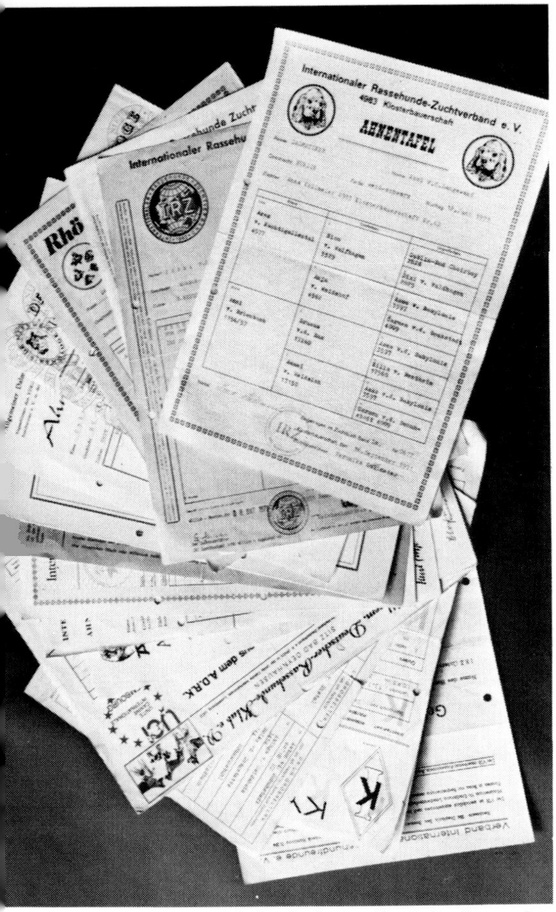

Die Ahnentafel, der Stolz des Hundebesitzers, ist oft nur ein wertloses Stück Papier

zige Geschäfte mit Hunden gemacht werden, taucht garantiert der Name van de Velde auf.“ Und Hannelore Zambakian aus Viernheim, die bei den van de Veldes einen Hund gekauft hatte, berichtete: „Die Hündinnen waren dort nur Gebärmaschinen. Ich werde nie den Anblick einer Pekinesenhündin vergessen, der beide Augen fehlten. Aber selbst dieser blinde Hund gebärt noch und bringt Geld. Ich habe aus lauter Mitleid einen Hund mitgenommen, der natürlich auch krank war.“

Die Holländer produzieren ihre Hunde besonders billig. Das erfordert scharfe Kalkulation. Futterkosten und Arbeitsaufwand müssen möglichst gering gehalten werden. Die Produzenten entreißen deshalb schon vier Wochen alte, noch völlig hilflose Welpen den Zitzen der Mutter. Auf eine Schutzimpfung, die nicht billig ist, wird meist verzichtet.

Die Aufkäufer aus Deutschland haben die entsprechenden Verluste bereits eingerechnet, die riesigen Gewinnspannen fangen das auf. Sie bezahlen zum Beispiel für einen Yorkshire-Terrier 70 Mark. Daheim können sie für den Hund bis zu 1500 Mark erzielen. Der Tilburger Tierarzt Timmermanns: „Binnen vier Wochen gehen mehr als 30 Prozent der von Holland in die Bundesrepublik importierten Hunde ein.“ Im Ruhrgebiet kam die Steuerfahndung einer Hundehändlerin auf die Schliche, die in einem Jahr über 300 000 Mark Umsatz gemacht und keinen Pfennig versteuert hatte. Hunde, die sie für 50 Mark in Holland gekauft hatte, wurden von ihr mit falschen Ahnentafeln ausgestattet und nicht unter 500 Mark weiterverkauft.

Viele der Tiere werden geschmuggelt wie ein Paket Butter. Nur die wenigsten Hundehändler werden dabei ertappt, so wie die Händlerin aus Düsseldorf, die 38 kleine Chow-Chows, Spaniels und Pudel in Apfelkisten gestopft und unter einer Wolldecke auf dem Rücksitz ihres Autos verborgen hatte. Oder der Bundeswehrfeldwebel aus Mönchengladbach, in dessen Kofferraum die Zöllner 18 Cocker-Welpen und 200 gefälschte Ah-

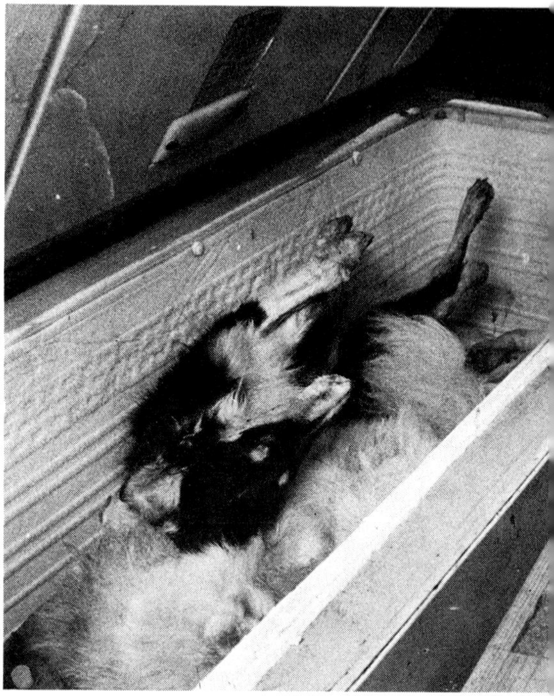

Ein niedlich gemaltes Reklameschild sollte Kundschaft anlocken. Doch hinter der Fassade regierte das Grauen. Als die Polizei das Tierheim Nord aushob, fand sie überall tote Hunde, sogar in der Kühltruhe

nentafeln fanden. Ein Sprecher der Oberfinanzdirektion Düsseldorf zum Hundeschmuggel: „Wir haben einen liberalisierten Grenzverkehr. Eine absolute Kontrolle ist nicht möglich."

Aus den finsteren Ställen ihrer Produzenten landet die Ware Hund im Schaufenster der Tierhändler in den Großstädten. Ihr Los wird nicht besser; denn auch den Händler interessiert das schnelle Geschäft. „Es hat den Anschein, als ob heutzutage ein Großteil der gewerbsmäßigen Hundehändler direkte Nachfahren der Roßtäuscher sind", sagt Klaus Ennulat, Geschäftsführer des Deutschen Tierschutzbundes. Ennulat untertreibt. Nehmen wir den Fall eines Hamburger Hundehändlers. Dieser Mann führte gemeinsam mit seinem Partner das „Tierheim Nord" im schleswig-holsteinischen Hohenfelde. Um Vertrauen bei der Kundschaft zu erwecken legten sie sich den irreführenden Firmennamen „Deutscher Tierschutzverein" zu. Ihre Hunde bezogen sie unter anderem von den van de Veldes, aus Niederbayern von jenem Tierarzt und jenem Metzgermeister, die ich beide schon erwähnt habe. Im August 1973 wurde das „Tierheim Nord" geschlossen. Aus dem Polizeibericht: „In einem Verschlag wurde zwischen lebenden Schäferhunden ein toter Hund vorgefunden. Der Kopf des Hundes war bereits von Maden zerfressen. Im Haus wurden drei weitere tote Hunde gefunden. In einer Tiefkühltruhe lagen sieben tote Hunde." Soweit es noch möglich war, wurden die Hunde seziert. Befund: „Ein Hund wies Brüche mehrerer Rippen und Blutungen im Bauchraum auf. Geronnenes Blut zeigte an, daß die Verletzungen durch schwere Gewalteinwirkungen vor dem Tod entstanden sein müssen."

Während sich das Ermittlungsverfahren gegen den Hundehändler noch dahinschleppte, hatte er in Barsbüttel bei Hamburg längst einen neuen Laden aufgemacht. Diesmal wickelte er seine Geschäfte ab unter dem Namen „Allgemeiner Club der Hundefreunde Deutschland e. V.". Die Hamburger Tierschützer warnten den Amtstierarzt in Bad Oldesloe vor dem „Hundefreund". Wie es bei Amtstierärzten in solchen Fällen leider oft geschieht — die Reaktion war müde. Monate verstrichen, erst im Dezember 1975 flog der Laden auf. Wieder fand man tote Hunde. Die Staupe grassierte. Außerdem behaupteten Zeugen, der Mann habe bellende Hunde mit Elektroschocks zur Ruhe gebracht und bei Raufereien mit dem Kleinkalibergewehr dazwischengeschossen.

In der Gerichtsverhandlung kam heraus, wieviel der Tierfreund pro Monat am Hund verdient hatte — bis zu 25 000 Mark. Seine Hundefolter war für die Richter mit einer Geldstrafe von 15 000 Mark aus der Welt geschafft. Und der Hamburger Tierschutzverein vermutet, daß der Mann schon wieder dick im Geschäft ist.

Eine ganze Branche von Betrug und Gaunerei: In Berlin gibt es einen Hundehändler („laufend neue Billighunde"), gegen den bisher 90 Verfahren eingeleitet worden sind. In Braunschweig hat sich ein ehemaliger Polizeibeamter zum „Präsidenten" eines selbsterfundenen „Tierschutzvereins" ernannt. Die Geschäfte, die der Präsident von eigenen Gnaden und dessen Frau mit ihrem „Rassehundverband Aristodogs" gemacht haben, beschäftigen die Gerichte. Es ist ein Mammutverfahren. Schon die Anklageschrift ist 234 Schreibmaschinenseiten dick. Das Ehepaar soll unerlaubt mit mindestens 900 Hunden und 250 Katzen gehandelt haben. In 355 Einzelfällen sollen sie die Käufer über Alter und Geschlecht, Gesundheitszustand, Herkunft und Rassereinheit der Tiere, die Echtheit von Abstammungspapieren sowie von Impfpässen „bewußt und gewollt getäuscht" haben und überhöhte Kaufpreise gefordert haben. Zu dem Prozeß gegen das Händler-Ehepaar sind 417 Zeugen geladen.

Ein norddeutscher Hundehändler nennt sein Geschäft „Tierparadies", ein zynischer Name für jemanden, der dieses Paradies kennt. Der Mann verkauft uns einen Golden Retriever, der Hund sei, wie er sagt, „intelligent, still, häuslich und willig". Daß der Retriever todkrank ist, verschweigt er.

Ein verwahrlostes ehemaliges Forsthaus in Hessen ist Sitz einer „Rassehunde- und Edelkatzen-Farm". Der Besitzer kommt mir in Filzpantoffeln entgegengeschlurft. „Ich habe 42 Rassen da", sagt er und taxiert mich kurz: „Für Sie ist ein Labrador das Richtige. Den haben alle Prominenten in England und Amerika. Die englische Königin und Kissinger . . ." Eine endlose Litanei folgt. Nach eigener Aussage ist dieser Händler in der Bundesrepublik auf dem Hundesektor „der Größte". Er beliefere die Polizei in Argentinien mit Schäferhunden und in Indonesien die Armee: „Die haben gerade wieder 100 bestellt. Das Stück für 6000 Mark.“

Zu seinen Lieferanten gehören, wen wundert’s noch, auch die van de Veldes: „Ich kaufe im Jahr für 250 000 Mark in Tilburg Hunde. In Holland sind die besten Züchter. Idealisten. Die tun noch was für den Hund.“

Draußen steht mitten im Dreck ein Irish-Wolf-Hound. Ich besitze selbst einen dieser herrlichen Hunde. Im Mittelalter waren sie Geschenke der Könige. Dieser hier ist aber nur ein verstörter, rachitischer Knochenhaufen. Der Händler tritt nach einem weißen Bullterrier: „Der muß das haben, das ist ein Kampfhund.“ Er verkauft mir eine Damaltinerhündin, die ständig vom Husten geschüttelt wird. „Kennel-Cough“, sagt der Händler, „das hat fast jeder junge Hund.“ Er drückt mir Tabletten in die Hand, Eusaprim, ein rezeptpflichtiges Mittel: „Damit ist das in acht Tagen erledigt.“

Was da in Englisch bagatellisiert wurde, ist Zwingerhusten. Hierbei handelt es sich um eine böse Viruserkrankung, die bei geschwächten Tieren, wie sie hier zu kaufen sind, schnell zur Lungenentzündung führen kann. Aber dafür ist mein Dalmatiner von Adel; „Mira vom Kainzdobl“ heißt die Hündin laut Ahnentafel. Die zackige Unterschrift ist — von Hans Fürst aus Gergweis.

Einer Hundehändlerin im Rhein-Main-Gebiet erzähle ich, daß ich für meine Tochter einen Hund zum Geburtstag kaufen wolle. In ihrem Dreckstall liegt nur ein Wurf fünf Wochen alter Yorkshire-Terrier. Hundebabys, die ihre Mutter noch mindestens drei Wochen brauchten. Sie werden noch gesäugt.

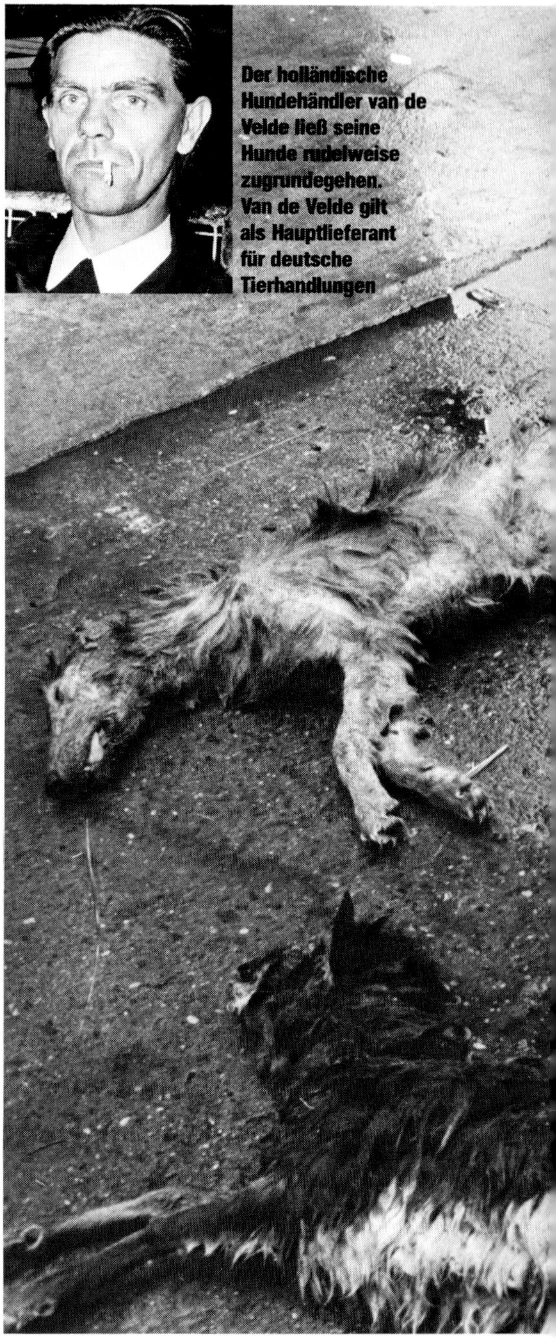

Der holländische Hundehändler van de Velde ließ seine Hunde rudelweise zugrundegehen. Van de Velde gilt als Hauptlieferant für deutsche Tierhandlungen

Die Händlerin greift in die Kiste hinein, zerrt einen winzigen Welpen unter der Mutter hervor und sagt: „Ist der recht?“ Dann sprüht sie aus einer Druckflasche das wimmernde Tierchen mit einem widerlich riechenden Desinfektionsmittel ein. Mit der einen Hand schiebt sie mir den Hund zu, in der anderen verschwinden die sechs Hundertmarkscheine, die sie gefordert hatte. Auf einem Futterpaket, das sie mir mitgibt, steht: „Wir sind Rassehunde, denn wir wurden beim Züchter geboren.“

Und dann der Schwindel mit den Ahnentafeln: buntbedrucktes Papier mit graphischen Schnörkeln, phantasievolle Titel, für Pfennige in einer Druckerei hergestellt. Der so geadelte Vierbeiner wird im Wert hinaufkatapultiert auf 500, ja 1000 Mark. Sein „Stammbaum“ ist aber genausoviel wert wie ein Titel von Konsul Weyer.

Für 500 Mark hat Rudolf Gerth aus Dortmund bei einer Züchtergemeinschaft den Zwergpudel „Zeus von der Hunnenheide“ erworben. Die Züchtergemeinschaft veranstaltet auch eigene Hundeschauen. Gerth stellte dort seinen Zeus vor, nachdem er 30 Mark Meldegebühren gezahlt hatte. Zeus errang auf Anhieb den stolzen Titel „Baby-Sieger“. Kurz nach seinem Sieg mußte Zeus zum Tierarzt. Der stellte ganz nebenbei fest, daß der Hund keinesfalls ein rassereiner Pudel sei. Der Besitzer wollte das nicht glauben und zog einen Experten des „Deutschen Pudel-Clubs“ zu Rate. Aus dessen Gutachten: „Es ist darauf zu schließen, daß es sich bei dem Rüden um eine Mischung aus Pudel und Foxterrier handelt.“ Der Hund sei — so wurde außerdem bemängelt — für einen Zwergpudel viel zu groß. Alles in allem habe dieser Bastard höchstens einen Wert von 100 Mark.

Christine Oetken kaufte in dem schon vorhin angeführten „Tierparadies“ einen Labrador. Er war nicht nur krank, er war auch kein Labrador. Der Hauptzuchtwart des Deutschen Retriever-Clubs, Utz Böklen, urteilte über die angeblich blaublütige „Britta von Korkzicht“: „Sie entspricht einer Promenadenmischung, wie ich sie häßlicher bisher noch nie gesehen habe.“ Brittas Papiere waren in Tilburg angefertigt worden.

In dem Hunde-Gotha, Marke Eigenbau, jagt eine Kuriosität die andere. Schenkt man einer vom „Internationalen Rassehunde-Club Lübbecke“ ausgestellten Ahnentafel Glauben, so ist der Dalmatiner-Rüde „Jill vom Ellerbusch“ gleichzeitig sein eigener Vater. Auch der Boxer-Rüde „Lümmel von der Ruh“ muß sich selbst gezeugt haben. So steht es jedenfalls im Stammbaum des „Internationalen Rassehunde-Verband Löhne-Mennighüffen“. Nach den Papieren des „Internationalen Rassehunde-Zuchtverband Klosterbauerschacht“ hatte die Boxerhündin „Betti vom Blauen Viertel“ im August 1974 einen stattlichen Wurf, nur: Betti war nachweislich schon fünf Jahre vorher in den Hundehimmel eingegangen.

Auf einer „Kleintier-Ranch“ in Westfalen wird man eingeladen zum Hundekauf „bei gemütlicher Gastlichkeit am offenen Kamin“. Klaus Henrich kaufte dort die Yorkshire-Terrier-Hündin „Lady“. Wenig später holte sich sein Bruder dort den Yorkshirerüden „Benno“. Beide Hunde hatten Stammbäume aus Tilburg und die gemeinsame Mutter „Evelien vom Fürstenhain“. Sie hatte Lady am 3.

Juli 1975 geboren und Benno nur 25 Tage später — ein biologisches Wunder, denn man weiß, daß eine Hündin nur zweimal im Jahr läufig ist und, nachdem sie gedeckt ist, ungefähr 60 Tage trägt. Der Hundekauf am Kaminfeuer kostete jeden der Brüder 650 Mark.

International sind diese Verbände nur auf dem Papier, ansonsten bleibt alles in der Familie. Beispielhaft ist das Strickmuster eines „Internationalen Rassehunde-Zuchtverbands" im Ruhrgebiet. Präsident ist der Familienvater, seine Tochter fungiert als Zuchtbuchführerin, seine Frau kümmert sich um den Hundeverkauf. Und auf den Stammbäumen heißt es dann: „Achtung! Diese Ahnentafel ist eine Urkunde im juristischen Sinne . . . Es wird strafrechtlich gegen solche Personen vorgegangen, welche Ahnentafeln fälschen, ändern, unterschieben oder behaupten, unsere Ahnentafeln seien wertlos oder ungültig."

Kann man sich über den Humbug mit den wertlosen Stammbäumen noch mokieren, so sind fehlende Impfungen oder gefälschte Impfpässe eine Niedertracht. Entweder sind die Hunde überhaupt nicht geimpft, oder man hat einen billigen passiven Impfstoff verwendet, der nur etwa 14 Tage Schutz gibt. Dann sind sie wieder anfällig für Staupe, Hepatitis und Leptospirose, auch Stuttgarter Seuche genannt.

Skandalöserweise sind auch einige Tierärzte in das schmutzige Geschäft mit dem Hund verstrickt. Diese sogenannten „Impfärzte" überlassen ihrer Kundschaft einfach blanko Impfpässe. Die Kunden können sie selber ausfüllen, ohne daß der Hund je eine Impfung erhalten hat. Die Düsseldorferin Gabriele Hobler kaufte bei der geschäftstüchtigen Familie mit dem eigenen Zuchtverband einen „vollschutzgeimpften Welpen", die Rauhhaardackelhündin „Ronda vom Geiersitz". Sie zahlte 310 Mark für den Hund und noch einmal 461 Mark beim Tierarzt, bis der angeblich vollschutzgeimpfte Welpe schließlich an Staupe einging.

Als sich Bernd Zimmermann in einem Zoogeschäft in Frankfurt einen Welpen kaufte, wurden ihm für die Impfung zusätzlich 30 Mark abgenommen. Zehn Tage später war der Hund eingegangen — an Staupe. In einem Brief an den Tierschutzverein beklagte sich Zimmermann: „Es ist ja nicht nur das Geld für den Tierarzt, das man bezahlen muß. Vielmehr tun uns die Tränen unserer drei Kinder weh, als sie den kleinen Hausgenossen so schnell wieder hergeben mußten."

Ich habe selber einen Hund gehabt, der an Staupe zugrunde gegangen ist. Nächtelang habe ich bei ihm gesessen, versucht, sein Leben zu retten. Die Krankheit beginnt mit Mattigkeit und Fieber. Mit Leckerbissen versucht man den Hund, der nicht mehr fressen will, bei Kräften zu halten, streichelt ihn öfter als sonst, er leckt einem mit heißer Zunge die Hand. Dann kommen Husten und Durchfall. Im Endstadium leidet der Hund häufig unter Zuckungen, Lähmungen, Schreikrämpfen. Er schaut einen an, stumm, aber es ist, als wolle er sagen: „Du bist doch mein Herr. Du mußt mir helfen." Doch es bleibt nichts zu helfen, es bleibt nur noch die Spritze. Das war in dem Jahre nach dem Krieg, als es noch keinen Impfstoff gegen Staupe gab. Heute lassen Menschen Hunde sterben, weil ihnen 30 Mark für eine Impfung zuviel sind.

Und was tut der Gesetzgeber?

Die niedlichen Welpen im Schaufenster des Tierhändlers versetzen Kinder in Entzücken. Die Eltern werden angebettelt, eines der drolligen Tierchen zu kaufen, Passanten nehmen sie im Vorbeigehen mit. Oft hält die Begeisterung nicht lange an. Die Hunde landen im Tierheim oder werden einfach ausgesetzt

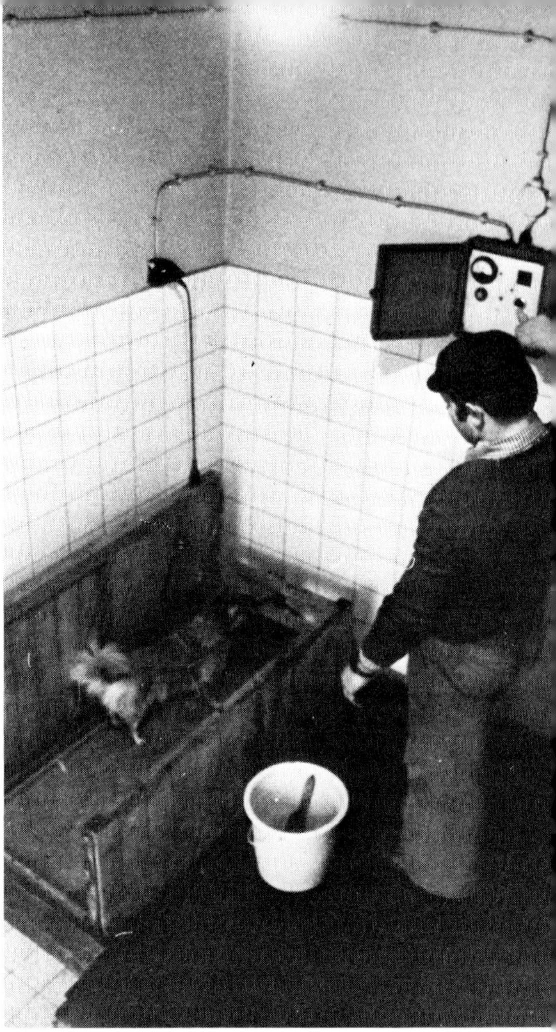

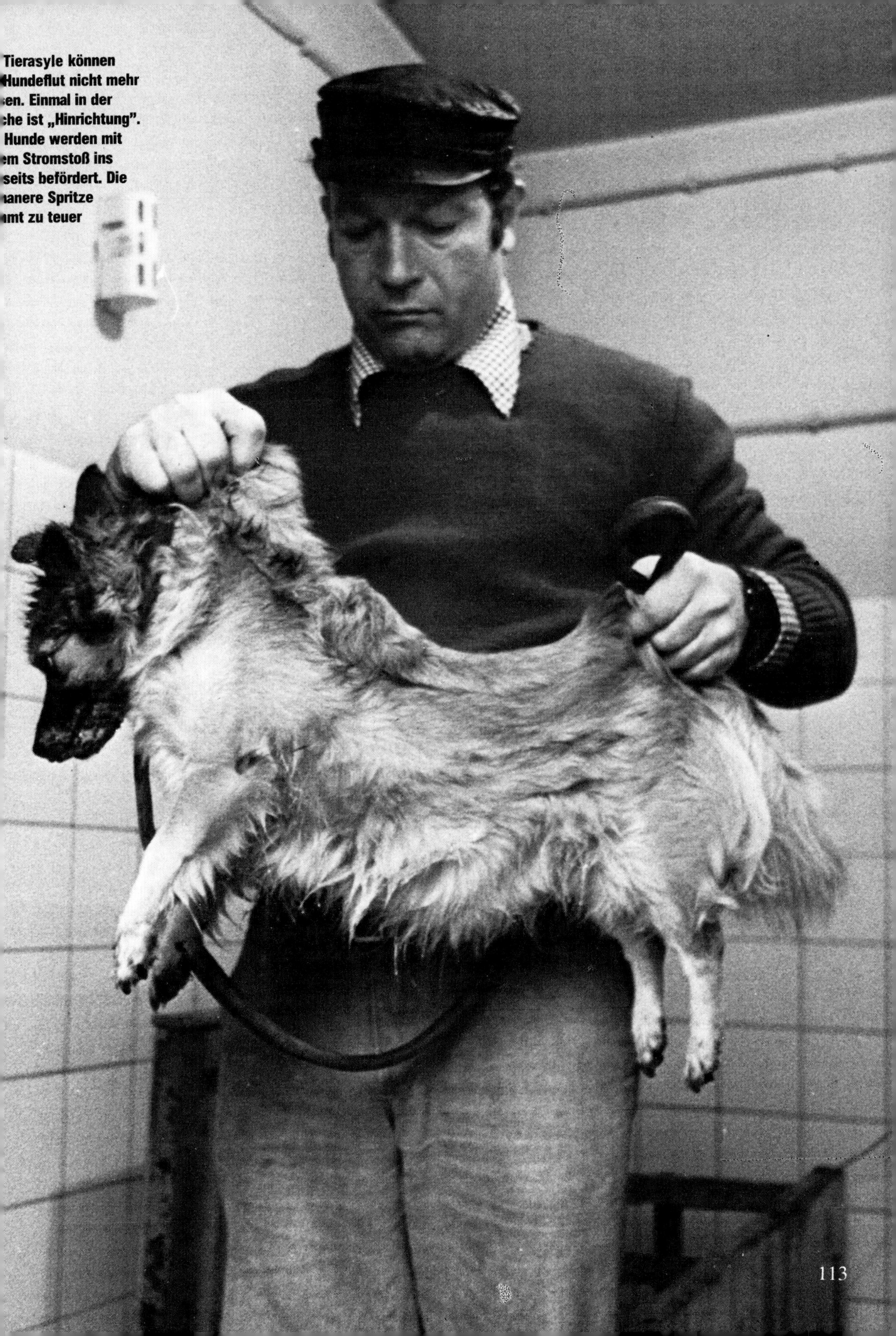

Tierasyle können
Hundeflut nicht mehr
sen. Einmal in der
che ist „Hinrichtung".
Hunde werden mit
em Stromstoß ins
seits befördert. Die
nanere Spritze
mt zu teuer

5 Und was tut der Gesetzgeber?

Noch nie habe ich auf eine Geschichte so eine Resonanz gehabt wie auf den Hundetest, nachdem er im STERN veröffentlicht worden war. Eine Flut von Briefen, Telegrammen und Telefongesprächen erreichte mich und beschäftigte mich monatelang. Vor allem haben sich die an mich gewendet, die ähnlich haarsträubende Erfahrungen mit Hundehändlern und Massenzüchtern gemacht haben.
Der Nobelpreisträger Konrad Lorenz schrieb mir: „Die Kritik an dem wahrhaft gewissenlosen Vorgehen der ‚Hundefabrikanten' ist berechtigt. Noch schärfer als das Verhalten dieser Produzenten würde ich aber das der Konsumenten anprangern: Wer einen Hund kauft und nach einigen Monaten ‚wegwirft' steht auf einer moralisch noch unvergleichlich viel niedrigeren Stufe als der Züchter. Er beweist seelische Verrohung und Gemütslosigkeit in einem solchen Maße, daß von ihm auch seinen Mitmenschen gegenüber brutale und amoralische Akte zu erwarten sind."
Und auch von seinem Kollegen und Schüler Eberhard Trumler kam ein Brief: „Jeder Mensch — ob Hundefreund oder nicht Hundefreund — muß sich voller Entsetzen fragen, ob man hier noch das Recht hat, sich über den Vogelmord in Italien oder über Elefantenabschüsse in Afrika zu ereifern. Die wahren Tiermörder leben mitten in einem Volk, das angeblich ganz besonders ‚tierfreundlich' sein soll. Müssen einem da nicht Zweifel kommen?"
Die Branche, deren Praktiken ich aufgedeckt hatte, heulte laut auf vor Empörung, am lautesten Hans Fürst, der Dackelfürst aus Gergweis. Das traurige Ergebnis meiner Hundeaktion konnte ihn aber nicht dazu bewegen, in Zukunft auch in seinen Verbänden die Hundelieferung ins Schaufenster zu stoppen. Statt dessen verstieg er sich zu der Behauptung, erst ich hätte die gekauften Hunde krank gemacht. Peinlich für ihn ist nur, daß unter denen, die mir schrieben, so mancher ist, der sich mit einem Gergweiser Hund geprellt fühlt.
Bitter sind die Erfahrungen des Heizungsmonteurs Rudolf Funk und seiner Frau beim Hundekauf gewesen. Durch eine Zeitungsanzeige gerieten sie an einen Kölner Hundehändler. Dort suchten sie sich den Langhaardackel-Welpen „Zorro von Schönberg" aus. Der Hund hatte einen Stammbaum des „Internationalen Dackel-Club Gergweis (IDG)", unterschrieben von Club-Chef Hans Fürst. Für 250 Mark konnten die Funks das Tier mitnehmen, das ihnen vorher vom Händler als „wunderbar und total gesund" angepriesen worden war. Das war an einem Montag. Aber Zorro fraß kaum und war sehr still und matt. Frau Funk: „Am Mittwoch war der Kleine ziemlich schlaff." Am Donnerstagmorgen lag das Tier dann tot neben dem Ehebett.

Die Funks trugen den toten Hund zum Händler zurück. Er gab ihnen als Ersatz die Wurfschwester „Zissy von Schönberg“ mit, auch sie hatte Gergweiser Papiere. Zissy bekam gleich in der ersten Nacht Krämpfe. Frau Funk erinnert sich: „Sie hatte Schaum vor dem Mund, und alles an ihr zitterte. Und dann spuckte sie auch noch Blut.“ Um vier Uhr morgens war auch dieser Hund tot. Die erste Diagnose des Professors Eugen Weiss vom Veterinärpathologischen Institut in Gießen, zu dem die Funks ihren Hund gebracht hatten: „Eitrige Mandelentzündung. Lungenentzündung.“

Das schmutzige Geschäft geht weiter. Einige Händler, die ich angeprangert hatte, haben sich inzwischen neu getarnt. Sie benannten ihre Läden um und inserieren unter anderen Telefonnummern. Bei dem Tierarzt, der in Niederbayern mit Hunden Geschäfte macht, heißt es nicht mehr „aus tierärztlicher Praxis abzugeben“, statt dessen „aus Tierarzt-Zucht“. Eine „Züchterin“, die mir einen kranken Hund verkaufte, verspricht ihrer Kundschaft seither in Annoncen, einen Teil des Kaufpreises dem SOS-Kinderdorf zu stiften.

Die Regierung in Niederbayern nahm meinen Bericht zum Anlaß, die Zustände zu untersuchen. Doch man hatte von vornherein wenig Hoffnung auf Erfolg. Ein Sprecher des Münchner Innenministeriums erklärte mir: „Bei diesen Tierzüchtern ist es mit Vollzugsmaßnahmen sehr schwierig. Die pfeifen doch auf Bußgeldbescheide. Sie können ihnen eigentlich die Ställe nur zusperren und die Hunde von Amts wegen einschläfern. Aber da macht die Bevölkerung nicht mit.“ Da ist was dran. Wohin

Konrad Lorenz, Nobelpreisträger und Hundefreund

soll man mit den Hunden, die man den Schindern wegnimmt? Das Tierheim Passau, das einzige im weiten Umkreis, hat nur Platz für 13 Hunde.

Harte Zeiten in Niederbayern, nicht für die Tierquäler, statt dessen aber für die Tierschützer. Den beiden Tierschutzinspektoren Hans Buchberger und Werner Bester, die mir Informationen gegeben hatten, wird seither das Leben schwergemacht, man nennt sie „Nestbeschmutzer“. Werner Bester schrieb mir: „Ich bin keine ängstliche Natur, aber für meine jahrelange ehrenamtliche Tätigkeit muß ich nun einstecken, daß man mich beschimpft, man nennt mich — anonym selbstverständlich — ein Schwein, einen Hund, man würde mich umbringen, man würde mir den Hals abschneiden. In so einem kleinen Ort ist das leider nun ein Spießrutenlaufen.“

Rudolf Funk kaufte nacheinander zwei Dackel mit Gergweiser Papieren bei einem Kölner Hundehändler. Beide Dackel waren krank und starben schon nach wenigen Tagen

Auch in Bonn beschäftigte man sich mit dem, was ich aufgedeckt hatte. Der Bundestagsabgeordnete Horst Schröder (CDU) stellte dazu zwei parlamentarische Anfragen an den Bundestag:

1. Sind der Bundesregierung die Tatsachen eines kürzlich vom STERN veröffentlichten Berichtes bekannt, wonach in der Bundesrepublik entgegen allen Erkenntnissen der Tiermedizin und der Einwendung fachlich angesehener Züchter und Tierschutzvereinigungen aus kommerziellen Gründen eine als Tierquälerei zu bezeichnende Massenaufzucht von Hunden und ein umsatzmäßig nach Millionen zu beziffernder Schaufensterhandel betrieben wird, und wenn ja, ist die Bundesregierung bereit, diesem unerträglichen Zustand und Mißbrauch durch entsprechende Maßnahmen Einhalt zu bieten?

2. Ist die Bundesregierung ferner bereit, gegen die „Hundefabrikanten", die bewußt zur Unterstützung ihres Umsatzes in großer Zahl gefälschte Ahnentafeln an die Käufer ausstellen, durch Erlaß gezielter Vorschriften vorzugehen?

Viel ist bisher nicht herausgekommen. Dabei müßte der Hund in Bonn eigentlich eine starke Lobby haben, eine Menge Politiker sind auf den Hund gekommen. Gern lassen sie sich mit ihrem Schnuffi an der Seite oder auf dem Schoß fotografieren, denn der Hund — so weiß man quer durch alle Parteien — ist Sympathieträger und bringt Wählerstimmen.

Wie wichtig der Hund in der Politik werden kann, hat sich bereits 1952 am Beispiel Richard Nixons bewiesen. Damals stand „Tricky Dicky" unter Korruptionsverdacht und redete sich mit Hilfe seines Hundes heraus: Vor den Fernsehkameras gestand er mit Tränen in den Augen, daß das einzige Geschenk, das er je genommen habe, der Cocker-Spaniel „Checkers" gewesen sei, den ihm ein Bewunderer für seine Kinder geschenkt habe. Aber er sei selbstverständlich bereit, den Hund, falls das von ihm verlangt werde, zurückzugeben. Ganz Amerika war gerührt, Nixon durfte „Checkers" behalten, und sein Auftritt ging als „Checkers-Rede" in die Geschichte ein. Nachdem Präsident Johnson 1964 auf einer Pressekonferenz seine Hunde „Him" und „Her" spaßeshalber an den Ohren gezogen hatte, verstand das tierliebe Amerika keinen Spaß. Noch lange wurde dem Präsidenten diese Rohheit nachgetragen.

Bei uns sieht man Bundespräsident Scheel mit seinem Dackel, Willy Brandt mit seinem Mischling Bastian, Annemarie Renger mit ihren zwei Boxern und Innenminister Maihofer gar mit gleich drei Hunden: einem Irish-Setter, einem Cocker und einem Hovawart, und Altpolitiker Hermann Höcherl wird seinem Rauhhaardackel immer ähnlicher. Das ist aber schon alles.

Nach Horst Sterns kritischer Fernsehsendung über Hunde beschied Staatssekretär Logemann im Bundestag lapidar: „Die derzeitigen Rechtsvorschriften in ihren jeweiligen Zielsetzungen . . . reichen aus, um einschlägigen Vorkommnissen wirksam begegnen und Mißstände abstellen zu können . . ."

Ähnlich reagierte auch Josef Ertl, als Bundesminister für Ernährung, Landwirtschaft und Forsten in der Bundesrepublik oberster Schutzherr aller Hunde. Bei einem Gespräch, das ich mit ihm führte, mochte er sich nicht festlegen, flüchtete sich lieber in Allgemeinplätze, wie es Politikern aller Parteien zur Gewohnheit geworden ist. Ertl: „Mein Gott im Himmel, es ist zwar nicht schön, daß es Mißbräuche gibt, aber wenn wir alle Mißbräuche auf der Welt abschaffen wollten, müßten wir einen Polizeistaat machen. Dann aber wird der Mißbrauch noch größer." Der Minister schiebt den Tierschutzvereinen und anständigen Hundeverbänden den Schwarzen Peter zu. Die müßten den Bürger für eine „Freiwillige Selbstkontrolle" gewinnen.

Aus Bonner Perspektive eine heile Hundewelt also. Minister Ertl besitzt einen Schäferhund und einen Dackel, sein Staatssekretär Logemann einen Jagdhund. Über soviel Unverstand müßten die Tiere eigentlich zubeißen. Aber sie wedeln weiter. Sie sind eben Hunde.

Wie naiv unsere Volksvertreter der Hundemisere gegenüberstehen, beweist eine Geschichte, die der Berliner Amtstierarzt Dr. Carl Otto Schmidt gern erzählt: „Auf der Grünen Woche habe ich den Bundestagsabgeordneten Schmidt-Gellersen kennengelernt. Der Herr hat das Tierschutzgesetz maßgeblich mitgestaltet. Ich habe ihn deshalb gebeten, doch endlich etwas gegen den Hundehandel zu unternehmen. Da hat er doch tatsächlich gefragt: ‚Hundehandlungen — wird da etwa Hundefleisch verkauft?' Der war überhaupt nicht informiert."

Dennoch ist die Lage nicht hoffnungslos. Mehr und mehr klären sich Hundefreunde- und Besitzer untereinander darüber auf, wo man einen guten Hund bekommt und wo man hereingelegt wird. Das ist zum bevorzugten Gesprächsthema auf großstädtischen Hundeplätzen geworden. In Ulm hat sich sogar eine Bürgerinitiative gegen einen Hundehändler und dessen Praktiken gebildet. In Dortmund griff Peter Schäfer, der von einem Zoohaus mit einem Hund betrogen worden war, zur Selbsthilfe und suchte in Zeitungsinseraten nach weiteren Hundebesitzern, die ebenfalls schlechte Erfahrungen mit diesem Zoohaus gemacht hatten. Es meldeten sich über 30 Geschädigte, und gemeinsam zieht man jetzt vor Gericht. Solche Beispiele sollten Schule machen.

Im Bürgerlichen Gesetzbuch kommt der Hund überhaupt nicht vor. Es gibt da nur Personen und Sachen. Andere als menschliche Lebewesen sind nicht extra definiert. So ist der Hund juristisch eine Sache. Wird ein Hund gequält oder totgeschlagen, ist das für den Zivilrichter schlicht Sachbeschädigung. Wird jemandem ein kranker Hund verkauft, kann vor Gericht höchstens darüber verhandelt werden, wer für die „Sachmängel" haftet, wie bei einem Eisschrank oder einer Waschmaschine, die kaputt angeliefert wurde. Zudem unterschreiben die Hundekäufer oft gedankenlos und ohne sie vorher überhaupt zu lesen Kaufverträge, die Paradebeispiele für Täuschung sind. Als Beispiel ein Auszug aus dem „Kleingedruckten", den Geschäftsbedingungen einer Hamburger Hundehändlerin: „Da sich die Wissenschaftler unserer Erde über Krankheit und Todesursache sowohl bei Mensch und Tier mitunter nicht ganz einig sind, erkennt der Käufer folgendes an: Von dem Risiko, auch für alle versteckten Fehler, wie unter anderem von Darmkrankheiten, Milben in den Ohren, Erbfehler, Mißwuchs, Parasiten im Fell, Würmern im Kot, sichtbare Fehler und Transportschäden, hält der Käufer den Verkäufer ausdrücklich frei."

Oberster Dienstherr aller Hunde ist Landwirtschaftsminister Ertl in Bonn. Er besitzt selber einen Schäferhund und einen Dackel. Bisher hat es der Minister nicht verhindert, daß der Hund immer mehr zur Handelsware wird

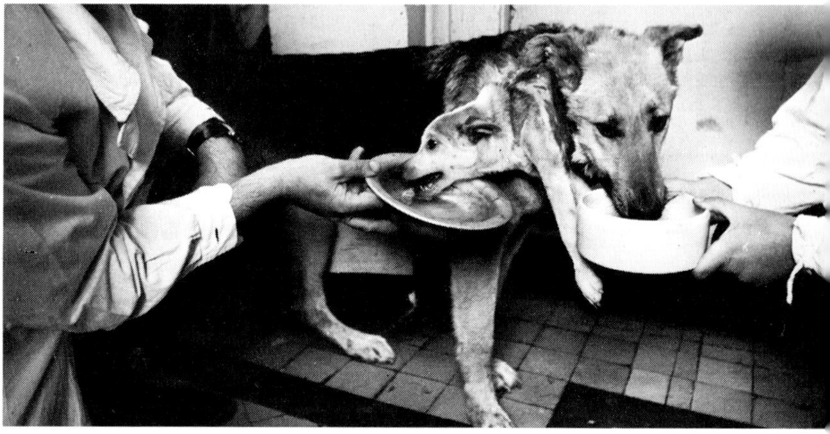

Für Massenzüchter ist Gnadenbrot ein Fremdwort. Ausgediente Hunde geben sie für 10 oder 20 Mark an Labors ab. Tierschützer fordern deshalb, daß die Institute ihren Bedarf an Versuchstieren aus eigener Zucht decken sollen

Man hat, genau besehen, einen Hund gekauft, dem vom Händler lediglich bestätigt wird, daß im Augenblick des Kaufes das Herz noch geschlagen hat.
Da gibt es groteske und traurige Prozesse: In München hatte ein Schäferhund einen Dackel durch Bisse schwer verletzt. Mit viel Mühe wurde der Hund von einem Tierarzt wieder zusammengeflickt. Sein Besitzer zog vor Gericht. Er wollte vom Besitzer des Schäferhundes wenigstens die Tierarzt-Honorare wiederhaben. Doch er bekam keinen Pfennig. Der Richter: „Der Hund war schon alt. Er wäre sowieso bald gestorben. Die Tierarztkosten übersteigen den Wiederbeschaffungswert." Zu deutsch: Der Besitzer hätte seinen Hund lieber sterben lassen sollen, so wie man ein altes Auto verschrottet, wenn die Reparaturen zu teuer sind.
Kynologen und Tierschützer bemühen sich vor allem — bevor es eines Tages hierzulande zum Hundeverbot kommt, wie es schon in einigen Staaten der Fall ist —, die sinnlose Vermehrung zu bekämpfen. Auch sie meinen, es müsse generell schwerer gemacht werden, an einen Hund zu kommen.
Deshalb fordern sie: schärfere Überwachung des Hundehandels. Jeder, der mit Hunden handelt, soll in Zukunft Sachkunde nachweisen. Der Hundehandel darf nicht länger Tummelplatz von Leuten sein, die in allen möglichen Berufen gescheitert sind und nun mit dem Hund schnell das große Geschäft machen wollen. Die Amtstierärzte, die durchaus die gesetzlichen Möglichkeiten zum Einschreiten haben, werden zu härterem Durchgreifen aufgefordert. Bisher halten sie aus Bequemlichkeit nur allzuoft still. Labors dürfen keine Hunde aus Privathand mehr aufkaufen. Sie sollen sich selber Versuchstierzuchten aufbauen.
Um Spontankäufe zu verhindern, muß der Hund aus dem Schaufenster verschwinden. Der Hund ist keine Ware wie ein Möbelstück. Er darf nicht seine wichtigste Entwicklungsphase unter einer Glasglocke verbringen und seinen Lebensrhythmus an die Geschäftszeiten anpassen müssen. Unbegreiflich, daß ein

renommiertes Unternehmen wie Karstadt nicht endlich auf den Hundeverkauf aus dem Schaufenster heraus verzichtet, für einen so großen Konzern bestimmt kein wichtiger Wirtschaftsfaktor. Auch der Versand von Hunden soll verboten werden. Der Hundekäufer sollte zum Züchter fahren. Das Versandhaus Quelle, das kurze Zeit auch Hunde in seinem Katalog-Angebot führte, hat sich inzwischen einsichtig gezeigt und den Hundeversand eingestellt.

Hunde, die aus dem Ausland zum Verkauf eingeführt werden, müssen für eine bestimmte Zeit in Quarantäne, oder der Import darf nur noch gestattet werden, wenn diese Hunde wichtig sind für die Verbesserung der Zucht. Bei den Massenzüchtern soll die Zahl der Tiere notfalls durch hohe Steuern begrenzt werden, denn schließlich macht man mit Hunden ja auch beträchtliche Gewinne. Außerdem soll jedem Hund im Welpenalter eine Nummer eintätowiert werden, damit dessen Herkunft jederzeit ermittelt werden kann.

Bislang hat man lediglich versucht, die Vermehrung der Hunde durch Besteuerung der Besitzer in den Griff zu bekommen. Wenn man diesen Weg weitergeht, sollte die Hundesteuer nach dem Einkommen der Besitzer gestaffelt werden. Sterilisierte Hunde sollte man geringer besteuern. Auf keinen Fall darf der Hund zum Luxus für einige wenige werden. In Berlin hat man bereits den sogenannten „Sozial-Hund" eingeführt. Rentner und sozial Schwache werden auf Antrag von der Hundesteuer befreit.

Die Hundebesitzer sollten ebenfalls mehr in die Verantwortung genommen werden. Horst Stern und andere Experten haben längst eine Art von „Hunde-Führerschein" gefordert. Auf jeden Fall sollten Tierschutz-Organisationen und Volkshochschulen Kurse für Hundehalter anbieten, die diese möglichst besuchen sollten, bevor sie sich einen Hund anschaffen. Auch im Schulunterricht könnte man sich intensiver mit dem Hundeproblem beschäftigen. In einer Hamburger Hauptschule sprach ein Lehrer mit den Schülern seiner 4. Klasse über meinen STERN-Bericht und ließ hinterher einen Aufsatz darüber schreiben. Da schrieb eine Schülerin: „Wenn man sich schon einen Hund kauft, soll man ihn auch nett behandeln. Auch wenn der Hund alt und nicht mehr schön ist, hat er wie jeder andere ein Recht zu leben." Und eine andere: „Wir protestieren gegen diese Tierquälerei. Die Züchter müßten von den Hunden gebissen werden. Sie müßten ins Gefängnis kommen." In dieser Klasse wird sicher niemand mehr gewissenlosen Hundehändlern auf den Leim gehen.

In den Hundesportvereinen kann außerdem jeder lernen, wie er richtig mit seinem Vierbeiner umgeht, und eine sogenannte „Verkehrs- und Begleithundeprüfung" ablegen. Warum sollten nicht rücksichtslose Hundebesitzer, die Ärger verursachen, wie Verkehrssünder zur Teilnahme an einem solchen Kurs verurteilt werden?

Aber das ist Zukunftsmusik. „Es gibt Umweltschutz, Naturschutz und Tierschutz", sagt Tierschutz-Präsident Dr. Kurt Entholt, „der Tierschutz ist von allen dreien am ältesten, wird aber als einziger nicht vom Staat finanziert und am wenigsten unterstützt. Es besteht offenbar kein Interesse. Trostlos. Trostlos!"

Hysterische Hündinnen - impotente Rüden

Der größte Feind seines besten Freundes ist der Mensch. Durch skrupellose Zucht- und falsche Erziehungsmethoden hat er aus Hunden vierbeinige Psychopathen gemacht – mit typischen Zivilisationsleiden und voll aufgestauter Aggression

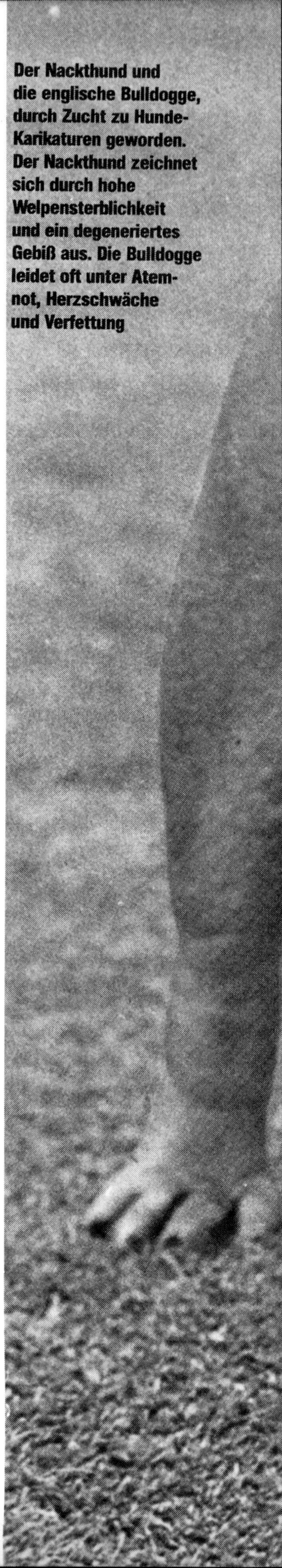

Der Nackthund und die englische Bulldogge, durch Zucht zu Hunde-Karikaturen geworden. Der Nackthund zeichnet sich durch hohe Welpensterblichkeit und ein degeneriertes Gebiß aus. Die Bulldogge leidet oft unter Atemnot, Herzschwäche und Verfettung

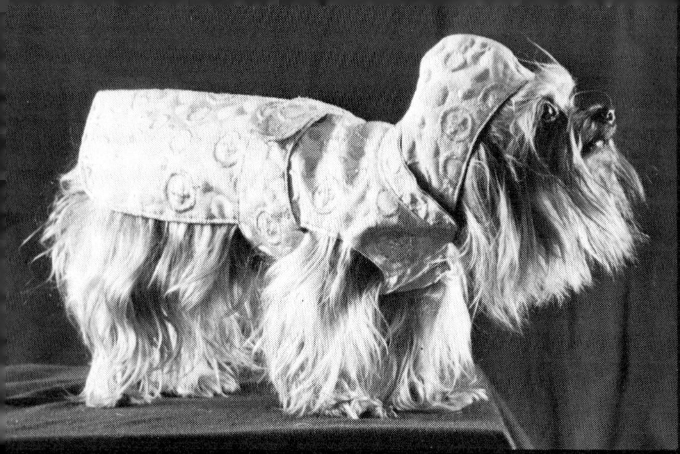

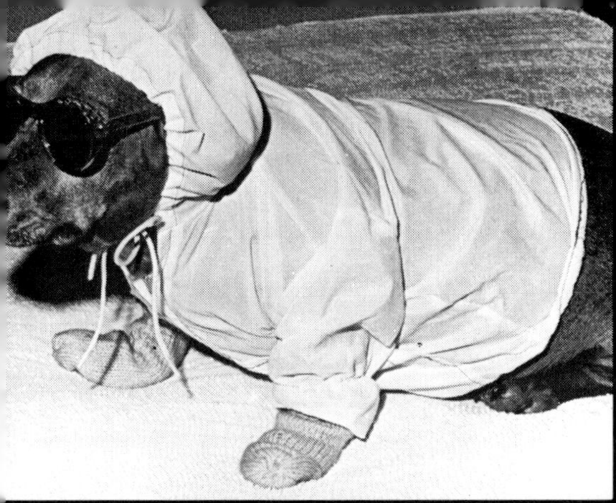

Der Hund als verhätscheltes Fellbündel: Tiere, die nicht mehr ohne fremde Hilfe gebären können, die schon neurotisch auf die Welt kommen und noch zusätzlich mit den Macken ihrer Herrchen und Frauchen infiziert werden

Längst gibt es Friseure, Schneider und Juweliere für Hunde, und wenn Weihnachten ist, bekommt „Wuffi" einen bunten Teller, Spielzeug und was „zum Anziehen"

Die falsch geleitete Liebe mancher Hundebesitzer macht vor nichts halt – selbst nicht vor Modetorheiten, die die Sinne dieses von der Natur mit so subtilen Empfindungsorganen ausgestatteten Vierbeiners buchstäblich verdunkeln

6 Hysterische Hündinnen - impotente Rüden

Wenn man sie nebeneinander sieht, glaubt man kaum, daß sie denselben Urahn haben – die Dogge, an der Schulter gemessen fast ein Meter hoch und bis zu zwei Zentner schwer, und der Chihuahua, weniger als 20 cm klein und etwa drei Pfund leicht. Und die Farbskala reicht vom bläulichen Silbergrau des Pudels über das Kastanienbraun des Irish-Setters bis hin zum hellen Rot des Finnenspitzes. Wieviel ähnlicher sind sich da Mensch und Affe als diese beiden, deren gemeinsamer Stammvater der Wolf ist.

In den vergangenen 12 000 Jahren hat sich der Mensch aus dem Wolf für seine ganz speziellen Bedürfnisse den Hund herausgezüchtet: bullige Hunde für den Kampf, bärenstarke Hunde zum Ziehen von Wagen, schnelle für die Hatz, Hunde mit besonders feinen Nasen zum Aufspüren der Fährten und andere mit kurzen Beinen, die unter der Erde Kaninchen, Fuchs und Dachs aus dem Bau jagen können. „Das ist eine Leistung", begeistert sich der Verhaltensforscher Eberhard Trumler, „die, zusammengenommen, gleichrangig neben der steht, die es ermöglicht hat, daß Menschen den Mond betreten."

Bei der Fédération Cynologique Internationale (FCI) in Brüssel — dem kynologischen Weltverband — wurden bis heute 296 Rassen anerkannt. Eine sogenannte Standardkommission, ein Rat der Weisen in Hundefragen, befindet darüber, ob das, was da Rasse werden will, wirklich von dauerhafter Qualität oder nur Zufallprodukt ist. Aus der Bundesrepublik fanden in den letzten 30 Jahren nur der Krohmforländer und der Eurasier Gnade vor den Augen dieses Kollegiums. Der Antrag, auch den Bärenhund als Rasse zu akzeptieren, liegt dagegen seit Jahren auf Eis.

Was lange eine wichtige Aufgabe war, weil der Mensch des Hundes bedurfte, ist in den letzten Jahrzehnten immer mehr zum Spielfeld modesüchtiger Züchter geworden. Ähnlich wie Karosserie-Stylisten schustern sie am äußeren Bild des Hundes herum. Wenn beim Auto das Design nicht mehr im richtigen Verhältnis zu Fahrwerk und Motor steht, schreitet der Technische Überwachungs-Verein ein. Beim Hund kümmert sich kaum jemand darum. Auch der Verband für das Deutsche Hundewesen (VDH) schweigt und setzt damit sein Ansehen aufs Spiel. Und die Züchter haben, wenn man sie kritisiert, sofort beschönigende Argumente parat. Kupieren sie ihren Hunden die Ohren – eine widerliche Prozedur –, dann tun sie das nur, damit „mehr frische Luft an den Gehörgang kommt" und so „Entzündungen vermieden" werden. Hakken sie den Tieren den Schwanz ab, so ist das notwendig, weil „ein langer Schwanz viel verletzungsgefährdeter ist". Der Dogge wiederum hat man eine besonders feine, elegante Schwanzspitze angezüchtet. Das führt zu Durch-

blutungsstörungen, und viele Doggen leiden an schmerzhafter Schwanznekrose.
Ich kenne Tierärzte, die für das Kupieren Wucherpreise angesetzt haben, nicht, um viel Geld damit zu verdienen, sondern im Gegenteil in der Hoffnung, daß niemand zu ihnen kommt und sie diese Schlachterarbeit möglichst selten verrichten müssen. Konrad Lorenz kritisierte solche züchterischen Modetorheiten noch ironisch als „Triumphe rassischer Schnurrbartpflege". Sein Schüler Eberhard Trumler befürchtet schon, daß „nach und nach auch noch das letzte bißchen Natur weggezüchtet wird".
Eindringlich appelliert die „World Small Animal Veterinary Association", der internationale Verband der Kleintierärzte, an die Hunde-Designer unter den Züchtern: „Es besteht zweifellos eine bemerkenswerte Gefahr, wenn Züchter in dem Streben nach ‚Schönheit' die Notwendigkeit normaler Physiologie mißachten und dabei einen Zustand herbeiführen, der direkte Ursache von Krankheit und körperlichen Leiden ist."
Dieser Zustand ist längst erreicht. Viele Züchter pfeifen auf Wissenschaft und Fakten. Sie verlassen sich lieber auf ihr vielgepriesenes „Fingerspitzengefühl" oder reagieren gereizt wie jener, der mir sagte: „Das ist doch Quatsch. Entweder man hat es im Urin, oder man hat es nicht." Für das, was sie täglich tun, steht bereits ein Begriff fest: Qualzüchtung.
Im letzten Jahr zerfiel der „Club für Englische Bulldogs", weil es einige Mitglieder nicht mit ansehen konnten, wie dieses Tier, der britische Nationalhund, systematisch zugrunde gerichtet wurde. Nur durch den Streik in den eigenen Reihen kamen skandalöse Zuchtpraktiken ans Tageslicht. Sonst wird so etwas lieber unter den Teppich gekehrt, denn es schadet dem Geschäft.
Im Rasse-Standard der englischen Bulldogge wird ein „substanzvoller, kräftiger, vollrumpfiger Hund" verlangt. Für die Züchter war das die Aufforderung, die Bulldogge zu mästen wie eine Weihnachtsgans. Der etwa 40 cm hohe Hund wiegt nicht selten 30 bis 40 kg. Schon die Welpen sind so fett, berichten Eingeweihte, daß sie noch mit acht Wochen „platt wie Wanzen auf dem Bauch liegen". In diesem Alter vollführen gesunde Hunde bereits die tollsten Streiche. Das Mißverhältnis zwischen Gewicht und Größe belastet Bänder und Gelenke so sehr, daß sich die Bulldogge nicht mehr bewegen mag.
Um sie möglichst kompakt erscheinen zu lassen, wurde der Bulldogge außerdem ein kurzer Hals und eine Plattnase angezüchtet, die sie besonders anfällig für Belastungen macht. Atemnot, Herzschwäche, Verfettung und Kreislaufstörungen sind an der Tagesordnung. Schon ein Auftritt auf einer Schönheitsausstellung bedeutet für diesen Hund eine Strapaze, die er oft nur mit Aufbauspritzen überstehen kann.
Dennoch brach auf einer Schau in Italien der berühmte Champion Baltic Nebucadnezar tot zusammen. Und von der letzten Bundessieger-Ausstellung in Hannover berichtet der Bulldoggen-Kenner und Schönheitsrichter Kurt Gendrung: „Da war eine Hündin dabei, Portfield Roberta, die mußte beim Vorführen von ihrem Besitzer gestützt werden, sonst wäre sie umgefallen. Trotzdem ist sie Jugendsieger geworden."
1200 bis 1500 Mark verlangen die Züchter für einen Welpen und sagen

ganz offen: „Der Hund ist nichts zum Laufen." Käufer gibt es trotzdem genug, denn mit der Bulldogge haben sie zumindest einen ungewöhnlichen Hund, einen, den der Nachbar bestimmt nicht hat. Inzwischen hat sich ein neuer Verband formiert, dessen Ziel es ist, die hinfällige Bulldogge wieder gesunden zu lassen.

Ähnlich trist sieht es bei dem Vetter des englischen Dickwanstes aus, dem Französischen Bully. Der renommierteste Züchter dieser noblen Rasse in Deutschland ist selbst von hohem Adel und noch dazu Tierarzt: Alexander Prinz von Ratibor und Corvey. Ganz offen berichtet er über seine Zuchterfahrungen: „Die Rüden sind deckunlustig. Sie schaffen den Sprung ohne Hilfe kaum. Die Hündinnen haben ein zu enges Becken für die enorm großen Köpfe. Bei jedem zweiten Wurf muß ich einen Kaiserschnitt machen."

Was sind das für Hunde, die nicht mehr in der Lage sind, sich aus eigener Kraft fortzupflanzen, und nicht mehr selber gebären können? Mancher Züchter verläßt sich inzwischen ganz auf künstliche Befruchtung. Er fährt mit Hund und Hündin bis nach Holland. Dort in der tierärztlichen Hochschule der Reichsuniversität Utrecht hat man die größte Erfahrung mit „künstlicher Besamung durch Penismassage".

Einer, der diese pervertierten Zuchtmethoden seit Jahren anprangert, ist Professor Wilhelm Wegner, Privatdozent am Institut für Tierzucht und Vererbungsforschung in Hannover. Er hat ein mutiges Buch über derartige Auswüchse geschrieben, das eigentlich Pflichtlektüre jedes Züchters und Hundeliebhabers sein sollte. Wegner: „Anatomie und Rassenstandard sind eng miteinander verwoben. Viele Hundezüchter und -Richter, welche für die Rassestandards verantwortlich sind, wissen aber zu wenig über die anatomisch-physiologischen und genetischen Grundlagen beim Hund. Dieses kann sich besonders dort verhängnisvoll auswirken, wo nicht mehr der Gebrauchswert einer Rasse im Vordergrund steht und regulierend wirkt, sondern lediglich das zahlreichen Modeschwankungen unterworfene äußere Erscheinungsbild im Ring honoriert wird. Nimmt man dafür schwere Wesensfehler in Kauf und züchtet gar bewußt mit Defektgenen, so kann dies vom tierärztlichen und tierschützerischen Standpunkt nicht gutgeheißen werden. Der Tierarzt ist berechtigt und verpflichtet, die Dinge beim Namen zu nennen. Das Offenlegen von Zuchtschäden hat mit Rassendiskriminierung nichts zu tun."

Von Züchtern wird Wegner beschimpft und angegriffen, aber auch von Kollegen, die Sorge haben, daß zu viele gesunde Hunde ihre Existenz bedrohen könnten. Auch vor der heiligen Kuh der Deutschen, dem Schäferhund, macht der Wissenschaftler nicht halt. Wie einige andere große und schwere Rassen (Rottweiler, Bernhardiner, Sennenhund, Deutsche Dogge, Neufundländer, Leonberger, Hovawart) ist der deutsche Schäferhund besonders anfällig für Hüftgelenks-Dysplasie (HD), eine Deformierung des Oberschenkelkopfes und -halses und der Hüftgelenkspfanne, die zu schweren Bewegungsschäden führen kann. In schlimmen Fällen muß der Hund sogar getötet werden.

Im „Verein für Deutsche Schäferhunde" konnte man sich aber bisher nicht dazu durchringen, die von HD befallenen Hunde von der Zucht auszuschließen, obwohl die Krankheit erblich ist (Tiermediziner haben einen mittleren Erblichkeitsgrad von 55 Prozent errechnet). Es würde, so heißt es, die Zuchtbasis zu schmal. Und so wird weiter gezüchtet mit kranken Hunden, man vermerkt es lediglich auf den Ahnentafeln. Der Rasse-Zuchtverein für Hovawart-Hunde schließt dagegen seit längerem Hunde, die unter dieser heimtückischen Erbkrankheit leiden, rigoros von der Zucht aus, und man hofft, daß der Hovawart bis 1980 gesundet ist.

Fachleute glauben, daß die Dysplasie durch Modezucht forciert wird. Früher war der Schäferhund fast quadratisch, hatte eine gerade verlaufende Rückenlinie und eine steile Hinterhand. Heute fällt seine Rückenlinie steil nach hinten ab, die Hintergliedmaßen sind stark gewinkelt. Mit der Rückenlinie wird ein ähnlicher Kult getrieben, wie ihn ein Sexstar mit seinen Kurven treibt. Wenn man einen stolzen Züchter mit seinem Schäferhund fotografieren will, plaziert er das Tier garantiert an einem Hang, damit sein Hund vorn möglichst hoch, hinten möglichst flach wirkt.

Um diese modische Linienführung, vom Schäferhundverein als „harmonisch" empfunden, hat es schon viel Disharmonie gegeben. Kritiker sprechen von „Überwinkelung" und verdächtigen den hinten übertrieben flachen Schäferhund zunehmender Lendenlahmheit. Ich habe mich mit Schäfern über den Hund unterhalten, der einmal der ihre war. Sie haben ihn längst abgeschrieben und nehmen lieber wendige kleine Bastardhunde zum Herdenhüten, weil der Schäferhund, wie er heute gezüchtet wird, bei dieser harten Arbeit schlappmachen würde.

Mit welcher Raffinesse das große Hundegeschäft betrieben wird, zeigt sich bei den Toy- und Pet-Rassen, winzigen Weichlingen, wie Zwergpudel, Zwergpinscher, Toy-Spaniel, Pekinese, Malteser, Mops, Japan-Chin und vielen mehr. Sie werden ganz bewußt mit weicher Haut, großen Köpfen, hoher, runder Stirn, runden Wangen, extremen Stupsnasen und großen Glotzaugen gezüchtet, die ihnen etwas Hilfloses verleihen; gleichzeitig sind die hervorquellenden Knopfaugen aber auch verletzungsanfällig, neigen zu Entzündungen. Nicht selten sind die Tränenkanäle blokkiert. Es entstehen Triefaugen. Die kurze, eingewinkelte Stupsnase hat den Zwergen Atemnot eingebracht, Herz- und Kreislaufstörungen. Ihre Nase ist längst nicht mehr fein, und sie neigen außerdem zu Kniescheiben-Luxationen. Konrad Lorenz hat für diese puppen- und babyähnliche Zuchtform den Namen „Kindchen-Schema" geprägt. Ein Schema, das schon fast schamlos auf den „Brutpflegebetrieb" des Menschen abzielt. Das Baby-Design ist im Moment die große Masche, lebendige Hätschelpuppen für die enge Großstadt-Mietwohnung.

Degoutanter Höhepunkt züchterischer Verstiegenheit ist der Nackthund in all seinen Variationen, chinesisch, mexikanisch, kubanisch, türkisch, ceylonesisch. Sein Wärmehaushalt eignet sich nicht für unsere Breitengrade. Der Nackthund zeichnet sich durch extrem hohe Welpensterblichkeit aus und hat oft kaum Zähne. Meistens wird er auf dem Heizkissen großgezogen. Aber ein Hund ohne Fell, ist das nicht schick? Selbst wenn diese degenerierten Kreationen die meiste Zeit ihres Lebens im Bett verbringen? Professor Wegner: „Da werden Hunde wie Spielzeug gezüchtet. Da ist doch keine echte Tierliebe dahinter. Das ist zynisch."

Vor sechs Jahren hat sich Professor Wegner eine Versuchszucht mit Tiger-Dackeln aufgebaut. Nebenbei bemerkt: ein schwieriges Unterfangen, denn an den tierärztlichen Hochschulen regiert die landwirtschaftliche Lobby. Kuh, Schwein und auch das Huhn stehen im Vordergrund. Der Hund spielt nur eine untergeordnete Rolle. So sind auch Wegners 30 Dackel ziemlich beengt im 1. Stock eines Nebentraktes untergebracht. Der Tiger-Dackel ist ein Tier mit extravaganter Fellfärbung, eben getigert oder gefleckt. Die Färbung wird durch Zucht mit dem sogenannten Merle-Faktor erreicht, einem Defektgen, das zur Pigmentverblassung von Haar, Haut und Auge führt. Aber es führt auch zu schweren gesundheitlichen Schäden.

Professor Wegner hat das an Generationen von Tiger-Dackeln exakt bewiesen. Es kommt zu Blindheit und Taubheit. Im Schwimmbecken getestet, gingen viele Dackel einfach unter. Sie litten unter Gleichgewichtsstörungen. Bei der Variante der Weißtiger wieder ist die Welpensterblichkeit sogar auf über 40 Prozent emporgeschnellt. Von den Züchtern werden die wissenschaftlichen Ergebnisse einfach ignoriert. Sie sind taub wie ihre Tiere und züchten weiter mit dem Merle-Faktor, nicht nur den Tiger-Dackel, auch die schwarz-weiß gefleckte Dogge und den Blue-Merle-Collie.

Unlängst bekam der hannoversche Professor prominenten Besuch von Prinz

Alexander Prinz von Rabitor und Corvey, Tierarzt und Züchter französischer Bullys, muß jeden zweiten Wurf mit Kaiserschnitt holen

Rasso von Bayern, einem überzeugten Tiger-Dackel-Züchter. Der Prinz besichtigte die Versuchszucht, ließ sich über die traurigen Resultate informieren und beharrte trotzdem: „Ich züchte weiter." Ein anderer Züchter argumentierte: „Den Tiger-Dackel kann ich wegen seiner Farbe bei der Jagd wenigstens nicht mit dem Fuchs verwechseln."

„Es ändert sich nichts — sie bewerfen einen höchstens mit Dreck“, sagt der Hundeforscher Wegner. „Bei Schweinen, Kühen, Pferden, ja sogar bei der Ziege greift ein strenges Tierzuchtgesetz ein. Am Hund kann jeder herumpfuschen.“ Tatsächlich wird die Zucht der Tiere, die wir verzehren, viel strenger überwacht als die derjenigen, die wir lieben. Als Hundefreunde forderten, daß auch der Hund in das Tierzuchtgesetz mit einbezogen werden solle, wurden sie vom Bundesministerium für Ernährung, Landwirtschaft und Forsten beschieden: „Das Tierschutzgesetz bildet die gesetzliche Grundlage für die Verbesserung der Leistung landwirtschaftlicher Nutztiere. Für die Ausdehnung auf Hunde ist die Voraussetzung schon deshalb nicht gegeben, weil es sich um Liebhabertiere handelt.“

Nach welch simplen Rezepten oft gezüchtet wird, macht ein Erlebnis Wiebke Steens, einer erfahrenen Züchterin und beschlagenen Kynologin, deutlich. Nach der Bundessiegerschau 1976 wurde sie von einer aufgeregten Terrier-Züchterin gefragt: „Welcher Hund hat gewonnen?“ Die Frau hatte ihre Hündin im Wagen und wollte diese gleich vom frisch gekürten Sieger-Rüden auf dem Parkplatz vor der Ausstellungshalle decken lassen.

Der Run zum Champion ist symptomatisch. Nicht selten decken die Edelsten der Edlen mehrere hundertmal während ihres Hundelebens — ein Züchter: „Man muß nur aufpassen, daß sie keinen krummen Rücken bekommen.“ Für den Besitzer eine lukrative Einnahmequelle, werden doch pro Sprung bis zu 500 Mark gezahlt. Es ist überliefert, daß besonders begehrte Rüden noch im Greisenalter und schon recht gebrechlich von Menschenhand auf die Hündin gehoben wurden.

So ein Champion kann eine ganze Rasse beeinflussen, nicht immer zum Positiven. Ist er äußerlich auch ein untadliger Beau, so können in seinem Blut gravierende Erbfehler schlummern. Sein defekter genetischer Schatten verfolgt manchmal ganze Generationen von Hunden. Vielen Züchtern ist das egal, ihnen sind klangvolle Titel wichtiger als der Hund, denn dann können sie werben: „Welpen aus Siegerzucht abzugeben.“ Die verkaufen sich meist schnell und gut.

Züchterischer Nonsens ist es auch, daß vor allem der Rüde sorgfältig ausgewählt, die Hündin aber weniger beachtet wird. Dabei steht längst fest, daß beide gleichwertig vererben. Ein Siegerrüde kann Spitzenpreise bringen. Für hochprämiierte Schäferhunde sollen Liebhaber aus Amerika, Japan und Schweden schon bis zu 150 000 Mark gezahlt haben. Und von dem Deutschen Doggen-Rüden Eick Imperial munkelt man, daß er für 100 000 Mark nach Thailand gegangen sei, um mit germanischer Potenz die Doggenzucht in Asien zu verbessern. Schon Tolstoi berichtete, daß im zaristischen Rußland adlige Großgrundbesitzer ganze Dörfer mit Mann und Maus für einen edlen Barsoi, einen russischen Windhund, boten.

Längst haben Wissenschaftler gefordert, Hunde, die so einflußreich für eine Rasse sind, vorher auf ihre Erbanlagen zu testen. Auf einem „Kynologischen Weltkongreß“ in Dortmund ermahnte Professor Dr. Georg Rieck vom Institut für Zuchthygiene und veterinärmedizinische Genetik der Universität Gießen die Züchter: „Im letzten Drittel des 20. Jahrhunderts kann ohne intensive Betrachtung des Einzelzüchters effektive Zucht nicht mehr betrieben werden." Deshalb schlug Professor Rieck vor, eine „Kynologische Forschungs- und Beratungsstelle" einzurichten, in der Züchter und Zuchtwarte ausgebildet werden sollen. Er riet, gute Jungrüden in Versuchszwingern „mittels Inzestpaarung auf pathologische Erbanlagen" zu überprüfen. Bei solchen Geschwisterpaarungen werden Stärken wie Schwächen des Hundes besonders evident. Am Nachwuchs wird sofort sichtbar, welcher Hund zur Zucht taugt und welcher ein schlechter Vererber ist.

Geschehen ist nichts. Es wird weiter hemmungslos gezüchtet. Der Deutsche Boxer zum Beispiel war einst ein wuchtiger Hund, ein knautschnasiger Draufgänger, der sich auch als Gebrauchshund bestens bewährt hatte. Ein Held der Rasse, „Mattias v. Westen", hat an der Ostfront im Zweiten Weltkrieg 17 Verwundete aufgespürt und wurde dafür mit dem Eisernen Kreuz dekoriert. Und in den „Boxer-Blättern", einer Hunde-Postille, ist zu lesen: „Viele Boxer wurden zu den Fahnen gerufen, die meisten starben den Heldentod."

Das ist längst Geschichte. Heute muß bezweifelt werden, ob der Boxer überhaupt noch ein Deutscher ist. In über 90 Prozent aller Boxer, die augenblicklich durch die Bundesrepublik schnaufen, fließt nämlich das Blut des in den sechziger Jahren aus England importierten Rüden Witherford Hot Chestnut. Auf Anhieb wurde er Weltsieger und Superstar. Einem einzigen Hund ist es gelungen, eine ganze Rasse entscheidend zu verändern: Der bullige Hund ist jetzt schlanker, höher und hat einen edleren Kopf.

In Züchterkreisen spricht man heute schon vom „Englischen Typ". Für und gegen Witherford, den potenten Angelsachsen, haben sich im Boxer-Klub Fraktionen gebildet, die verbal gegeneinander boxen. „Für die einen ist dieser Hund der Stellvertreter Christi, für die anderen der Teufel", formuliert es ein Vereinsmitglied.

Vielen Boxer-Freunden ist der Boxer heute zu „elegant und pomadig" geworden, als Gebrauchshund nicht mehr wuchtig genug. Sie erkennen eine Disharmonie zwischen dem Kopf, der zu klein geworden ist, und dem Körper, sie kritisieren seine Vorderfront als zu schmal und die Schulter als zu steil, viele tun ihn gar als „Windhund" ab. Kurt Gendrung, Boxer-Liebhaber-Züchter und -Richter, behauptet: „Das Erbe von Chestnut wird uns noch lange zu schaffen machen. Finden Sie heute mal einen guten Boxer. Das wird Ihnen kaum gelingen."

Auf den Abrichteplätzen hat der Held von einst, so haben es jedenfalls der Hamburger Diensthunde-Experte Harald Rudolph und andere Gebrauchshundleute beobachtet, nicht mehr allzuviel zu bestellen. Rudolph: „Der Deutsche Boxer ist aus dem Diensthundegeschehen fast herausgedrängt worden. Kaum noch findet man Boxer, die in Größe und Härte den Anforderungen gewachsen sind. Liegt es im Züchterinteresse, kleinere, für die Wohnungshaltung geeignete Modehunde zu produzieren?"

Auch gesundheitliche Macken machen dem Boxer mehr zu schaffen als vielen anderen Rassen. Mancher Boxer leidet

Mit einer Versuchszucht von Tiger-Dackeln hat der hannoversche Professor Wilhlem Wegner bewiesen, wie gefährlich das Züchten mit dem Merle-Faktor ist, einem Defektgen. Oft sind die Tiere taub, blind und haben Gleichgewichtsstörungen

1896 wurde der „Boxer-Club" gegründet. Von Anfang an gab es Streit

unter einer knöchernen Verwachsung von Wirbeln über den Zwischenwirbelspaltenweg, der sogenannten „Bambusstabwirbelsäule". Die Versteifung der Wirbelsäule tritt schon in jungen Jahren auf und zwingt den Boxer, sich vorsichtig zu bewegen. Außerdem haben Tiermediziner festgestellt, daß der Boxer öfter als andere Rassen an Leukose (Leukämie bei Hunden) erkrankt und besonders anfällig ist für Mastozytome (Mastzellgeschwulste).

Verderblich ist es für Hunde, wenn ihre Rasse plötzlich ganz groß in Mode kommt. In den dreißiger Jahren ließen sich sämtliche Ufa-Stars von Lilian Harvey bis Willy Fritsch mit einem Foxterrier auf dem Arm fotografieren. Der Foxl reüssierte auf einmal im ganzen Deutschen Reich. Das bekam ihm schlecht. Denn nun ging die Rasse in Produktion. Aus dem urwüchsigen, lebhaften Hund, einem draufgängerischen Rattenkiller, wurde bald ein nervöser, hysterischer Kläffer. Obwohl längst wieder aus der Mode gekommen, hat sich der Foxterrier davon bis heute nicht völlig erholt.

Ein ähnliches Schicksal erlitt der Pudel, als in den fünfziger Jahren manche unausgefüllte Dame ihre Leidenschaft für ihn entdeckte. Und auch der Cocker-Spaniel, von Haus aus eigentlich ein Jagdhund, hervorragend begabt zum Stöbern, Buschieren und zur Wasserarbeit, hatte unter Modetorheiten zu leiden. 1962 legten in der Bundesrepublik von 4300 im Zuchtbuch eingetragenen Cockern noch ganze 23 eine Arbeitsprüfung ab. Vor allem der blondfarbene Cocker ist ins Gerede gekommen, denn

Meta v.d. Passage, bullige Urmutter der Boxerzucht.

Heute ist die Rasse vom „Englischen Typ" geprägt

so mancher verhält sich auffallend aggressiv und beißt sogar die eigene Familie zusammen. Das Karlsruher Tierarzt-Ehepaar Schmidtke hat die Verhaltensabnormitäten beim Cocker untersucht. In ihrem Bericht heißt es: „Die ersten Störungen zeigen sich im Alter von zwei bis drei Jahren zunächst anfallsweise. Bei irgendeiner Gelegenheit, bei der der Besitzer dem Hund zu nahe kommt, beißt dieser heftig und wütend zu, meist ohne vorherige Warnung. Während dieses Anfalls führt Strafe niemals zur Unterwerfung; in einer Mischung von knurrender Wut und Angst, mit geweiteten Pupillen und gesträubtem Haar, würde der Hund bis zum letzten Atemzug zurückbeißen."

Ich habe im Asyl des Münchner Tierheims den Cocker-Rüden Wasco gesehen, einen bildhübschen Kerl, der aber schon siebenmal den Besitzer gewechselt hatte, weil er immer wieder zugebissen hatte. Hier wird der Tierschutz zur Farce, so traurig es ist, aber dieser Hund wäre besser längst eingeschläfert worden. Wahrscheinlich ist die abnorme Aggressivität des Cockers, so meinen die Tiermediziner, durch falsche Zuchtauswahl und hemmungslose Vermehrung entstanden.

Seit einigen Jahren ist der Yorkshire-Terrier Modehund Nr. 1. Früher sah man auf Hundeausstellungen einen oder zwei dieser Zwerge. Jetzt sind es meist über hundert. Jedes Jahr werden Tausende aus England eingeflogen. Längst ist Yorkshire-Terrier nicht mehr gleich Yorkshire-Terrier. Geschäftstüchtige britische Züchter paaren den Yorkshire einfach mit Australian-Terrier-Hündinnen. Die bringt mehr Welpen und wirft auch leichter. Die Terrier-Kennerin Wiebke Steen spricht schon von „englischer Bastardzucht“, und Roman Alraun, einen der bekannten deutschen Yorkshire-Züchter, erinnert so mancher Yorki, auf den sein Besitzer stolz ist, eher an eine „lebende Klosettbürste“. Er ist viel zu groß, sein Fell, das „wie ein Seidenmantel herabfallen soll“, ist wuschelig. Fehlfarben sind an der Tagesordnung. Das Haar soll eigentlich „tiefstahlblau schimmern wie Kohle, die von der Sonne beschienen wird“, statt dessen ist es aber schwarz oder mahagonifarben. Auch im Wesen ist der Yorkshire-Terrier entgleist. Früher einmal kecke Kerlchen, sind sie heute oft nur zitternde Fellbündel.

Auch die Karriere, die der Hund als Filmstar machte, ging zu Lasten seiner weniger prominenten Artgenossen. Der erste bellende Leinwandheld war der Schäferhund Rin-Tin-Tin, den amerikanische Soldaten aus Europa als Weltkrieg-I-Beute mitgenommen hatten. Er rettete in den zwanziger Jahren die Filmgesellschaft Warner Brothers in Hollywood vor dem Bankrott. 40 Filme, alles Kassenschlager, wurden mit ihm gedreht. Rin-Tin-Tin verdiente wöchentlich 400 Dollar und lebte bis zu seinem Tod im Jahre 1932 in einem eigenen exklusiven Bungalow. Er hatte fünf Nachfolger, die ihn kopierten und seinen Namen trugen.

Danach brachte der superschlaue Collie Lassie, der eigentlich Pal hieß, das Publikum zum Lachen und zum Weinen. Mit seiner Hilfe wurde einst Elizabeth Taylor zum Kinderstar. Alle Welt wollte plötzlich einen Collie, so einen wie Lassie. Und so einer kam dann auch ins Haus und oft genauso schnell wieder weg, weil er nicht wie Lassie, dieser Wunderhund, die kleine Tochter des Nachbarn vorm Ertrinken rettete, rechtzeitig vor einem Feuer in der Scheune warnte, keine Briefe zur Post und auf dem Rückweg nicht die Brötchen mitbrachte — dieser dumme Hund.

Lassie ist dem Collie schlecht bekommen. Aus dem robusten Hirtenhund ist ein Sensibelchen geworden, allzuoft ängstlich und empfindlich. Horst Stern schrieb über ihn: „Die Zucht auf aristokratisches Äußeres hat einmal wieder das Blut verdorben.“ Collie-Züchter und -Besitzer haben außerdem entdeckt, daß viele Hunde unter epileptischen Anfällen leiden. Allein ein Siegener Züchter hatte in sechs Würfen aus einer erlesenen englischen Blutlinie 16 Collie-Welpen, bei denen „epileptiforme Krämpfe“ festgestellt wurden. Im „Club der Britischen Hütehunde“, der den Collie verwaltet, schweigt man das lieber tot. Züchter, die für einen intensiven medizinischen Check des Collies eintreten, werden verfemt. Ein exponierter Vereinsfunktionär wurde seines Amtes enthoben. „Sollte sich eine solche Haltung von Zuchtverbänden allgemein durchsetzen“, klagt der Gießener Tiermediziner Professor Rieck, der sich mit der Anfälligkeit des Collies beschäftigt, „sehen wir die Zukunftsaussichten für eine effektive Bekämpfung der Erbfehler in der Hundezucht mit großer Skepsis.“

Trotz dieser Zuchttorheiten hat sich die Lebenserwartung des Hundes in den letzten Jahrzehnten insgesamt erhöht. Das liegt vor allem an der besseren tierärztlichen Betreuung und der Einführung moderner Impfstoffe. Hunde werden heute im Durchschnitt neun

Jahre alt. Die alte Faustregel, daß ein Menschenjahr gleich sieben Hundejahre sei, stimmt allerdings nicht. Der französische Tierforscher Lebeau hat untersucht, wie man das Alter von Mensch und Hund in das richtige Verhältnis setzt. Nach ihm hat der Hund nach Ablauf eines Menschenjahres ein vergleichbares Alter von 15 Jahren erreicht, nach zwei Menschenjahren entspricht sein Alter 24 Jahren, und nach drei Menschenjahren ist er 28 Jahre alt. Danach steigert sich sein Alter regelmäßig. Er wird jetzt in jedem Menschenjahr nur noch um vier Jahre älter.
Am häufigsten läßt unser Hund sein Leben unter Autorädern, aber auch die Wohlstands- und Freßwelle ist an ihm nicht spurlos vorübergegangen. Zivilisationsleiden wie Diabetis, Nierenschäden, Stoffwechselstörungen, Kreislauferkrankungen und Bandscheibenschäden sind bei ihm im Vormarsch. Vor allem aber ist er oft zu fett. Im Institut für Tierernährung der Tierärztlichen Hochschule in Hannover hat man 250 Hunde aus 20 Rassen getestet. 30 bis 40 Prozent waren im wahrsten Sinne des Wortes dicke Hunde. Vor allem die Stadthunde hatten oft zuwenig Auslauf und waren Dauergast an der Tafel ihres Herrn. In ihren Eß- und Freßgewohnheiten sind sich Herr und Hund ziemlich ähnlich. In Hannover wurde festgestellt, daß bei schlanken Hundebesitzern nur 20 Prozent der Hunde zu dick waren, dicke Hundeherren dagegen auch ihre Vierbeiner mästen, 63 Prozent ihrer Hunde waren viel zu fett. Institutsdirektor Professor Meyer gibt den Ratschlag: „Um eine Verfettung zu erkennen, soll der Hundehalter darauf achten, daß bei kurzhaarigen Rassen die Rippenbögen noch durch das Fell zu sehen sind. Bei langhaarigen Tieren müssen die Rippen durch das Fell zu ertasten sein und dürfen nicht im Speck untergehen."
Der Hund sei ein Fleischfresser, bekommt man immer wieder zu hören. Das ist sicher richtig. Doch heute sind die meisten Fertigfutter so gut gemischt und mit wichtigen Mineralstoffen versehen, wie man es selber mit Fleisch und Beifutter gar nicht mehr hinkriegt. Doch ich möchte nicht in den Geruch kommen, Lobbyist der Fertigfutterindustrie zu sein. Deshalb sollte jeder Hundebesitzer den Ernährungsfahrplan seines Vierbeiners mit dem Tierarzt durchsprechen — bevor sein Hund an Fettsucht zugrundegeht. Auf keinen Fall sollte der Hund Knochen bekommen. Nur allzuoft verträgt er sie nicht, und es kommt zu bösen Verstopfungen.

Nicht nur körperlich sind unsere Hunde krank, immer öfter auch an der Seele. Eine junge wissenschaftliche Disziplin ist im Vormarsch, die „Veterinär-Psychiatrie". Der Hund auf der Couch des Psychiaters. Neben noch harmloser Platzangst, krankhafter Eifersucht und eingebildeter Schwangerschaft grassiert beim Hund bereits die ganze Skala menschlicher Psychodefekte wie Depressionen, Hysterie, Sexualneurosen, Epilepsie und eine Seelenverfassung, die der Schizophrenie beim Menschen ähnelt. Der Wiener Tierpsychiater Dr. Ferdinand Brunner erklärt: „Vieles entsteht durch unrichtige Haltung und unverständige Behandlung der Tiere seitens der Besitzer. Oft muß eigentlich nicht das Tier, sondern primär der Besitzer behandelt werden." Fatal wird es, wenn der Herr seinen Hund wie einen

Menschen behandelt und der Hund seinen Herrn dann für einen Hund hält.
Bei vielen seelisch kranken Hunden, vor allem den verhätschelten Schoßhundrassen, fiel Dr. Brunner eine „übermäßige Abhängigkeit vom Herrn“ und „liebeaufzwingendes Verhalten des Besitzers“ auf. Da gibt es Hunde, die mit dem Großstadt-Streß nicht mehr fertig werden, sich vor Nervosität ständig kratzen, die Pfoten lecken, andauernd vor sich hinhecheln und schon beim kurzen Spaziergang ums Viertel bis zu 200mal das Bein heben. Andere wiederum sind Opfer von antiautoritären Erziehungsversuchen. Das bekommt dem Hund schlecht. Als Rudeltier ist er strenge Rangordnung gewöhnt, bei zu lascher Erziehung übernimmt er den Part des Rudelchefs und reagiert seine Aggressionen an der Familie ab. Das kann sehr gefährlich werden.
Oder Hunde verlieren, wenn sie sich nicht genug beachtet fühlen, wieder ihre Stubenreinheit, zerstören, um auf sich aufmerksam zu machen, die Wohnungseinrichtung. Nicht selten entwickelt sich zwischen Herr und Hund eine Affenliebe, die dann damit endet, daß der Hund sich eifersüchtig auf jeden anderen Menschen stürzt, der mit seinem Herrn umgeht.
Vor allem aber auch die Massenzucht hat der Hundeseele schweren Schaden zugefügt. Die Ursachen von Verhaltensabnormitäten sieht Dr. Brunner zum großen Teil in „mangelnder Zuchtauswahl“ und in „Fehlprägungen und versäumten Prägungsvorgängen infolge unbiologischer oder reizarmer (zu isolierter) Aufzucht“.
Die vierbeinigen Psychopathen werden heute schon mit „Heildressur“ behandelt, „Umerziehungsmaßnahmen“ werden an ihnen ausprobiert, Überreaktionen mit Tranquilizern gedämpft. Schwere Fälle bekommen Dauerschlafkuren verordnet, Elektroschock-Behandlungen — und man greift sogar mit dem Skalpell ein. Bei aggressiven Tieren werden bestimmte Nervenbahnen im Frontalgehirn per Leukotomie durchtrennt, ein Verfahren, das auch beim Menschen angewandt worden ist. Oft wird auch Kastration verordnet.
Was aber hat es nun mit den „Mörderhunden“ auf sich, den „vierbeinigen Killern“, wie sie in der Presse genannt werden? Hunde, die Menschen anfallen und töten — vor allem Kinder —, die Verhaltensweisen an den Tag legen, wie wir sie nicht einmal bei Wölfen finden, ausgenommen, sie sind ausgehungert, doch selbst dann greifen sie nur im Rudel an. Schuld daran trägt ganz allein der Mensch. Er hat den Hund zu seinem Hausgenossen gemacht, und er macht ihn auch zum Mörder.
Gehen wir einigen Fällen nach, in denen Menschen von Hunden übel zugerichtet wurden. In Hamburg wurde ein Stadtstreicher nachts von zwei Schäferhunden angefallen, die durch die menschenleeren Straßen streunten. Sie zerrissen ihn buchstäblich. Dem Mann mußte später ein Arm amputiert werden, aber er überlebte. Die Hunde gehörten einem Auto-Exporteur und sollten dessen Hof bewachen. In dieser Nacht waren sie aus ihrem Zwinger ausgebrochen.
Am Stadtrand von Waiblingen wurde ein 10jähriger Junge von zwei Schäferhunden zerfleischt. Für das Kind gab es keine Rettung mehr. Auch diese beiden Hunde waren Wachhunde, die im Zwin-

Fast die Hälfte unserer Hunde sind zu dick

ger gehalten wurden und ausgerissen waren. Ihr Besitzer, ein Schrotthändler, hatte oft geprahlt: „Wer in meinen Schrottplatz einbricht, wird von den Hunden in tausend Stücke zerfetzt."
Die beiden Vorfälle gleichen einander in gespenstischer Weise. Und ich könnte noch viel mehr Beispiele anführen, in denen Hunde durch Zwingerhaltung entartet sind. Ganze neun Quadratmeter und die Fläche für die Hütte muß, so ist es in der „Verordnung über das Halten von Hunden im Freien" festgelegt, der Zwinger für zwei Schäferhunde groß sein. Darin eingekerkert, verbringt das Lauftier Hund oft ein ganzes Leben und hat ausschließlich eine Funktion: Eigentum zu bewachen. Einen Menschen sieht es fast nur, wenn der ihm flüchtig das Fressen hineinschiebt oder den Zwinger saubermacht. Er kennt weder Streicheleinheiten noch gute Worte. Der Mensch zerstört das Haustier im Hund, dessen in Jahrtausenden angezüchtete gute Eigenschaften gehen binnen kurzem verloren. Was bleibt, ist ein sozial blockiertes Tier, durch mangelnde Bewegung und Beschäftigung voll aufgestauter Aggressionen, nur noch auf der Lauer, auszubrechen, und dann trifft es einen Unschuldigen. Daß es nicht zu mehr Zwischenfällen mit Zwingerhunden kommt, kann nur an der guten Qualität des Drahtes liegen, mit denen ihre Gefängnisse errichtet werden.
Im Berliner Stadtteil Frohnau spielt der 15jährige Ralf mit dem dreijährigen Nachbarsjungen Florian. Die beiden werfen sich einen Vollgummiball zu, der Ralfs Dogge Ferro gehört, die überall als lammfromm gilt. Das geht hin und her, bis der kleine Florian sich einmal nach dem Ball bückt. Da stürzt sich

Der „Killer-Hund" hat Schlagzeilen gemacht. Hunde, die, vom Menschen falsch behandelt, zu Bestien werden. In Waiblingen zerfleischten zwei herumstreunende Schäferhunde einen zehnjährigen Jungen. Ihr Besitzer hatte vorher geprahlt: „Wer bei mir einbricht, wird in Stücke gerissen"

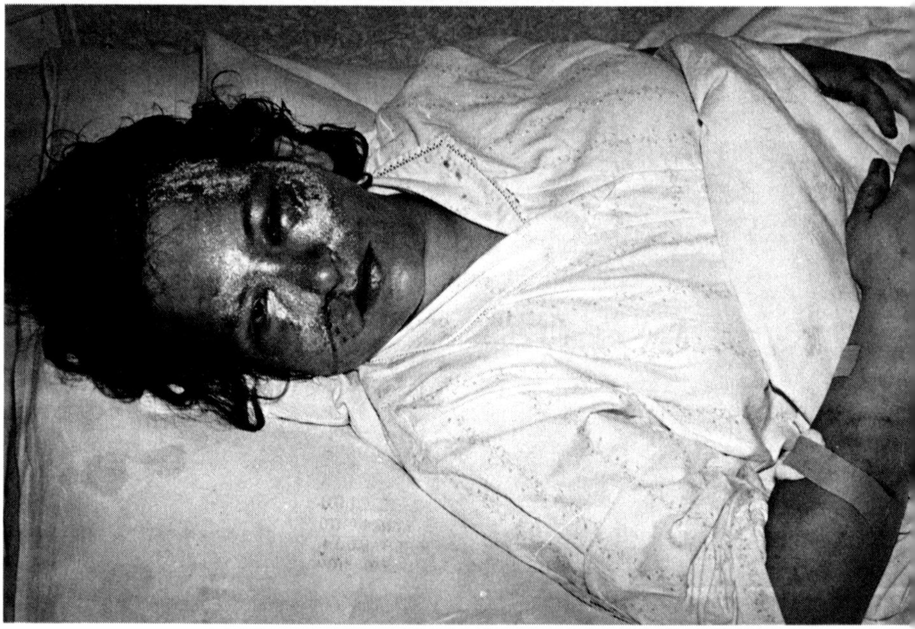

Ferro plötzlich auf ihn und verletzt ihn durch Bisse am Schädel so schwer, daß der Junge stirbt.
In Karlsruhe geht die 16jährige Marion mit den beiden Hunden ihrer Eltern spazieren. Die Hündin hat gerade Junge gehabt, und sie nimmt auch noch zwei der Welpen mit. Unterwegs trifft das Mädchen Peter, den sie und die Hunde schon lange kennen. Die Kinder spielen mit den Hunden. Als ein Welpe den fünfjährigen Jungen anspringt, fällt er hin. Sofort stürzt sich die Hundemutter auf das Kind, auch der Rüde beißt zu. Die Hundebisse töten den Jungen.
Was in Berlin geschah, erklärt sich Professor Paul Leyhausen vom Max-Planck-Institut für Verhaltensphysiologie so: „Der Ball war die Beute der Dogge, hatte für sie eine Art Fetisch-Charakter. Als der kleine Florian sich nach dem Ball bückte, wollte die Dogge ihren Besitz verteidigen. Diese Verteidigung schlägt beim Hund leicht in unkontrollierte Angriffe um."
In Karlsruhe muß die Hundemutter durch das Hinfallen des Jungen ihre Welpen bedroht gesehen haben. Der Gießener Verhaltensforscher Dr. Brummer meinte, auf diesen Fall angesprochen: „Als Ralf hinfiel, gab er seine Dauer-Imponierhaltung auf, den aufrechten Gang. In diesem Moment brach bei den Hunden die Aggressivität durch. Wenn Kinder davonlaufen oder hinfallen, passen sie genau in das Beuteschema der Hunde. Sie fassen zu."
So aufschlußreich solche Deutungen sind, für Florian und Peter und viele andere Kinder kommen sie zu spät. Generell sollte für jeden Hundebesitzer gelten, daß er Kinder nicht ohne Aufsicht mit Hunden zusammen läßt. Ich selbst glaube, meine Hunde und auch meinen Sohn von den ersten Lebenswochen an so genau zu kennen, daß ich sie auch unbeobachtet zusammen im Garten spielen lasse. Vielleicht ist das leichtsinnig. Aber sowie fremde Kinder oder auch fremde Hunde dazukommen, sind meine Frau oder ich mit dabei, und niemals dürften unsere Kinder die Hunde allein spazierenführen.

Nachdem ich mich in meiner Hunde-Serie im STERN mit überaggressiven Hunden beschäftigt hatte, schrieb mir Franz Breitsamer, Polizei-Hauptkommissar, Leiter der Hundeschule der Münchner Polizei und oft als Sachverständiger in Hundefragen vor Gericht, in einem Brief: „Ich habe die Erfahrung gemacht, daß die Hunde aus den Zuchtfabriken und von Hundehändlern häufiger an Schadensfällen beteiligt waren als Hunde von ordentlichen und tierlieben Hobby-Züchtern. Durch eine völlig unkontrollierte Zuchtauswahl der Elterntiere, durch die ‚Welpenhaltung' unter widrigsten Umständen und durch die Weitergabe an Händler und Zoogeschäfte bereits ab der vierten Lebenswoche diese Hunde derart verhaltensgestört, überreizt, nervös und teilweise aggressiv, daß sie vermutlich entscheidenden Anteil haben an den alljährlich 10 000 Schadensfällen mit Kindern in der Bundesrepublik. Die Fälle, die ich zu untersuchen hatte, reichen sehr wohl aus, diese verantwortungslosen Massenproduzenten und Hundehändler pauschal anzuklagen."
Der „Mörderhund", eine Kreatur also, bei der der Mensch die Weichen schon falsch gestellt hat, bevor das Tier überhaupt auf der Welt ist.

Wer ist der Schönste im ganzen Land?

Der Yorkshire-Terrier, Statussymbol und Modehund Nr. 1 kommt aus England. Für so ein fünfpfündiges Luxusgeschöpf werden in Einzelfällen fünfstellige Summen bezahlt

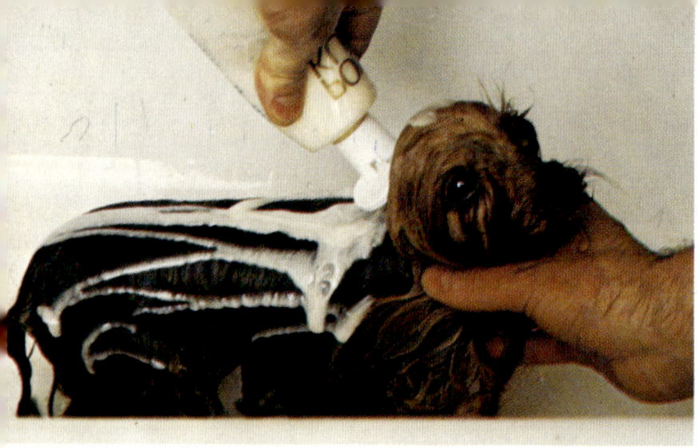

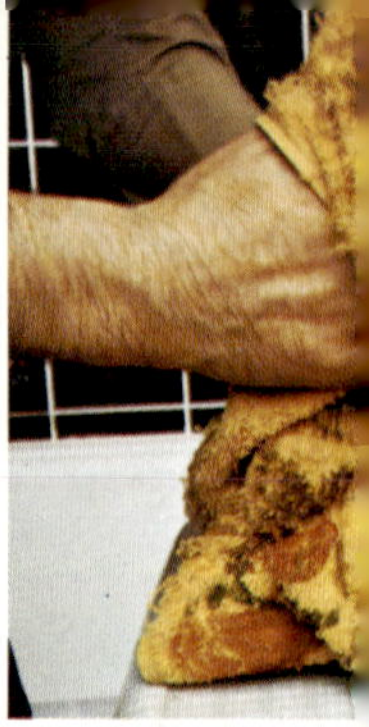

Bitterer Lorbeer: zuerst wird das Fell shamponiert, dann mit temperierter Brause ausgewaschen, das seidige Haar gekämmt und geföhnt, Strähne um Strähne auf Wickler gerollt, die Pfoten bekommen einen Schlauchverband, damit sich der Yorkie nicht kratzen kann

Da steht er nun, der Schönste unter den Yorkshire-Terriern. Die Pokale, die er gewonnen hat, füllen einen Schrank. Doch das Leben eines solchen Champions ist traurig. Er wird aufgehoben in einem Käfig, wie ein kostbares Schmuckstück in der Schatulle

Der Einmarsch der Sieger, Höhepunkt jeder Hundeausstellung. Mißmutig drehen die Champions ihre Ehrenrunde. Sie haben vom Rummel die Nase voll und sehnen sich nach frischer Luft

7 Wer ist der Schönste im ganzen Land?

Vom frühesten Frühjahr bis tief in den Herbst hinein ist Ausstellungssaison für Hund und Herr. Wochenende für Wochenende fahren sie nicht selten Tausende von Kilometern von einer Schönheitsschau zur anderen, die Kieler Ostseehalle ist ihr Ziel und das Olympiagelände in München, Monaco und Warschau locken mit Pokalen, Brünn und Brüssel. Für den Züchter sind diese Zusammenkünfte des Hundeadels unendlich wichtig. Ein Sieg ist Reklame für seinen Zwinger, eine Niederlage zeigt ihm bisweilen, daß er in seiner Zucht einen falschen Weg eingeschlagen hat. Der Laie aber amüsiert sich über das große Hunde-Spektakel, das so tierisch ernstgenommen wird.

Drei- bis viertausend Hunde, oft mit Stammbäumen, die so lang sind, wie eine Eiche hoch ist, sind dort versammelt. Je nach Gemüt kläffen, winseln, hecheln sie ihrem großen Auftritt entgegen. Die Jähzornigen fangen an, mit der Konkurrenz zu balgen. Stoische rollen sich in ihrer Box zusammen und schlummern, und garantiert ist auch ein Ferkel dabei, das einen Riesenhaufen auf den roten Läufer setzt, über den später die Sieger defilieren sollen.

Es ist ähnlich wie bei den Zweibeinern, die bei Miß- und Mister-Wahlen Busen, Po oder Bizeps in die Waagschale werfen. Auch der Vierbeiner muß mit anatomischen Vorzügen bestechen: Gangwerk, Fell, Ohren- und Rutensitz. Die Crème de la Crème wird ausgezeichnet mit wohlklingenden Titeln.

Die ersten Hundeausstellungen fanden, wie könnte es anders sein, Anfang des letzten Jahrhunderts in England statt. Damals existierte ein Großteil der Rassen, die man heute auf Hundeschauen bewundern kann, überhaupt noch nicht. In Deutschland bildete sich 1839 der „Verein zur Einführung englischer Hunde und Kreuzung derselben mit den hiesigen Rassen“. Prominenter Förderer war der hannoversche König Ernst August, ein Onkel der hundenärrischen Queen Victoria. Auf der ersten Hundeausstellung, 1863 in Hamburg, wurden 453 Hunde gezeigt.

Das größte Ereignis im hündischen Wettkampf findet aber nach wie vor in England statt. Es ist die Cruft's Dog Show. 1891 wurde diese Show zum erstenmal von dem Hundefutter-Händler Charles Cruft veranstaltet, der sich damit eine goldene Nase verdiente. Heute hat die „Cruft's“, wie sie kurz und ehrfürchtig von Hundezüchtern auf der ganzen Welt genannt wird, einen ähnlich legendären Ruf wie Wimbledon für die Tennis-Fans. Bis zu 10 000 Hunde treten in jedem Winter im Londoner Olympia-Gebäude an. Für die Briten, denen ihre Königsfamilie Tierliebe vorlebt, ist das ein nationales Ereignis. Selbstverständlich erhält das Hunde-Meeting im Fernsehen die abendliche Hauptsendezeit. Ein Programmdirektor,

Trotz Siegerlorbeers melancholisch, ein französischer Bully

der das verweigern würde, könnte gleich seinen Hut nehmen.
Deutschem Hundeadel ist allerdings der Weg nach England verwehrt. Er müßte vorher sechs Monate in Quarantäne, und wer schickt schon seinen Champion so lange ins Gefängnis? Und umgekehrt können auch die Engländer ihre Hundeschönheiten nicht ins Ausland entsenden.
Im Laufe der Jahre haben sich für die Hundeausstellungen feste und komplizierte Spielregeln herausgebildet. Die kleineren Spezialzuchtschauen werden nur für eine bestimmte Rasse veranstaltet, die nationalen und internationalen Zuchtschauen stehen dagegen allen Rassen offen. Die Hunde werden in verschiedenen Klassen bewertet. Ganz junge Hunde treten in der Jüngstenklasse an. Darauf folgt die Jugendklasse, für Hunde im Alter von 9 bis 15 Monaten, bei manchen Rassen auch vom 12. bis zum 18. Monat. Die erwachsenen Hunde starten in der Offenen Klasse. Wenn der Hund eine Gebrauchshundprüfung bestanden hat oder als Jagdhund eine Spezialprüfung abgelegt hat, kann er auch in der Gebrauchshundeklasse gemeldet werden. Hunde, die schon einmal Schönheits-Lorbeeren errungen haben, dürfen in der Siegerklasse antreten.
Natürlich werden Hund und Hündin getrennt bewertet, erst zum Schluß tritt der schönste Rüde gegen die schönste Hündin an, und es gilt den „Rassebesten“ zu ermitteln. Um zum Deut-

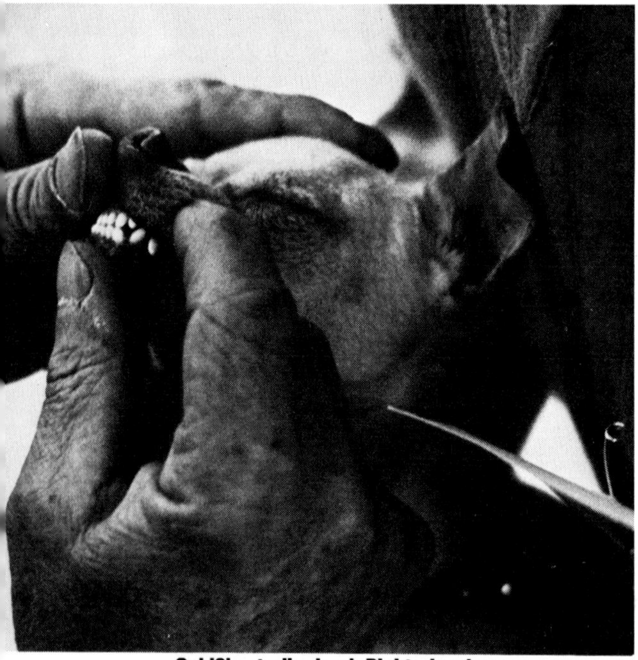

Gebißkontrolle durch Richterhand

Ein Basset wird in Pose gestellt

schen oder Internationalen Champion gekürt zu werden, muß der Hund auf vier verschiedenen Ausstellungen unter verschiedenen Richtern das CAC oder das CACIB errungen haben (französische Abkürzung für die Anwartschaft auf das Schönheits-Championat). Damit noch nicht genug. Jedes Jahr findet außerdem eine Bundessiegerausstellung, eine Europasiegerausstellung und eine Weltsiegerausstellung statt.

Da, wo es um die Wurst geht, herrscht ein Hexenkessel, in dem sich die Hunde nicht gerade pudelwohl fühlen, sie werden irritiert vom Gehabe ihrer Herrchen und Frauchen, das von hektischem Ehrgeiz bestimmt ist. In einem der abgeteilten Ringe läuft eine überschwere Dame Runde für Runde mit ihrem Windhund, um der Jury dessen edles Gangwerk vorzuführen. Es mißlingt völlig, denn der arme Hund muß sich zwangsläufig dem watschelnden Paßgang seiner Besitzerin anpassen, die ihn an der Leine hinter sich herschleift.

Oder jene andere Hundefreundin, die ihr Haar passend zum Fell ihres Pudels eingefärbt hat. Sie trägt ihren Minirock so superknapp, daß der Verdacht entsteht, sie versuche den Richter von den Fehlern ihres Hundes abzulenken. Viele Pudel sind so zurechtgeschoren, daß sie aussehen wie Mantelpaviane, und Wilhelm Busch wird gegenwärtig: „Der Papagei hat keine Ohren, der Pudel ist meist halb geschoren."

Auch ein Förster mit weißem Rauschebart, eine lebende Jägermeister-Re-

Traum aller Züchter: Sieger bei der „Cruft's"

klame, ist da. Er führt drei freche Dakkel an der Leine, so daß man glaubt, er habe sich auf der Pirsch verirrt und sei nur versehentlich hier gelandet. In einer Box schnarchen ein Boxer und sein Herrchen gemeinsam neben Stullenpaket und Thermosflasche. Offensichtlich ohne Angst, den Sieg zu verpennen. Ein winziger Mann mit Lederhut, der seiner Dogge kaum über die Schulter reicht, schreitet geschäftig durch die Halle. Er genießt es, wenn sich selbst im dichtesten Gedränge für seinen Riesenhund respektvoll eine Gasse öffnet.

Ein immer wiederkehrender Typ des Ausstellers ist der Mensch, der im Leben schon viele Niederlagen einstecken mußte und jetzt mit seinem Hund siegen will, siegen um jeden Preis. Aber siegen wollen schließlich alle. Sie färben ihre Tiere, schnipseln und zupfen mit Schere und Trimmesser noch am letzten Härchen herum, besprühen das Fell mit Haarfestiger, damit bloß keine Locke verrutscht. Sogar vor kosmetischer Operation scheuen einzelne nicht zurück, obwohl das streng verboten ist. Der Sitz so mancher Rute, die Stellung so mancher Ohren wurden heimlich mit dem Skalpell des Tierarztes ausstellungsreif gemacht. In England werden sogar Plastikhoden eingesetzt, um vollwertige Rüdenkraft vorzutäuschen.

Ein Champion muß auch über ein untadeliges Gebiß verfügen, denn schließlich, so weiß jeder, sind die Zähne wichtigstes Werkzeug des Hundes. Ein mir bekannter Zahnarzt hat sich darauf spezialisiert, in Hundeschnauzen, in denen es nicht so tadellos aussieht, die „dritten Zähne" anzubringen. Er macht das kunstgerecht mit einer Gold-Platin-Mischung, die er dann unauffällig mit Porzellan oder Kunststoff verblendet. Eine solche Behandlung ist viel mühsamer als beim Menschen, sie muß stets unter Narkose gemacht werden, und dementsprechend hoch sind auch die Honorare.

Die Preisrichter zerlegen jeden vorgeführten Hund mit scharfem Blick in dessen einzelne anatomische Bestandteile. Jedem dieser Juroren eilt ein spezieller Ruf voraus. Vom einen weiß man, daß er großen Wert auf den Kopf des Hundes legt, der andere achtet besonders auf dessen Gangwerk und der dritte wieder auf die Beschaffenheit des Felles. Sie reden in einem für den Laien eigenartigen Kynologen-Kauderwelsch. Da heißt es: „Die Rute wird zu lustig getragen", „dieser Rüde ist ein femininer Typ", „die Hündin ist hinten ein

Ein Bernhardiner hat die Schnauze voll

wenig hackeneng", oder „der Hund trippelt nicht raumgreifend genug". Vom „Karpfenrücken" ist die Rede, von „vorzüglichen Hasenpfoten" und von „Bumsköpfen".
Die Skala der Benotung geht von „vorzüglich" bis „ungenügend". Die Geschmäcker sind so verschieden, daß zuweilen ein und derselbe Hund auf der einen Ausstellung von Richter X ein „Vorzüglich" erhält und das nächste Mal von Richter Y mit einem „Ungenügend" gedemütigt wird.
Im Vergleich mit einem Hunderichter hat der Schiedsrichter beim Fußball ein leichtes Leben, selbst dann noch, wenn er einen Elfmeter gegen die Heimmannschaft verhängt. Nicht selten wird der Hunderichter gezwackt von einem Hund, der ihn nicht riechen kann. Es sind auch Fälle überliefert, bei denen ein Richter vom Vierbeiner einfach angepinkelt wurde. Zufrieden mit ihm ist eigentlich immer nur der Sieger, und das ist nicht etwa der Hund, sondern sein Besitzer („Ich habe ein ‚Vorzüglich' bekommen"). Für die anderen ist der Richter schlicht ein Schieber.
Auf fast jeder Ausstellung hängt irgendwo ein Transparent mit der Aufschrift „Jeder hat den besten Hund". Ein lebensfremder Spruch für denjenigen, der sich auf Hundeschauen etwas auskennt. Zum guten Ton gehört es eher, den

Hund des anderen in die Pfanne zu hauen.
Jeder Hundeverband hat sein eigenes Ehrengericht. Da Mitglied zu sein, ist ein Full-time-job. Es sind weniger die Vierbeiner, die raufen und knurren, in den Hundeklubs ist Hauen und Stechen zwischen den Zweibeinern an der Tagesordnung. Ich bin mit einem Rechtsanwalt befreundet, dessen Umsatz um ein Beträchtliches gestiegen ist, seit man sich im Bernhardiner-Klub in den Haaren liegt. Und der Kieler Haustierforscher Professor Wolf Herre, der einmal für kurze Zeit Interims-Chef eines Pudel-Klubs war, dessen Vorstand wegen vereinsinterner Querelen abgesetzt worden war, berichtet: „Ich habe ein Ausmaß an Emotionen erlebt, welches ich kaum für möglich gehalten hatte unter Menschen, die als gemeinsames Ziel der Fortschritt der Pudelzucht und die Liebe zum Pudel verbinden sollte."
Wie anders reagierte da der kleine Junge, der auf einer Ausstellung in Köln seinen Welsh-Terrier vorstellte. Der Hund war der häßlichste Welsh, den ich je gesehen habe. Die Zuschauer spotteten über „diese Krücke", die anderen Aussteller empfanden allein dessen Anwesenheit schon als Beleidigung, und der Richter verschwendete nur einen kurzen Blick auf ihn. Bei der Siegerehrung stand er ganz hinten. Kind und Hund nahmen keinen Schaden. Sie pfiffen sich eins auf das Urteil und marschierten so fröhlich davon, wie sie gekommen waren.
Das Leben eines Champions aber kann ebenso traurig sein wie das gewisser Wunderkinder. Der Besitzer hütet seinen Augapfel. Nie darf er herumtollen, mit anderen Schmuddelkind sein. Er könnte sich dabei verletzen. Als eklatantes Beispiel einer Star-Karriere sei hier das Schicksal eines Yorkshire-Terriers beschrieben, der das Pech hatte, ungewöhnlich schön zu sein, und dessen Aufstieg in den höchsten Hundeadel ich miterlebt habe.
Vom 6. Lebensmonat an wurde er auf seine Laufbahn vorbereitet. Sein Besitzer dreht ihm seither das Haar mit Seidenpapierstreifen und Gummibändern in Locken, über die Pfoten bekommt er Schlauchverbände, wie Menschen sie über verletzte Finger stülpen. So kann er sich nicht mehr kratzen. Auch aus dem Napf darf der Champ nicht schlabbern. Sein Bart könnte sich verkleben. Er wird täglich von seinem Herrn mit der Hand gefüttert. In den Garten läßt man ihn nur unter Beobachtung. Zu groß ist die Gefahr, daß sein Fell verfilzt, denn im Standard seiner Rasse ist ja vorgeschrieben, „das Fell soll seidig sein und den Hund bedecken wie ein Mantel". Meist wird er aufgehoben in seinem Käfig wie ein kostbares Juwel in der Schatulle.
Dieser Hund wurde inzwischen auf über 50 Ausstellungen gezeigt. Vor dem Auftritt wird er jedesmal noch zusätzlich aufpoliert, gebadet, onduliert und manikürt. Lange schon riecht er nicht mehr wie ein Hund, sondern eher wie ein Intimspray. Jetzt hat er für seinen Züchter alles gewonnen, was zu gewinnen ist. Das Herrchen hat „genug Nachzucht" von seinem Sieger und braucht ein neues Prestigeobjekt. Der Champion soll verkauft werden — nach Amerika. Aber das Leben in Lockenwicklern hat kein Ende. Auch für seinen neuen Herrn wird er siegen müssen und sonst gar nichts.

Wie man richtig auf den Hund kommt

Eine Irish-Setter-Hündin mit ihren Welpen, die im Fell der Mutter herumbalgen. Das Spiel ist unendlich wichtig für die Kleinen. Welpen, die nicht spielen, entwickeln sich falsch. Aber nicht nur darauf müssen Sie beim Hundekauf achten

8 Wie man richtig auf den Hund kommt

Züchten ist viel mehr als das Paaren zweier Hunde, als Geburt, Aufzucht und Verkauf. Es ist etwas Schöpferisches. Phantasie gehört dazu und Kenntnisreichtum, Erfolge und Rückschläge wechseln aneinander ab. Bisher habe ich nur über diejenigen berichtet, für die der Hund lediglich Handelsware ist, aber es gibt auch die anderen — einfache Leute, oft unbeholfen im Gespräch, aber dennoch starke Persönlichkeiten, Individualisten, mit einer Hand, unter der alles gedeiht, und einem großen Herzen für ihre Tiere. Ich denke an die alte Frau aus dem Nachbardorf, die wie ich Airedale-Terrier züchtet. Ein schweres Leben hat sie hinter sich. Sie gönnt sich selber wenig, ihren Wintermantel trägt sie seit mehr als zehn Jahren, aber für ihre Hunde tut sie alles. Stundenlang kann ich mich mit ihr unterhalten, möchte diese Gespräche nicht missen. Und es ist schön, sie zu beobachten, wenn sie im Sommer im Garten sitzt, umringt von lauter Hunden, die ihre Geschöpfe sind.

Ich hatte schon erwähnt, daß Champion gepaart mit Champion nur in den seltensten Fällen auch Weltmeister-Nachwuchs ergibt. So simpel ist die Sache nicht. Wenn ich mit einer Hündin züchten will, muß ich sie genau kennen, mir über ihre Stärken und ihre Schwächen im klaren sein. Nun ist es leider eine Züchter-Untugend, Fehler zwar bei anderer Leute Hund zu sehen, den eigenen aber in den Himmel zu heben. Diese unkritische Haltung hat in der Zucht oft fatale Folgen.

Außerdem sollte der Züchter Bescheid wissen über die Vorfahren seines Hundes und über alle Blutlinien, die sich in ihm vereinen, genauestens orientiert sein. Deshalb ist eine korrekt geführte Ahnentafel so wichtig und bestimmt kein Dokument nur zum Angeben. Noch besser aber ist es, wenn man die Vorfahren nicht nur vom Papier her kennt, sondern sie selbst auf Ausstellungen und Leistungsprüfungen beobachtet, sich ein eigenes Bild über deren Vor- und Nachteile gemacht hat, die unbedingt mit ins züchterische Kalkül einbezogen werden müssen.

Es zeigt sich immer wieder, daß gerade die Züchter erfolgreich sind, die sich seit Jahrzehnten mit ein und derselben Rasse beschäftigen, sie seit Generationen regelrecht studiert haben. Die anderen, die es mal mit dieser und mal mit jener Rasse versuchen, sich an Modetrends anhängen, scheitern meist oder vertändeln sich. Sinnlos ist es auch, in der Zucht auf den Zufall zu bauen oder, wie es viele tun, den Deckrüden Hektor von Grübestein zu wählen, nur weil der gerade in der Nachbarschaft wohnt. Wie fast überall gehört natürlich auch in der Hundezucht ein Quentchen Glück dazu, um erfolgreich zu sein.

Ein sicheres Mittel, zu guten Resultaten zu kommen, ist die Linienzucht, das heißt eine Zucht mit Hunden, die weithäufig miteinander verwandt sind, die irgendwann einmal dieselben Vorfahren gehabt haben. Das Erbgut wird so verdoppelt. Die Vererbung ist durchschlagender, die Würfe sind meistens ausgeglichener und einheitlicher. Aber auch die Fehler, die in jeder Linie liegen, kommen jetzt genauso wie die Vorzüge stärker zum Tragen.

Es gibt keinen Hund, der fehlerlos ist. Hat also die Hündin Fehler, zum Beispiel eine falsche Ohrenstellung, ein nicht ganz astreines Gebiß oder ein zu helles Auge, muß man darauf achten, daß gerade diese Punkte bei dem Rüden, den man sich zum Vater ausgewählt hat, tadellos sind und die Unzulänglichkeiten so ausgeglichen werden. Nicht nur der Rüde sollte erstklassig sein, auch dessen genetischer Schatten, die Ahnen. Es könnte sich ja bei ihm um ein Zufallsprodukt handeln. Der beste Rüde aber nützt nichts — das muß immer wieder gesagt werden —, wenn man nicht mit wirklich guten Hündinnen züchtet. Der Nachwuchs wird sonst meist nur mittelmäßig sein.

Um dem idealen Hund, so wie er im Standard jeder Rasse beschrieben ist, möglichst nahe zu kommen, greifen Züchter zuweilen auch zu einem radikalen Mittel, der Inzucht — Vater- und Tochterpaarung, Mutter- und Sohnpaarung oder Geschwisterpaarung. Dem Laien sträuben sich, wenn er davon etwas erfährt, die Haare. Für ihn ist das mit einem Hautgout von Dekadenz und Degeneration behaftet. Er sollte aber bedenken, daß auch in der freien Wildbahn im Wolfsrudel nur der stärkste Rüde deckt, es ist ihm gleich, ob er dabei die eigene Mutter oder die eigene Schwester besteigt. Bei einer solchen extremen Konzentration der Blutführung massieren sich die guten, aber auch die schlechten Eigenschaften noch viel stärker als bei der Linienzucht. In der Regel müssen aus solchen Würfen zwei Drittel der Welpen ausgemerzt werden. Dazu hätte ich keine Lust.

Das Sprichwort „schön, aber dumm" läßt sich auf den Hund genauso anwenden wie auf den Menschen. Viele Züchter begnügen sich damit, einen vierbeinigen Beau zu züchten, ohne auf dessen charakterliche Veranlagungen besonderen Wert zu legen. Aber auch das Wesen eines Hundes läßt sich durch Zuchtauswahl lenken, wird aber leider allzuoft vernachlässigt. Konrad Lorenz hat einmal geschrieben: „Jedes der beiden Ideale ist schon allein selten genug, das Zusammentreffen in einem Individuum ist daher äußerst unwahrscheinlich." Das ist leider allzu wahr. Dann gibt es die Kehrseite, Züchter, die ihre Hunde nur deshalb für charakter- und wesensstark halten, weil sie ordentlich zubeißen. Warum sie beißen, das fragen sich diese Leute nicht. Ich selbst liebe selbstbewußte, gelassene Hunde mit einer hohen Reizschwelle, die erst dann zur Sache gehen, wenn es wirklich sein muß. Ein englischer Züchter hat mich einmal gefragt: „Warum denkt ihr in Deutschland bei Hunden immer gleich an Wachhunde?" Er spielte damit auf die Vorliebe in unserem Lande für aggressive Hunde an.

Unsere Airedale-Hündin hat nie einen Siegertitel errungen. Trotzdem ist sie eine erstklassige Zuchthündin. Sie stammt aus einer guten, gefestigten Linie. Einige ihrer Nachkommen wurden bereits auf Ausstellungen mit „Vorzüglich" bewertet. Bei Püppi hat der Deckakt stets geklappt, nie ist sie „leer“ geblieben, wie es im Züchterjargon rüde heißt. Wir kennen keinen Kaiserschnitt, die Milch ist bei ihr stets reichlich geflossen, und nie hat sie einen Welpen totgedrückt. Nur müssen wir sie, wenn sie läufig ist, streng im Auge haben. Nicht ohne Grund hat sich für diese Phasen im Lebensrhythmus einer Hündin der Begriff Läufigkeit gebildet. Und Püppi ist während dieser Zeit von geradezu unanständiger Triebhaftigkeit. Einmal ist es ihr gelungen, uns zu überlisten. Sie sprang aus einem offenen Fenster in den Garten und verführte Simon, obwohl der an einer Gartenbank festgebunden war. Freilich ist der Fehltritt in der Rasse geblieben.

Selbst gewieften Züchtern passiert es immer wieder, daß sich ihre gut behütete edle Hundedame mit dem Naturburschen undefinierbarer Abstammung aus der Nachbarschaft einläßt. So mußte sich unlängst der Bundesgerichtshof in Karlsruhe mit der Mesalliance des Bestards Bonzo und der Chow-Chow-Hündin Ku-Chia-Engry beschäftigen. Die Besitzer der geschändeten Hündin hatten Bonzos Herrn verklagt. Doch die Bundesrichter nahmen Partei für Bonzo und sprachen ihn frei.
Simon ist da wählerischer. Er hat schon manche Hündin verschmäht, dennoch ist er Vater von ungefähr 100 Welpen und noch längst nicht am Ende. Wenn es wieder einmal so weit ist, daß für Püppi ein Bräutigam gefunden werden soll, gerate ich stets in Streß. Ausstellungskataloge und Zuchtbücher werden gewälzt, es gibt endlose Beratungen mit befreundeten Züchtern, Kandidaten werden verworfen, neue tauchen auf. Meiner Frau, der Nini, geht das ziemlich auf die Nerven, sie tritt ohnehin für eine monogame Beziehung zwischen Simon und Püppi ein. Wenn die Menschen so ein Brimborium um ihre Vermehrung machen würden, kann sie sich nicht verkneifen zu sagen, wäre der Erdball demnächst ziemlich leer.
Ist Püppi guter Hoffnung, verändert sich ihr Wesen. Sie verliert ihren wilden Jagdeifer und wird nun ein anschmiegsamer Haushund, der Nini auf Schritt und Tritt folgt, sie oft mit ihrer Schnauze anstupst, weil sie gestreichelt werden will. Sie nimmt sich jetzt enorm wichtig und macht sich selber zum Mittelpunkt der Familie. Die Trächtigkeit dauert bei Hunden zwischen 59 und 65, im allgemeinen 63 Tage. Anders als beim Menschen gibt es beim Hund keine sichere Methode, festzustellen, ob er wirklich Nachwuchs bekommt. Nur ein geschickter Tierarzt kann die Welpen ertasten. Wenn der Zeitpunkt der Geburt herankommt, wird die Hündin unruhig und rastlos. Sie gräbt sich Höhlen, scharrt auf dem Teppich herum, zerfetzt auch gern Kissen und Decken, um sich regelrecht ein Nest zu bauen. Die normale Körpertemperatur des Hundes beträgt etwa 38,5 Grad. Einen Tag vor der Geburt sinkt sie bei der Hündin plötzlich ab, steigt dann aber wieder an.
So eine Hundegeburt ist bei uns ein Festtag. Wir ziehen mit einer Flasche Sekt ins Hundehaus und sitzen oft die ganze Nacht bei der Hündin, die dankbar ist für unsere Gesellschaft in ihrer schweren Stunde. Es ist ein Erlebnis voller Poesie. Kaum ist der Welpe auf der Welt, beißt die Hündin ganz behutsam die Nabelschnur durch, befreit ihr Junges aus der Eihaut, und der Kleine

strebt, einem geheimnisvollen Drang gehorchend, mit erstem Wimmern zur Zitze hin, wo bald ein sattes Schmatzen ertönt. So eine Geburt kann sich durchaus 24 Stunden hinziehen, bei kleinen Würfen meistens länger als bei den größeren. Durchschnittlich dauert es 40 bis 50 Minuten, bis ein Welpe dem anderen folgt. Einmal hielt uns Püppi so lange in Atem, daß ich eine wichtige Gerichtsverhandlung in Hamburg versäumte, bei der ich als Zeuge gehört werden sollte. Ich ließ mich telefonisch entschuldigen. Der Richter, so wurde mir später berichtet, soll über den Grund meines Nichterscheinens geschmunzelt haben. Jedenfalls hat er auf eine Ordnungsstrafe verzichtet.

Als unser erster Wurf auf die Welt kam, behauptete Nini steif und fest, daß es sich dabei unmöglich um Airedales handeln könne. Sie vermutete, daß der Rottweiler aus der Nachbarschaft uns einen Streich gespielt hätte. Das ist oft so mit den Welpen. Nur mit viel Phantasie kann man erkennen, daß das, was da vor einem liegt, sich einmal zum Rassehund auswachsen soll.

Das Kleine, daß gerade auf die Welt gekommen ist, wird von seiner Mutter intensiv beleckt. Die Zungenmassage regt Kreislauf und Verdauung an. Die Hündin frißt auch die Nachgeburt auf. Die darin enthaltenen Hormone wirken sich günstig auf die Milchproduktion aus. Schon während der ersten Lebensminuten, noch blind und taub, zeigt der Hund, was in ihm steckt. Ist er gesund, wird er seine ganze Energie einsetzen, um möglichst schnell von selbst die Zitzen der Mutter zu finden. Besonders aktive Welpen strampeln, noch in die Eihaut eingehüllt, der Mutter entgegen. Die Verhaltensforscher haben herausgefunden, daß Welpen, die sich nach der Geburt inaktiv und apathisch verhalten, zeitlebens Problemhunde bleiben. Diese erste, so entscheidende Lebensenergie wird von den Wissenschaftlern als „Biotonus" bezeichnet. Dazu der Verhaltensforscher Eberhard Trumler: „Wenn ein Welpe nicht bereits innerhalb der ersten Lebensminuten alles daran setzt, eine mütterliche Zitze zu erreichen, dann ist er erbgeschädigt."

Auch wir haben schon Welpen gehabt, die nicht von selbst trinken wollten. Meine Frau hat sie, von Mitleid gepackt, immer wieder an die Zitze der Mutter angelegt. Schon nach kurzer Zeit fielen sie kraftlos ab oder wurden von den vitaleren Geschwistern verdrängt. Ohne Hilfe starben sie schon nach kurzer Zeit. Viele Züchter päppeln die Kümmerlinge mühsam hoch, manche sicher aus Mitleid, andere wegen des Profits. Ich habe das meiner Frau verboten. Das ging nicht ohne Streit ab, aber schließlich hat sie eingesehen, daß es falsch und wider die Natur ist, Hunde künstlich aufzuziehen und sie in eine Welt zu entlassen, in der es zu vielen kerngesunden Hunden schlecht genug ergeht. Wenn bei uns solch ein Hund am Leben bliebe, müßte ich ihn behalten — ihn zu verkaufen ist für mich Betrug.

Gleich nach der Geburt werden die Welpen von uns auf einer Babywaage gewogen und von da ab täglich. Das Gewicht wird jedesmal in eine Tabelle eingetragen, so daß man genau überprüfen kann, wie sich jeder Welpe entwickelt. Airedale-Welpen wiegen nach der Geburt zwischen 300 und 400 Gramm. Bereits nach acht Tagen haben sie ihr Geburtsgewicht verdoppelt.

Fälschlicherweise wird oft angenommen, daß die Dicken aus dem Wurf die besten Welpen seien. Das stimmt nicht. Entscheidend ist die Lebensenergie. Wir hatten einmal einen rechten Winzling dabei, der aber ein Aktivbolzen war. Da es der zweite, der B-Wurf war, tauften wir ihn Big Fighter. Bald hatte er seine Geschwister eingeholt und wurde ein prächtiger Hund.
Bis vor wenigen Jahren schrieben die Zuchtvereine vor, daß von jedem Wurf nur sechs Welpen am Leben zu lassen seien. Unsere Hündin hatte immer zwischen acht und zehn Welpen. Es war eine schlimme Sache, die Überzähligen zum Tode zu verurteilen, vor allem, weil eine gute Zuchthündin mühelos mindestens acht Welpen großziehen kann. Inzwischen stellt das Tierschutzgesetz diese Selektion unter Strafe. Ich selbst stehe dem neuen Gesetz zwiespältig gegenüber. Einerseits bin ich froh, daß ich Welpen, die kerngesund sind, nicht mehr zum Töten bringen muß. Auf der anderen Seite sehe ich aber auch, daß jetzt überall Riesenwürfe mit Hilfe von Flasche und modernen Vitaminpräparaten auf Teufel komm raus großgezogen werden. So schwillt die Hundeflut noch mehr an. Und niemand fragt, was aus den Welpen wird, wenn sie Hunde sind. Ist das wirklich Tierschutz?
In den ersten Wochen besteht das Leben der Jungen aus Schlafen und Trinken. Man kann beobachten, wie etwa alle zwei Stunden plötzlich einer der Welpen erwacht. Er kriecht so lange im Kreis, bis er die Mutter gefunden hat. Dabei pendelt er mit dem Kopf nach links und rechts. Diese Bewegungsart wird „Kreiskriechen" genannt. Ist er auf seine Mutter gestoßen, bohrt er seinen Kopf ins Fell, bis er die Zitzen gefunden hat. Das Saugen ist mehr ein Lecken, ungefähr 20mal in der Sekunde massiert er die Milchdrüse mit seiner kleinen Zunge. Gleichzeitig tritt er mit den Vorderpfoten gegen die Zitze. Dieser sogenannte „Milchtritt" regt die Milchproduktion zusätzlich an. Mit den dicken Hinterbeinen stemmt er sich dabei fest an den Bauch der Hündin. Sowie einer trinkt, ziehen die anderen wie auf Kommando nach. Das gibt jedesmal ein arges Gerangel. Hinterher halten sie eng aneinander geschmiegt ihren Verdauungsschlaf. Die Verhaltensforscher nennen das „Kontaktliegen".

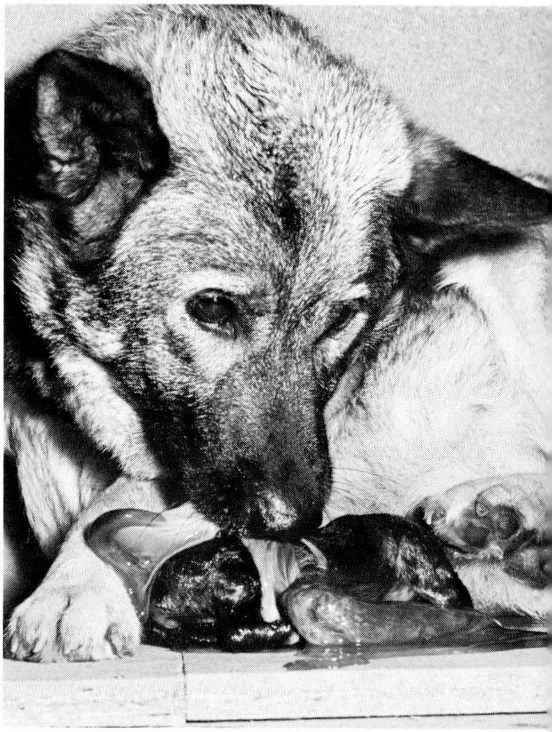
Die Hunde-Mutter befreit ihren Nachwuchs aus der Eihaut und

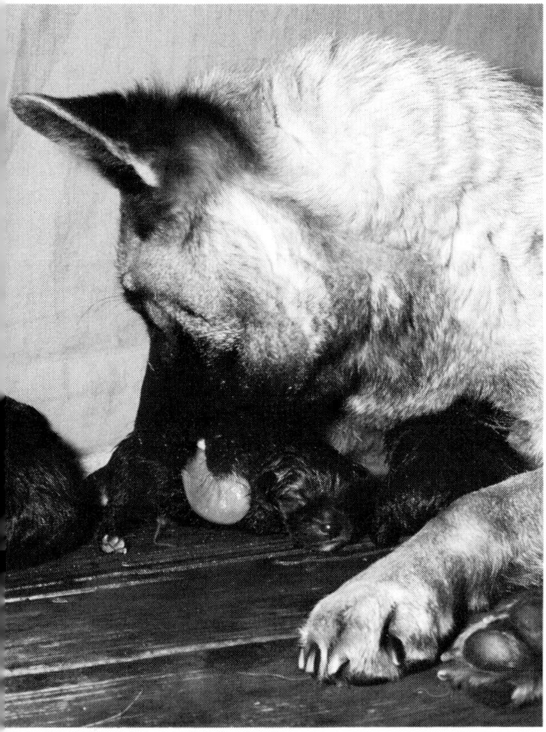

cken. Ein gesunder Welpe wird sofort versuchen, die Zitze zu finden

Püppi verläßt in der ersten Zeit ihrer Mutterschaft das Hundehaus nur selten. Läßt sie sich einmal zu einer kurzen Jagd durch den Wald hinreißen, kann man richtig beobachten, wie ihr plötzlich die Jungen einfallen. Pfeilschnell und schnurgerade rast sie dann zum Hundehaus zurück.
Die Augen der Welpen öffnen sich zwischen dem 12. und 15. Tag. Sie haben anfangs eine blaßbläuliche Farbe. Bis zum 21. Lebenstag soll die Sehfähigkeit voll entwickelt sein. Ebenfalls am 21. Tag auch das Gehör auf Geräusche reagieren. Am frühesten entwickelt sich das Riechorgan. Schon am 16., 17. oder 18. Tag schnuppern die Welpen mit der Nase in der Luft herum.
Jetzt tritt auch der Mensch in ihr Leben. Sie krabbeln in der Kiste herum, wedeln zur Begrüßung mit ihren Schwänzchen. Gegen Ende der dritten Woche füttern wir zur Muttermilch zu. Wir lassen die Welpen aus einem Napf, höchstens aus zwei Näpfen fressen — auch hier belebt Konkurrenz das Geschäft. Bisher hatte die Hündin die Wurfkiste allein saubergehalten und die Exkremente aufgefressen. Jetzt überläßt sie uns das Reinemachen. Die Verhaltensforscher bezeichnen den Zeitraum vom ersten Verlassen des Lagers bis

zum Ende des dritten Lebensmonats als „Sozialisierungsphase". Eberhard Trumler unterteilt noch einmal, für ihn ist die Zeit zwischen der vierten und einschließlich siebten Woche die „Prägungsphase". Der Welpe entdeckt bewußt die Mutter, die Geschwister und vor allem auch den Menschen. Der muß jetzt verstärkt in sein Leben treten, mit ihm spielen, ihn streicheln und zu ihm sprechen. Geschieht das nicht und überläßt man die kleinen Hunde sich selbst, werden sie nie mehr ein richtiges Verhältnis zum Menschen bekommen.
Trumler hat das, wie schon berichtet, in Versuchen nachgewiesen. Sein Lehrmeister Konrad Lorenz, der den Begriff Prägung in die Ethologie einführte, hat bei Graugänsen die Entdeckung gemacht, daß deren Gössel dem ersten Lebewesen nachfolgen, das sie nach dem Ausschlüpfen sehen. Eigentlich sollte das die Mutter sein. Ist es jedoch ein Mensch, so schließen sie sich ihm an. Dieser Prägungsvorgang ist irreversibel, verläuft bei Hunden indes nicht ganz so einschneidend wie bei den Gänsen.
Bei uns zu Hause bleibt jetzt vieles liegen. Stundenlang sitzen wir vor der Wurfkiste und spielen mit den Jungen, beobachten sie. Bald können wir sie alle voneinander unterscheiden, und das nicht nur äußerlich. Jeder hat seine besonderen Eigenarten. Der eine ist träge und verfressen, der andere besonders keck und frech. Der eine hat ein diebisches Vergnügen daran, seine Geschwister zu malträtieren, der andere ist schmusig und sensibel, und auch ein Tolpatsch ist dabei.
Täglich erweitern sie ihren Lebenskreis. Längst sind sie auch auf Entdeckungsreise in den Garten gegangen. Unsere schönsten Blumen werden ausgegraben, aus der Küche stehlen sie Wischlappen und Pantoffel und schleppen sie mit sich herum. Ihre spitzen Milchzähne schlagen sie erbarmungslos in Hosen und Röcke. Täglich werden sie nun auch von Mutter und Vater in die Mangel genommen, von ihnen herumgekugelt und im Genick gebeutelt. Das sieht gefährlich aus, und manchmal winseln die Kleinen kläglich. Aber so werden sie von ihren Eltern auf das Leben vorbereitet. Das Spiel untereinander ist unendlich wichtig. Ein Welpe, der nicht spielt, entwickelt sich falsch. Es überwiegt das Kampfspiel: Wilde Knäule entstehen, jagen, voneinander ablassen, erneutes Raufen, Knurren, gegenseitige Unterwerfung. Wir können uns in dieser Zeit vor Besuch nicht retten. Alle wollen die kleinen Hunde sehen. Und mitten drin ist unser Sohn. Fast schon scheint er ein Mitglied der Meute zu sein. Die Hunde zwacken ihn, er kneift sie. Es gibt Tränen und Gewinsel. Am Schluß vertragen sie sich wieder. Es ist eine Beziehung ohne Krampf. Er lernt neben und mit Tieren zu leben, gleichzeitig deren Grenzen zu erkennen.
Während der Prägungsphase ist die Lernfähigkeit der Hunde besonders groß. Schon jetzt kann man ihnen im Spiel Sitz und Platz machen beibringen, sie an der Leine gehen lassen, ihnen Hölzer zuwerfen und sie so das Apportieren lehren. Auch Suchen lernt der Hund schnell. Man braucht sich nur vor ihm zu verstecken. Wird schon jetzt mit einer vernünftigen Erziehung begonnen, ist später vieles leichter.
Viel zu schnell geht das alles zu Ende. Der Abschied schmerzt uns jedesmal sehr. Einmal habe ich drei Welpen im

Flugzeug mit nach München genommen, um sie dort bei ihren neuen Besitzern abzuliefern. Nini, Bübchen und mein Neffe Thorsten begleiteten mich zum Flugplatz. Traurig darüber, daß gleich drei Hunde auf einmal so weit weggingen, fingen alle drei an zu heulen. Die Mitreisenden musterten mich mißtrauisch. Bei so viel Tränen müssen sie wohl geglaubt haben, daß ich mich der Unterhaltspflichten für meine Familie entziehen und mich mindestens bis nach Australien absetzen wollte.
Es ist nicht einfach, für jeden Hund einen Herrn zu finden, der ihm ein hundewürdiges Leben garantiert. Da ruft ein Mann aus Bremen an. Er kündigt uns für den nächsten Tag einen Scheck an, wir sollen ihm dafür einen Hund schicken. Ich sage ihm, er solle sich den Wurf doch erst einmal ansehen. Aber die 100 Kilometer Autofahrt sind ihm zu weit. Schließlich hängt er wütend ein. Wenn dieser Mann ein Auto kauft — da bin ich sicher —, liest er Testberichte, wälzt Prospekte, diskutiert mit Bekannten über PS-Zahlen und Fahrverhalten. Er scheut keine Mühe für einen Haufen Blech, der dann vielleicht vier Jahre hält. Seinen Hund aber will er per Post ordern.
Oder die Frau aus Berlin, die drei Schäferhunde nacheinander ausprobiert und wieder weggegeben hatte. Nun wollte sie einen Airedale von mir: „Die waren alle nicht richtig bissig. Ich brauche einen Klopper, der muß rangehen."
Mit Entsetzen erinnert sich die ganze Familie jener schicken Dame, die eines Tages vor unserer Tür stand und einen Welpen nach dem anderen an ihrem Busen fast totdrückte. Sie schäumte über vor Tierliebe und sagte in 20 Minuten mindestens 50mal „entzückend". Ihr Mann hatte sie verlassen, und jetzt wollte sie einen Hund. Auch sie hat bei uns keinen bekommen. Sie hat ihn sich woanders besorgt. Inzwischen ist der Mann wieder da und der Hund im Tierheim.
Solche Erlebnisse können einem manchmal die Zucht verleiden. Durch Erfahfahrung klug geworden, versuchen wir den Hundekauf zu lenken. Jeder bekommt den Hund, der zu ihm paßt. Dem alten Ehepaar, dessen Kinder aus dem Haus sind, geben wir nicht den Wildling, sondern den Schmuser. Der Wilde geht an den energischen jungen Mann, der sich durchsetzen kann. Außerdem lassen wir uns schriftlich garantieren, daß, falls sich der Besitzer von dem Tier trennen will, er es zuerst uns wieder anbieten muß. So halten es viele Züchter.
Wer anständig züchtet und nicht nur vermehrt, kann bestimmt keine großen Geschäfte machen, er buttert eher zu. In Köln stufte das Finanzgericht Hundezucht als „verlustbringendes Hobby" ein. In der Entscheidung heißt es: „Die Zucht und Aufzucht trotz gelegentlicher Einnahmen durch Welpenverkauf (aus Würfen eigener Hündin oder als Entgeld für Deckrüden) ist auf lange Sicht eine verlustbringende Liebhaberei, da sehr hohe Kosten für Wartung, Ernährung, Versicherung, Steuer, Ausstellungsfahrten usw. erforderlich sind. Von einem Gewinnstreben bei Zucht und Aufzucht kann hiernach nur gesprochen werden, wenn Mutter- und Vatertier entgegen züchterischen Gesichtspunkten ausgenutzt werden."
Oft wird mir die Frage gestellt: Was für einen Hund soll ich mir anschaffen?

Vorsichtshalber sage ich dann erst einmal: keinen. Bevor man sich zum Kauf entschließt, gilt es, das eigene Umfeld zu erforschen. Gibt der Hausbesitzer seine Zustimmung? Wie ist es mit den Nachbarn? Wer geht mit dem Hund spazieren? Wohin mit dem Tier im Urlaub: alles Fragen, die man sich rechtzeitig stellen sollte und nicht erst, wenn der Hund schon da ist. Wir haben doch einen Garten, heißt es häufig. Doch ein Hund ist kein Gartenzwerg. Nur im Garten gehalten, stumpft er ab. Ein Hund in der Stadtwohnung, der regelmäßig ausgeführt wird, hat es besser als sein Genosse, der im handtuchgroßen Vorgarten dahindämmert. Und auch die Tierpensionen sind mit Vorsicht zu genießen. Viele, die ihren Hund während der Ferien dort hingegeben haben, konnten ihn hinterher nicht mehr wiedererkennen.

Ein Hund wird durchschnittlich neun Jahre alt, viele aber werden älter, besonders die kleineren Rassen. Ist man bereit, ihm so lange die Treue zu halten? Ich habe nichts dagegen, Kindern einen Hund zu schenken. Aber man sollte sich da nichts vormachen. Am Anfang tollen sie mit ihm herum, verlieren dann jedoch schnell die Lust. Die Hauptarbeit bleibt fast immer bei der Hausfrau. Ist sie beim Hundekauf nur halbherzig dabei, sollte man es lieber lassen. Auf jeden Fall bringt ein Hund mehr Schmutz ins Haus. In seinen Flegeljahren wird er auch manches liebgewonnene Familienstück zerstören. Es sind bestimmt nicht die schlechtesten Hunde, die das tun. Aber eine perfekte Frau Saubermann kann das nur schwer ertragen. Meist wird der Hund davongejagt. Bei uns zu Hause sind fast alle Sessel geflickt, Spuren hündischen Übermuts. Außerdem kann der Hund ein Streuner werden, sich ganz anders verhalten als der liebe Lassie im Fernsehen. Will man diesen Ärger wirklich in Kauf nehmen? Um ein Hundefreund zu sein, muß man nicht unbedingt Hundebesitzer werden.

73 Prozent aller Hunde in Deutschland sind von Adel. Ich bin kein Rassist und mag auch Promenadenmischungen. Da kommt es in der Nachbarschaft zu einem Betriebsunfall. Die Pudelhündin Susi läßt sich mit dem Boxer Bello ein. Ein kleiner Pudelboxer kann mindestens ebensoviel Freude bringen wie ein Rassehund mit einem ellenlangen Stammbaum. Andererseits ist es aber ein Vorurteil, daß Bastarde robuster und klüger seien als Rassehunde. Das ist bisher durch nichts bewiesen. Im Gegenteil, Rassehunde sind oft durch Generationen auf spezielle Eigenschaften hin gezüchtet: Der Gebrauchshund wird in der Regel wachsam und kampffreudig sein, der Jagdhund hat eine besonders feine Nase, und der Windhund kann nun mal schneller laufen als andere Hunde. Es sind regelrechte Spezialisten.

Auch aus dem Tierheim kann man sich einen Hund holen. Das ist bestimmt eine gute Tat. Man sollte sich nur darüber im klaren sein, daß ein Heimhund oft schon böse Erfahrungen mit Menschen gemacht hat und er viel mehr Liebe, Geduld und Mühe kostet.

Soll es ein langhaariger oder ein kurzhaariger Hund sein? Generell haaren alle Hunde. Die langen Haare kann man oft besser absammeln, während sich die kurzen hartnäckiger in Polster und Teppiche piken.

Rüde oder Hündin? Bei vielen Leuten findet man eine eingefleischte Abneigung gegen Hündinnen vor. Von Gleichberechtigung ist da nichts zu spüren. Die Hündin, so bekommt man immer wieder zu hören, ist ja immer läufig. So dramatisch ist das aber gar nicht. Eine Hündin bekommt zweimal im Jahr ihre Hitze, das dauert maximal vier Wochen. Wer indes nicht züchten will, sollte seine Hündin auf jeden Fall sterilisieren lassen. Das ist eine ziemlich harmlose Operation, und der Eingriff verändert auch das Wesen nicht. Im Gegenteil, sie ist dann gegen Gebärmutterentzündungen gefeit, die bei älteren Hündinnen oft auftreten. Die Hündin ist auch meist anschmiegsamer als die eigenwilligeren Rüden, die ihrerseits gern auf Tour gehen, wenn in der Nachbarschaft eine Hündin läufig ist, und das kommt öfter vor, als einem lieb ist. Man sollte also seine Aversionen gegen Hündinnen abbauen.

Welche Rasse kommt in Frage? Lassen Sie sich auf keinen Fall eine bestimmte Rasse aufschwatzen. Viele Hundefreunde kennen nur eine einzige, die, die sie selber haben. Die wird dann kritiklos von ihnen in den Himmel gehoben. Bestimmten Rassen werden immer wieder bestimmte Eigenschaften zugeschrieben. Damit sollte man sehr vorsichtig sein. Keinesfalls ist ein Chow-Chow immer der unzugängliche Einmannhund, als der er hingestellt wird, der Pudel ist nicht immer besonders klug, und auch nicht jeder Bernhardiner ist ein großer Kinderfreund. Vor allem aber sollte man nicht die Rasse kaufen, die gerade ganz groß in Mode ist. Da wird meistens hemmungslos drauflos gezüchtet.
Natürlich gibt es Grundregeln: Wenn man selber nicht gern läuft, sollte man sich keinen Windhund kaufen, der rennen will. Für einen übernervösen Menschen ist ein Foxterrier bestimmt nicht der richtige Partner, weil der oft selbst vor Nervosität zittert und zum Kläffen neigt. Als Spielgefährte der Kinder ist nicht unbedingt ein sehr kleiner Hund geeignet. Der muß einiges aushalten, wird herumgetragen und gezerrt. Schließlich reagiert er böse. Dann lieber gleich einen Neufundländer. Der hält das besser aus.

Ein Paradebeispiel für die total mißglückte Auswahl eines Hundes waren für mich die beiden alten Damen und deren Rottweiler Zorro in unserem Dorf. Zu zweit hingen sie an dessen Leine und konnten den Koloß trotzdem nicht bändigen. Wenn man ihnen mit einem anderen Hund entgegenkam, versuchten sie schnell einen Laternenpfahl zu erreichen und dort die Leine herumzuwickeln. Dennoch riß Zorro sich immer wieder los und biß andere Hunde zusammen. Schließlich wurde er von Unbekannten vergiftet.

Wo finde ich meinen Hund? Jede Tageszeitung hat im Annoncenteil einen Tiermarkt. Der wird auch von Massenzüchtern und Händlern frequentiert, die sich oft als Privatleute tarnen. Anzeigen, in denen mehrere Hunderassen auf einmal angeboten werden, kann man gleich vergessen. Da steht bestimmt ein Hundehändler dahinter. Sie lesen sich so: „Wauwau. Hier tummeln sich lustige Terrier vieler Arten, süße Pudel und Cocker aller Farben, tapfere Schäferhunde, edle Collies (Lassie), wollige Chow-Chows, reizende Bullys und Möpse. Nur an Liebhaber werden wir verkauft." Tatsächlich aber geht es nur ums Geld. Oder es heißt: „Hunde zu Discountpreisen abzugeben. Ein Jahr Lebensgarantie und Umtauschrecht." So wird ein gewissenhafter Züchter seine Hunde nie zu Markte tragen. Hunde verkauft man nicht wie ein Kaufhaus-Sonderangebot, und man tauscht sie auch nicht um wie einen falsch ausgewählten Pullover.

Die Geschäftemacher spekulieren sogar mit der Angst ihrer Mitmenschen in diesen unsicheren Zeiten. Sie inserieren: „Achtung Millionäre! Entführer und Verbrecher fürchten sich vor Mastino Neapoletano. Altrömische Kampfhunde, stark wie Büffel, schnell wie Tiger." Ein Bekannter von mir hat sich so einen Mastino statt einer Pistole gekauft. Der Welpe kostet an die 3000 Mark. Der Hund lebt in einem Zwinger. Er wird nur selten herausgelassen, weil er ja so gefährlich ist. Ich habe, obwohl der Bekannte mich warnte, den Hund aus seinem Zwinger befreit. Dankbar für die Abwechslung hat er mir die Hände geleckt. Ein Hund ist keine vorprogrammierte Kampfmaschine. Warum soll er einen Herrn verteidigen, der sich nicht mit ihm beschäftigt und ihm nie Zuneigung bewiesen hat? Da nützt auch ein altrömischer Kampfhund für viele tausend Mark nichts.

In der Bundesrepublik gibt es zahllose Hundeklubs und -vereine. Die guten und seriösen Züchter sind in der Regel Mitglied eines Rassehund-Vereins, der dem Verband für das Deutsche Hundewesen (VDH) angeschlossen ist. Mit über 340 000 Mitgliedern ist der VDH die größte Hundehalter-Vereinigung der Welt. Auch dort ist die Hundewelt nicht völlig in Ordnung: Penetrante Vereinsmeier und kleinkarierte Funktionäre machen es einem manchmal schwer. Aber im großen und ganzen ist man bemüht, durch strenge Kontrollen Mißstände zu verhindern, wie sie in den Hundefabriken herrschen. Die Zwingeranlagen werden von Zuchtwarten überwacht. Diese sorgen dafür, daß die Hündin nicht zur Gebärmaschine wird. Zuchtalter und die Zahl der Würfe sind genau vorgeschrieben. Die Aufzucht der Welpen wird kontrolliert, und jeder Wurf wird vor dem Verkauf noch einmal durch den Zuchtwart überprüft. Vor allem aber kommt kein VDH-Hund in den Handel. Wer gegen diese Regel verstößt, bekommt Zuchtverbot oder fliegt aus dem Verband. Ich selbst bin in keinem Hundeverein, kann aber guten Gewissens nur diesen einen Verband empfehlen.

Wenn Sie also einen Hund kaufen und ein möglichst geringes Risiko eingehen wollen, achten Sie darauf, daß der Züchter Mitglied im VDH ist. Das ist deutlich auf der Ahnentafel des Hundes vermerkt. Die Adressen der einzelnen Hundeklubs für die Bundesrepublik, Österreich und die Schweiz sind im letzten Kapitel dieses Buches aufgeführt (ab Seite 256). Einen gut veranlagten Rassehund kann man nicht von der Stange kaufen. Auf jeden Fall muß man zum Züchter fahren. Der wohnt normalerweise auch nicht gleich um die Ecke. Wahrscheinlich werden Sie Ihren Welpen auch nicht sofort bekommen und müssen sich statt dessen in eine Warteliste eintragen. Gute Welpen sind nun einmal gefragt, und man kann sie nicht auf Halde produzieren. Der gewissenhafte Züchter wird sich seinerseits danach erkundigen, in welche Verhältnisse sein Hund kommt. Auf keinen Fall wird er bereit sein, Ihnen den Hund zuzuschicken, ohne Sie vorher kennengelernt zu haben. Bei Züchtern, die das tun, würde ich keinen Hund kaufen, und auch nicht bei denen, die sich mehr als zehn Hunde halten. Garantiert kommen da die Hunde zu kurz. Ein alter Hundefachmann hat einmal gesagt: „Man soll nur so viele Hunde haben, wie man Hände zum Streicheln hat." Was nützt die edelste Abstammung, wenn der Hund von vornherein falsch geprägt ist? Wenn Hunde seelische Macken haben, dann sind — das steht für die Verhaltensforschung fest — die Sünden zu 99 Prozent in der Jugend begangen worden.

Während des Besuches können Sie sich auch gleich davon überzeugen, wie der Züchter mit seinen Tieren umgeht. Lassen Sie sich die Elterntiere zeigen, und beobachten Sie, wie sich diese und ihre Welpen ihrem Herrn gegenüber verhalten. Schauen Sie nach, ob die Zwingeranlagen sauber sind. Gucken Sie den Welpen beim Spielen zu. Mit kleinen Hunden, die sich dabei abseits halten, stimmt etwas nicht. Greifen Sie sich auch den Welpen, der Ihnen gefällt, aus der Meute heraus und setzen Sie ihn auf einen Tisch. Beobachten Sie, wie er sich verhält. Der wesensfeste Hund wird bald mit Ihnen spielen oder sich gelassen zeigen. Die anderen kauern sich ängstlich zusammen. Das Wesen der Welpen können Sie auch testen, wenn Sie einen Gegenstand in das Rudel werfen oder schnell auf die Hunde zugehen. Bei Tieren, die sich ängstlich verkriechen, rate ich zur Vorsicht. Natürlich hat so ein Welpe auch einmal einen schlechten Tag. Deshalb sollten Sie möglichst mehrmals zum Züchter fahren. Ein guter Züchter wird das gern erlauben, denn er ist stolz darauf, seine Hunde zu zeigen.

Ist der Welpe krank, sieht das oft auch schon der Laie. Es hat dann trübe Augen und ist teilnahmslos. Kahle Stellen im Fell werden oft durch Räude oder oder Ekzeme verursacht. Ein aufgequollener Bauch deutet auf Würmer oder falsche Fütterung hin. Leisten- und Nabelbrüche sind durch Schwellungen zu erkennen. Schauen Sie dem Hund auch in die Ohren: Das Innere soll glatt und rosig sein, frei von Entzündungen. Tauchen nur die geringsten Zweifel an der Gesundheit des Hundes auf, sollte man auf jeden Fall vor dem Kauf einen Tierarzt hinzuziehen.

Halten Sie mich jetzt bitte nicht für einen Miesmacher oder übertriebenen Perfektionisten, ich bin es wirklich nicht. Nur weiß ich allzugut aus Erfahrung, daß für Hunde, die unbedacht gekauft worden sind oder die Erwartungen ihres Besitzers nicht erfüllen konnten, schnell das Tierasyl die Endstation ist. Man muß es einmal selber gesehen haben, wie das ist, wenn ein Hund von seinem Herrn ins Tierheim abgeschoben wird. Eilig drückt er dem Pfleger die Leine in die Hand, tätschelt das Tier und sagt: „Schön brav sein, Fiffi, gleich bin ich wieder da." Dann mogelt er sich davon.

Der Hund wird in einen Käfig gesperrt. Wenn er nicht gerade ein Allerweltskerl ist, jault er Tag und Nacht, versucht auszubrechen, um seinen Besitzer wiederzufinden. Nach und nach bricht seine Hundewelt in Stücke. Er wird böse, und mancher findet sich nie wieder zurecht.

Beißen und gehorchen

Als Hütehund begann er seine Karriere: der Deutsche Schäferhund. Heute ist er zum Beamten unter den Hunden geworden, er dient bei Polizei, Bundeswehr und Zoll. Falscher Drill aber macht ihn oft zu einer gefährlichen, unberechenbaren Waffe

Des Schäferhundbesitzers größte Lust: ein wütend zupackender Hund am ledergepolsterten Hetzarm. Nach strengem Ritual muß er zupacken und auf Kommando wieder loslassen. Jede seiner Reaktionen ist vorgeschrieben, sonst kostet es Punkte

9 Beißen und gehorchen

Kein anderer Hund symbolisiert Deutschland und Deutschtum im Guten wie im Bösen so wie der Schäferhund. Längst ist er auf der ganzen Welt mindestens ebenso bekannt wie VW und Mercedes, wie diese ein Produkt deutscher Wertarbeit und ein Exportschlager. Dabei handelt es sich bei dem deutschen Schäferhund, so wie wir ihn heute kennen, um eine ganz junge Rasse, die allerdings die Welt wie keine andere in weniger als 100 Jahren im Sturm erobert hat.

Zu seinen Ahnen gehört der Hund der Frühzeit (Canis familiaris matris-optimae) und später auch der persische Schäferhund. Wie schon der Name sagt, war der Schäferhund vorwiegend ein Hund des Schafhirten, besonders häufig anzutreffen in Gebieten, in denen intensive Schafhaltung betrieben wurde: auf der Schwäbischen Alb, in Sachsen und Thüringen. Die Schäfer benötigten Hütehunde, die intelligent, schnell, zuverlässig und wachsam waren. Diese Hunde hatten die Arbeit von mindestens zehn Männern zu erledigen, denn die Herden waren bis zu 600 Tieren stark. Tagsüber hielten Hunde die Schafe zusammen, und nachts bewachten sie die Herde gegen Raubzeug und Diebe.

Die Hunde waren meist mittelgroß und gut behaart, sahen aber keinesfalls einheitlich aus. Man hatte damals viele Namen für sie: Schafpudel, Hütespitz, Altdeutscher oder Pommerscher Hütehund. Schönheit und Rasse spielte bei diesen Hunden überhaupt keine Rolle, wichtig war nur die Leistung. Alles, was nicht zur Arbeit taugte, wurde rigoros ausgemerzt. So entstand wohl auch das Sprichwort: „Faule Schäfer haben gute Hunde."

Wer im vergangenen Jahrhundert einen Rassehund haben wollte, der ließ sich ihn meist aus England schicken, dem Mutterland der Hundezucht. Deutschen Hundefreunden ging das aber bald gegen die Ehre. Und so besannen sie sich auf den Hund, der da draußen in der Natur die Schafe bewachte. Sie entdeckten ihn als „urdeutsche Rasse" und mystifizierten ihn als Vetter des Wolfes. Maler pilgerten plötzlich zu den Schäfern hinaus und verherrlichten deren Hunde in Bildern, Dichter widmeten ihnen Hymnen. Und wer etwas auf sich hielt, hatte auf einmal einen Schäferhund im Vorgarten.

Das ging nicht immer problemlos ab. Denn der Schäferhund war das Stadtleben nicht gewohnt. In einem Hundebuch aus der damaligen Zeit heißt es: „Daher dürfte es sich kaum empfehlen, ältere Schäferhunde, welche ihren eigentlichen Beruf bereits ausübten, als Begleiter in größeren Städten zu benutzen. — Ein Freund dieser Rasse kaufte vor kurzem einen sehr schönen deutschen Schäferhund, welcher ihn auf seinen täglichen Spaziergängen begleiten mußte. Der Hund machte indessen seinem Besitzer wenig Freude, da er die eigentümliche Neigung entwickelte, seinen Herrn wie einen zurückbleibenden Hammel vorwärts zu treiben, sobald derselbe unterwegs Miene machte, bei einem Bekannten oder an einem Schaufenster nur einen Augenblick haltzumachen. Der Hund bewegte sich dabei im kurzen Bogengange nach rechts oder links dicht hinter seinem Herrn zum Ergötzen aller Vorübergehenden und wurde wegen dieses übel angebrachten Diensteifers bald dem Schäfer zurückgegeben."

Am 22. April 1899 fand in Karlsruhe eine Hundeausstellung statt. Dort nahm auch der Königlich-Preußische Rittmeister Max Emil Friedrich von Stephanitz teil. Er zeigte seinen Schäferhund „Hektor Linksrhein", dessen Eltern noch harten Herdendienst geleistet hatten. Auf dieser Hundeschau gründete Stephanitz gemeinsam mit einigen begeisterten Hundefreunden und Züchtern den „Verein für deutsche Schäferhunde" (SV).

Stephanitz gelang es auch, einige Schäfer für seinen Klub zu gewinnen, obwohl die im allgemeinen nur wenig Verständnis für den Rummel hatten, der plötzlich um ihren Hund gemacht wurde. So beklagte 1894 der Düsseldorfer Jagd- und Tiermaler Ludwig Beckmann in seinem klassischen Standardwerk „Geschichte und Beschreibung des Hundes" noch: „Ein Haupthindernis der Reinzüchtung unserer Schäferhunde lag in dem leidigen Umstande, daß diese Tiere bei uns fast überall im Besitze der Schäfer von Profession sind, welche als einfache unbemittelte Leute wenig Interesse für die Veredelung und Reinzüchtung ihrer Hunde haben, vielmehr nur die Gebrauchstüchtigkeit derselben schätzen. Ebenso sind unsere Schäfer nur selten zu bewegen, ihre Hunde — selbst gegen entsprechende Geldentschädigung — auf Ausstellungen zu schicken, da ihnen die betreffenden Verhältnisse zu fremd sind und die Hunde überhaupt vom Schäfer nicht wohl mehrere Tage entbehrt werden können."

Während der Rittmeister als „Vater des deutschen Schäferhundes" in die Annalen eingehen sollte, wurde sein Rüde „Hektor Linksrhein" der Stammvater aller Schäferhunde, die heute auf der ganzen Welt mit dem Schwanz wedeln. Er wurde ins Zuchtbuch mit der Nummer eins eingetragen.

Wegen einer unstandesgemäßen Ehe mit einer Schauspielerin mußte Stephanitz den Uniformrock ausziehen. Er zog sich auf sein Gut Jahrholzrieshof in Oberbayern zurück und begann mit seinem Lebenswerk, der Zucht des Schäferhundes als Rassehund. Schon lange hatte ihn, den hundertzehnprozentigen Deutschen, die Sucht seiner Landsleute nach dem ausländischen Luxushund gewurmt. Er spottete darüber: „Der deutsche Michel hat nun einmal unbegrenzte Hochachtung vor allem, was ‚von auswärts' ist, hält das für besser, edler, schöner, vor allem aber für wertvoller als das bodenständige Erzeugnis." Der Rittmeister, ein Patriot vom Scheitel bis zur Sohle, schrieb in seinem Buch „Der deutsche Schäferhund in Wort und Bild": „Auch Hundezucht steht in Beziehung zum Vaterland, soll diesem dienen; vaterländisches Empfinden zu fördern, sollte sich heute aber erst recht jeder Deutsche berufen fühlen!"

Und Stephanitz fühlte sich berufen. Er regierte seinen Verband so eisern wie ein Regiment. Nur mit den besten Tie-

ren durfte gezüchtet werden. Er scheute sich nicht, gegen Vereinskameraden, die gegen seine Regeln verstoßen hatten, Geldbußen zu verhängen. Viele wollten damals nur einen äußerlich schönen Hund züchten, möglichst das genaue Ebenbild des Wolfes. Einige Fanatiker kreuzten deshalb sogar Wölfe mit den Hütehunden. Diese „Zufuhr von Wildhundeblut" kritisierte Stephanitz als „Versündigung gegen unsere Hunde". Er bekämpfte die Modezüchter, denen es nur um „Stehohren und Säbelruten" gehe, und warf ihnen „falsch angebrachte Prahlhansigkeit" vor.
Heute gibt ihm jeder Kynologe recht. Versuche haben längst erwiesen, daß das Einkreuzen von Wolfsblut die Hundezucht keinesfalls vorwärts bringt, wie damals vermutet wurde. Im Gegenteil, es gibt erhebliche Rückschläge. Die Tiere entfernen sich wieder vom Menschen, werden wieder scheu und bissig. Dem Rittmeister aber war Charakter und Wesen des Hundes viel wichtiger als die Schönheit. Seine Devise lautete: „Schäferhundzucht ist Gebrauchshundzucht, sonst ist sie keine Schäferhundzucht." Mit der Zeit blieben seine Gegner, die den Wolfshund oder den Wolfsschäferhund propagieren wollten, auf der Strecke.
Parallel mit dem Entstehen des deutschen Schäferhundes entwickelte sich auch das Diensthundewesen. 1901 wurden in Berlin die ersten Schäferhunde in den Polizeidienst übernommen. Stephanitz erinnerte sich später: „Spott und Anfeindungen blieben natürlich nicht aus." Doch schon 1911 erschien eine Broschüre mit dem Titel: „Polizeihunderfolge deutscher Schäferhunde". Es zeigte sich, daß diese Hunde noch viel mehr konnten als eine Schafherde beherrschen. Züchter anderer Rassen wollten dem Emporkömmling, der sich so schnell durchgesetzt hatte, natürlich nicht nachstehen, und so entwickelten sich nacheinander auch der Airedale-Terrier, der Dobermann, der Rottweiler, der Riesenschnauzer, der Boxer und ganz zuletzt auch der Hovawart zum Gebrauchshund. Diese sieben Hunde sind bis heute als Gebrauchshundrassen anerkannt worden.
Der SV nahm binnen kurzem einen Aufschwung, den niemand für möglich gehalten hatte. 1903 hatte der Verein 450 Mitglieder, 1923 waren es bereits 57 000. Der deutsche Schäferhund hatte sich inzwischen bereits im Ersten Weltkrieg auf beiden Seiten bewährt. Er fungierte dort als Melde-, Sanitäts-, Patrouillen-, Spür- und Schutzhund. Im Frieden ging sein Aufstieg weiter. Das SV-Vereinsblatt lieferte eine Begründung für die Beliebtheit des Schäferhundes: „Und die auch damals hervortretende große Unsicherheit in unserem Vaterland, heraufbeschworen durch die sinkende Moral, veranlaßte viele nach einem geeigneten Schutz zu suchen." Das war natürlich der deutsche Schäferhund. Endgültig war auch er zum Rassehund avanciert. In den ersten Stammbäumen hatte noch gestanden „unbekannte Herdenhund-Herkunft". Jetzt besaß auch der Schäferhund seinen eigenen Gotha. Erlauchte Ahnen wurden aufgezählt.
Rittmeister Stephanitz erkannte aber auch bald, daß mit der wachsenden Beliebtheit der Rasse sich immer mehr Geschäftemacher dem von ihm geschaffenen Hund zuwandten, daß dieser Hund wie kein anderer Gefahr lief, vom

Rittmeister v. Stephanitz

1901 gingen die ersten Schäferhunde zur Polizei

Menschen falsch behandelt zu werden. Er warnte schon damals: „Wird der Schäferhund im Zwinger gehalten, dann verkommt er nicht bloß körperlich, wird steif, ungelenkig und träge, er geht dort auch geistig zugrunde, verliert Mut und Schneid. Solche zwingerscheuen Tiere sind keine Schäferhunde mehr, sondern entartete Geschöpfe." Seine Warnung ist bis heute aktuell geblieben. Verkümmern doch gerade viele Schäferhunde eingesperrt hinter Gittern. Der alte Soldat Stephanitz, im Umgang mit anderen sicher ein unbequemer, herrischer Mensch, hatte für den Hund ein großes Herz. Er schrieb einmal schwärmerisch: „Für den heutigen Menschen, namentlich den landabgeschnittenen Städter, ist die Liebe zum Hund ein greifbarer Ausdruck unserer ewigen Erbsehnsucht zur Urheimat Natur, die letzte Gefühlsbrücke zur Mutter Ende, die den meisten verblieben."

Seinen größten Triumph erlebte der Rittmeister, als er 1920 vom „German Shepherd Dog Club of America" in die USA eingeladen wurde und dort auf einer Ausstellung als Richter 271 Schäferhunde beurteilen konnte. Sein Hund hatte sich weltweit durchgesetzt.

Als Stephanitz 1936 zu Grabe getragen wurde, bellten an seiner Gruft 700 Schäferhunde eine Minute lang. Im Ausland, dem die Deutschen inzwischen zu teutonisch geworden waren, hatte man seinen Hund inzwischen umbenannt in Alsatian (Elsässer). Auch im Zweiten Weltkrieg wurde der deutsche Schäferhund zu den Fahnen gerufen, insgesamt wurden 30 000 Hunde eingezogen. Wertvolles Zuchtmaterial wurde vernichtet. Und nach dem Kriege gaben

Einst war der Schäferhund fast quadratisch, gerade verlaufende Rückenlinie, steile Hinterhand

Züchter viele gute Hunde aus Not gegen Lebensmittel oder andere Waren ins Ausland ab.

Längst hat sich der SV von diesen Rückschlägen erholt. Heute ist er mit 70 000 Mitgliedern der größte Rassehundezuchtverein der Welt. Nach „Hektor Linksrhein“ des Rittmeisters von Stephanitz wurden über 1,3 Millionen Schäferhunde ins Zuchtbuch eingetragen. Jährlich kommen 30 000 dazu. Die Geschicke des Vereins werden von Augsburg aus gelenkt. 55 Angestellte sorgen in der Zentrale des SV für das Wohl der Rasse. Der Erfolg hat die Vereinsfunktionäre ein bißchen arrogant gemacht, und ganz bewußt wird von Augsburg aus das Elite-Denken gefördert, auf das man nicht selten bei Schäferhund-Besitzern stößt.

Der Verein verschickt eine Flut von Broschüren an seine 1700 Ortsgruppen, in denen der Schäferhund gepriesen wird: „Der anerkannt beste Gebrauchs-

Heute fällt die Rückenlinie aus optischen Gründen nach hinten ab

hund der Welt: das ist der deutsche Schäferhund . . . made in Germany — ein Gütezeichen für unsere Hunde, ein gestern wie heute gültiges Qualitätssiegel . . . der Schäferhund, die Krone der deutschen Kynologie." Da ist sicher viel dran. Der Schäferhund ist zum Beamten unter den Hunden geworden. Er leistet Beachtliches im Dienst von Polizei, Bundeswehr, Bundesgrenzschutz, Zoll. Hilft als Sanitätshund, Lawinenhund und Blindenführhund. Seine Qualitäten sind international anerkannt. Heute gibt es allein in Amerika 80 Schäferhundvereins-Ortsgruppen, und 1977 erschien dort ein 475 Seiten dickes Buch über den Schäferhund, das besser ist als alles, was bislang in Deutschland, seiner Heimat, über ihn veröffentlicht worden ist. Doch die Menschen haben den Schäferhund auch mißbraucht. Er kann sich seinen Herrn nicht aussuchen, wird von Menschen gegen Menschen gehetzt. Er mußte die Konzentrationslager bewa-

Der „Führer" und sein Hund

chen, wird an der Zonengrenze an langen Laufketten gehalten, um Fluchtversuche zu vereiteln, und sorgt für Ruhe und Ordnung unter den Schwarzen in den südafrikanischen Diamantminen. Adolf Hitler liebte ihn und auch heute manch kleiner Machtbesessener, der ihn als Ventil für seine aufgestauten Aggressionen benutzt.

Kein anderer Hund ist so bereit, des Menschen Untertan zu sein, kein anderer Hund ist dem Wolf so ähnlich, dem bösen, der schon Rotkäppchen verschlungen hat. Im Propagandamaterial seines Vereins heißt es auch: „An seinen Taten sollt ihr ihn erkennen." Die sind leider nicht immer rühmlich, besonders in den letzten Jahren. Zu sehr wird er oft auf Schärfe und Gehorsam gezüchtet, eine gefährliche Mischung. Der Typ des Angstbeißers ist entstanden, Hunde, die schwache Nerven haben und nur zupacken, weil sie sich fürchten. Und zu oft gerät gerade der Schäferhund in falsche Hände, wird geduckt und gleichzeitig scharf gemacht. Dann tritt ein, was man das „Radfahrer-Syndrom" nennt: nach oben buckeln, nach unten treten. Seine Opfer sind kleinere Hunde, die er zerreißt, oder Kinder, die er anfällt. Der Schäferhund ist in die Schlagzeilen geraten. Schuld daran ist der Mensch. Hundekenner fordern für ihn bereits einen Waffenschein. Das hat der Rittmeister von Stephanitz bestimmt nicht gewollt.

Rein äußerlich hat der Schäferhund von heute kaum noch etwas mit dem Hütehund vergangener Jahrhunderte gemein. Er sieht auch anders aus als sein Stammvater „Hektor Linksrhein". Für jede Hunderasse gibt es inzwischen den sogenannten Standard. Darin sind alle Details des äußeren Erscheinungsbildes und auch die charakterlichen Eigenschaften, die gewünscht werden, genau festgelegt. Der Standard einer Hunderasse wird immer in dem Land aufgestellt, aus dem die Rasse kommt. Während z. B. für den Schäferhund Deutschland tonangebend ist, bestimmt das Aussehen der Terrier-Rassen England. Die Richter auf den Schönheitsausstellungen müssen die vorgestellten Hunde streng nach dem Rassestandard beurteilen. Ein prominenter englischer Hundezüchter hat einmal gesagt: „Niemand hat je den perfekten Hund gezüchtet, und niemand wird dieses Ziel in Zukunft erreichen, denn der Standard jeder Hunderasse ist der Standard der Vollendung. Aber im Streben, sich dem Unerreichbaren immer mehr zu nähern, darin liegt die Quelle des Glücks vieler Züchter." Der Standard, nicht nur beim Schäferhund eine trockene Lektüre, ist für den Züchter und Richter gleichwohl eine Art Bibel.

Der Schäferhund wird in drei Varianten gezüchtet:

Stockhaariger deutscher Schäferhund:
Der häufigste Vertreter dieser Rasse ist stockhaarig. Das Deckhaar ist kurz, hart, gerade und fest anliegend. Die Unterwolle ist dicht. An der Rückseite der Vorder- und Hinterläufe ist das Haar bis zu den Sprunggelenken verlängert und bildet sogenannte „Hosen". Der Kopf, die Vorderseite der Läufe, die Pfoten und die Zehen sind kurz behaart.

Rauhhaariger deutscher Schäferhund:
Bei diesem Schäferhund ist das Haar kürzer als bei seinem stockhaarigen Artgenossen. Der Kopf und die Pfoten sind mit kurzen, ziemlich harten Haaren bedeckt. Die längeren Haare am Kinn und über den Augen bilden einen Bart und Augenbrauen.

Zotthaariger oder altdeutscher Schäferhund:
Dieser Variante des deutschen Schäferhundes begegnet man vorwiegend in Süd- und Ostdeutschland. Er ist eine Kreuzung aus den beiden vorgenannten Vertretern der Rasse. Sein Fell ist dicht und zottig und ziemlich hart.

Jeder deutsche Schäferhund — ob hübsch oder häßlich — ist heutzutage, wenn er etwas auf sich hält, in einem

Stockhaariger deutscher Schäferhund

Rauhhaariger deutscher Schäferhund

Zotthaariger (altdeutscher) Schäferhund

Verein. Wie es da zugeht, konnte ich im tiefen Kohlenpott beobachten.
Friedhelm Buschke, 38, sagt gleich, was Sache ist: „Ährlich, Mann, da kannsse sagen, watte wills. Dat Auto fängt bein Mercedes an und der Hund bein Schäferhund.“ Bei Buschke geht das weit über eine bloße Feststellung hinaus, es ist Glaubensbekenntnis und Weltanschauung. Seinen Lebensunterhalt verdient er sich als Maurer, seine Lebensqualität bezieht er durch den Schäferhund, den deutschen. „Vatta hatte imma Schäferhunde, und ich hatte auch Spaß anne Hunde.“ 1959 schaffte er sich seine ersten beiden eigenen Welpen an. Inzwischen ist eine Zucht daraus geworden, der Zwinger „Vom Erlenbruch“. Im Moment bewegt Buschke nur ein Problem: Seine Stammhündin Conni, die ihm schon fünf Würfe gebracht hat, ist nach dem letzten Deckakt „leergeblieben“. Nun ist sie wieder läufig, und er möchte es noch einmal versuchen. Sorgenvoll wie ein Bauer, der um die Ernte fürchtet, runzelt er die Stirn, wenn er sagt, was ihn beschäftigt: „Ob dat noch mal klappt. Die blutet mir zu langsam.“
Die Liebe zum Schäferhund hat Buschke auch ein Amt eingebracht. Seit nunmehr sechs Jahren ist er erster Vorsitzender des Vereins für deutsche Schäferhunde in Dortmund-Huckarde. Das Vereinsgelände liegt hinter einer alten Zechensiedlung in einer verwilderten Püttlandschaft neben einem Bahndamm. Es ist Buschkes eigentliches Zuhause. „Wenn ich nich bei de Arbeit bin, binnich hier.“ Schon morgens um fünf, bevor er auf dem Bau anfängt, versorgt er seine Hunde. Die Aktivisten aus dem Verein halten sich ihre Tiere da draußen, eingesperrt in Zwinger und in ein verlassenes Stellwerk — streng nach dem Motto: Gelobt ist, was hart macht. Sie mit nach Hause in die Wohnung zu nehmen wäre für Schäferhund-Leute ein Sakrileg, nach Buschke würde das unweigerlich zur „Verweichlichung“ führen: „Dat wolln die auch gannich. Dat wär Quälerei.“ Pünktlich um Viertel nach drei läßt Buschke die Kelle fallen: „Essen, waschen, umziehen, ruckzuck, und schon binnich wieda draußen.“
Für Buschke ist es selbstverständlich, daß seine Familie das Hunde-Hobby mit ihm teilt. Seine Frau Hannelore versucht, dem Hang ihres Lebenspartners zum Hund Positives abzugewinnen: „Solange er da rumkaspat, machta wenigstens keine Mätzkens mit annere Weiber.“ Und der elfjährige Peter wurde nie gefragt. Vom Vater ist ihm längst bestimmt, daß er einmal ein „erstklassiger Hundeführer“ wird. Auch finanziell bringt Buschke für seine Hunde jedes Opfer: „Ich bin ’n einfachen Abeita. Ich kann nich so mitte Pinke umspringen. Was ich beruflich vadiene, geht anne Familie. Die Kohle für de Hunde holich mir mit Schwazzabeit.“ Und auch Urlaub kommt nicht in Frage: „Frau und Sohn laß ich alleine wech. Wo sollich denn mit meine Hunde hin?“
Was Buschke sich selbst abverlangt, verlangt er auch von den anderen 30 Mitgliedern des Schäferhundvereins. Sein strenges Regiment hat schon manchen Sportfreund vergrault. Und die auf sein Kommando hören, nennen ihn, wenn er nicht dabei ist, „den kleinen Diktator“, denn der liebe Gott hat Buschke nicht gerade in den Himmel wachsen lassen. So wie sie das sagen, klingt es aber eher freundschaftlich. Im

Selbstwertgefühl durch den Hund: Vereinsmitglieder in Dortmund

Verein ist man sich einig darüber, daß man Buschke braucht. Er ist der Motor des Ganzen. Und ohnehin gehört man zu jenen Deutschen, die geführt werden wollen und die ein bißchen Diktatur auch noch über den Verein hinaus ganz gern hätten.
Buschke, dem vieles suspekt vorkommt, was da draußen in der Welt so vor sich geht, setzt seinerseits den ganzen Ehrgeiz daran, die eigene kleine Welt in Ordnung zu halten. Das fängt beim Vereinsgelände an: „Wir ham dat nich angelecht, damittet valoddert. Da gehört Druck hinta, de Sportsfreunde müssen angespitzt wern. Manchmal knurrnse, aba eina musset ja nun inne Han nehmen."
Und Buschke nimmt es in die Hand und spitzt reichlich an. Der eine muß die Hecke stutzen, der zweite den Rasen mähen, der dritte eine Dachrinne reparieren. Nach und nach ist da draußen inmitten der verrußten Industrielandschaft eine Oase entstanden. Der Zaun, der die 9000 Quadratmeter Hundeverein abgrenzt, ist solide Handwerksarbeit, die in jedem Frühjahr frisch mit Holzfarbe gestrichen wird. Der Rasen ist stets kurz rasiert. Stolz aller aber ist das Clubheim, eine ehemalige Behelfssparkasse, die Buschke für 5000 Mark auf Abbruch kaufen konnte und die hier zu neuem Glanz aufpoliert wurde. Buschke: „Sonne Bude hat nich jeda." Damit der Bude nichts geschieht, sperrt

er darin nachts seinen Schäferhund Erk ein: „Der issn Brecha. Der läßt keinen Strolch rein."

Zweimal in der Woche und samstags und sonntags verwandelt sich das Vereinsgelände in einen Exerzierplatz. Männer marschieren kreuz und quer über den Rasen, der Hund neben ihnen muß immer mit der Schnauze am linken Knie seines Herrn kleben. Das „Links" ist keinesfalls ideologisch zu verstehen, hier wird der Ernstfall simuliert, und da muß die rechte Seite freibleiben, denn rechts würde sein Herr die Waffe ziehen. Befehle werden mit Feldwebelstimme gebrüllt: „Plaaatz!", „Sitttz!" und „Vorrraus!" Man könnte das auch leiser sagen, hört der Hund doch sogar noch im Ultraschallbereich. Aber wo bliebe dann der autoritäre Lustgewinn? Das Training wird von Buschke streng überwacht: „Wer sonntachs um neun noch nich aufn Platz is, brauch bei mir gannich ers anfangen."

Ziel dieser Übungen von Herr und Hund ist die Schutzhundprüfung, Voraussetzung, um an Wettkämpfen gegen andere Vereine oder an größeren Siegerprüfungen teilzunehmen. Die Schutzhundprüfung gliedert sich in drei Sparten: Fährte, Unterordnung und Schutzdienst. Ein Kampfrichter bewertet das Ganze nach Punkten. Der Schäferhund soll die Maxime erfüllen, die die Menschen seines Vereins für ihn aufgestellt haben: Härte, Mut, Kampftrieb und Führigkeit.

Während der Fährtenarbeit muß der Hund möglichst exakt auf einer Spur entlangschnüffeln, die der Mensch auf einem Feld oder einer Wiese für ihn gelegt hat. In der Unterordnung werden ihm Gehorsamsübungen abverlangt. Der Hund muß „Sitz" und „Platz" machen, und zwar zackig. Er muß seinem Herrn das „Bringholz" apportieren. Und er muß eine 1,80 Meter hohe Kletterwand überwinden. Die erfüllt eindeutig den Tatbestand der Tierquälerei. Das Hinaufklettern geht noch. Dagegen ist der Absprung Gift für den Hund. Beim Aufprall auf den Boden staucht es ihn jedesmal kräftig zusammen. Er kann sich nicht so geschmeidig abfangen wie zum Beispiel die Katze.

Vielen Hunden wird diese Tortur ein paar hundertmal in ihrem Leben befohlen. Der Schäferhund und auch andere schwere Hunderassen, ohnehin disponiert für Hüftgelenkserkrankungen, gehen dabei langsam vor die Hunde. Da kann man bei Prüfungen Bilder des Jammers miterleben: Hunde, die sich, nur weil die Angst vor Strafe in ihnen noch stärker ist, über die Wand quälen, beim Aufsprung vor Schmerz aufjaulen und sich dann, längst schwer an den Gelenken geschädigt, mühsam über den Platz schleppen. Friedhelm Buschke, der das genau kennt, sagt denn auch: „Bei vielen vonne Hunde is mit sechs Jahren Feiaabend."

So ein Hundefeierabend ist leider nicht selten endgültig. Plötzlich ist der alte Hund verschwunden. Er konnte seinem Besitzer kein Prestige, keine Punkte und keine Pokale mehr liefern. Schon ist ein Nachfolger da. Auf den alten Hund angesprochen, sagt sein Besitzer frei heraus, als sei es das Natürlichste von der Welt, „den hab' ich in den Himmel geschickt" oder „der ist in die Spritze gesprungen". Auf seiner Brust, der stolz geschwellten, prangt dann auch noch wie ein Orden das „Hundeführersportabzeichen in Gold". In der UdSSR, in dieser Beziehung wahrhaft sozialistisch, muß der Herr wenigstens gemeinsam mit seinem Hund die Kletterwand erklimmen. Nachdem Generationen von Hunden ihre Gesundheit an dieser Wand gelassen haben, ist sie jetzt endlich abgeschrägt worden.

Die dritte Disziplin, der Schutzdienst, vollzieht sich nach einem eigenen, widernatürlichen Ritual. Der Hund muß den in einem dickgepolsterten Anzug steckenden „Figuranten", eine Art Watschenmann, in dessen Versteck aufspüren. Alles ist so festgelegt wie die Pflichtkür beim Eiskunstlauf. Der Hund darf den „Figuranten" nicht sofort anfallen. Zuerst muß er ihn verbellen. Danach darf er ihn nicht etwa in eine besonders empfindliche Körperstelle beißen. Genau nach Vorschrift muß er seine Wut an einem ledernen „Hetzarm" auslassen, den der „Scheintäter" am linken Art trägt und ihm entgegenstreckt. Während er zubeißt, muß — auch das ist in der Prüfungsordnung vorgeschrieben — der Hund Schläge mit dem Stock einstecken. Weicht er den Stockschlägen aus, wird ihm das nicht als Klugheit angerechnet, sondern als Feigheit. Und wenn er sich gerade so richtig schön festgebissen hat, wird ihm sein Erfolgserlebnis verleidet. Auf Befehl seines Herrn muß er auslassen. Hält er sich nicht streng an die Spielregeln, verliert er Punkte.

Im Ernstfall wäre ein Hund, der so attackiert wird, ein leichtes Opfer für seinen Gegner. Der braucht nur die Nerven zu behalten, seinen linken Arm mit seiner Jacke zu umwickeln, den Hund zubeißen lassen, und dann kann er ihn in Ruhe totschlagen. Denn ein guter Schäferhund hat ja gelernt, seinen Kopf hinzuhalten. Viele dieser überdressierten Hunde sind so auf den Hetzärmel fixiert, daß der Figurant die Arm-Attrappe nur wegzuwerfen brauchte, garantiert hätte er seine Ruhe. Der Hund würde dem Arm nachjagen.

Außerdem werden die Tiere meist immer auf ein und denselben Figuranten gehetzt. Sie kennen ihn bald in- und auswendig. Das gibt dem Hund Sicherheit und läßt ihn optisch unheimlich stark erscheinen. Hinzu kommt, daß sich die Ausbildung fast immer am selben Ort vollzieht, auf dem Vereinsgelände, wo man Mitglied ist. Der Hund kennt hier jeden Winkel, hat Heimvorteil, wie man beim Fußball sagt.

Ein Hund, der sich auf dem Platz als furchtloser Kämpfer zeigt, kann im Ernstfall dennoch kläglich versagen. Denn dann kommt meist alles anders, als es hundertmal geübt worden ist. Das hat sich schon gezeigt, wenn die Hundesportler nachts einmal einen „Hausüberfall" simulieren, als Einbrecher verkleidet in das Haus eines ihrer Mitglieder eindringen, um so dessen Hund zu testen. Ich selbst habe einmal ein solches Debakel bei einem Wettkampf erlebt, bei dem ein neuer, den Hunden völlig unbekannter Figurant eingesetzt worden war. Der Mann ließ mit blitzartiger Geschwindigkeit seinen Stock wie das Rotorblatt eines Hubschraubers über dem Kopf kreisen. Den Hunden, die alle schon die Schutzhundprüfung III abgelegt hatten, war diese Technik nicht bekannt. Alle zehn gingen stiften. Ihre Besitzer waren lange tief deprimiert.

Der Hamburger Diensthund-Experte Harald Rudolph sagt zu dieser Problematik: „Leider ist es eine unwiderlegbare Tatsache, daß lediglich eine verschwindend kleine Zahl aller Gebrauchshunde für echte Schutzaufgaben Verwendung finden kann. Außerdem ist darauf hinzuweisen, daß die Art der vereinsmäßigen Ausbildung kaum dazu geeignet ist, eine Hilfe oder einen Nutzen für die Praxis zu bringen. Hervorragende Schutzdienstleistungen auf dem Übungsplatz schützen nicht vor dem Versagen in der Praxis."

Nun ist der Hund, auch der Schäferhund, Gott sei Dank kein Roboter. Immer wieder kann man beobachten, daß einer, statt über die Hürde zu jumpen, einen eleganten Bogen drumherum macht. Oder er spielt mit dem Holz, das er bringen soll, wie ein Kätzchen mit dem Wollknäuel. Auf der Fährte schlägt er plötzlich einen Haken und ergötzt sich an einer für ihn viel interessanteren Kaninchenspur.

Mit solchem „Ungehorsam" tut das ahnungslose Tier seinem Herrn einen ungeheuren Tort an. Der fühlt sich persönlich blamiert. Sein Selbstwertgefühl bekommt einen Knacks, denn er wollte ja siegen, wenn auch über den Hund. Dazu kommt noch der Spott der anderen und todsicher Ratschläge wie „dem mußt du mal richtig Pfeffer geben", „der braucht Druck". Und schmutzige Tricks gibt es genug, um den Hund zur Räson zu bringen. Aus diesem greulichen Kapitel seien hier nur einige Beispiele angeführt:

Da gibt es den sogenannten Zwangsapport. Damit der Hund das Bringholz fest und sicher mit den Zähnen packt, legt man ihm ein Würgehalsband mit gespitzten Stacheln um. Nur ein kurzer, kräftiger Ruck, die Stacheln bohren sich in die Haut, und der Hund beißt vor Schmerz ins Holz. Auf deutschen Abrichtplätzen läuft so mancher Hund herum, der auf diese Weise zerschunden ist.

Zur korrekten Fährtenarbeit erzieht mancher seinen Hund, indem er ihn tagelang aushungert und ihm auch nichts zu trinken gibt. Dann legt er dem Hund frühmorgens auf einer taunassen Wiese die Spur. Zwischendurch versteckt er auf der Fährte immer wieder mal einen Fleischbrocken. Das durstige Tier wird natürlich, wie bei der Prüfung verlangt, mit der Nase ganz dicht am feuchten Boden arbeiten, und der leere Magen treibt es schnell zu den Fleischbrokken hin.

Viele Hunde wollen, wenn sie sich erst einmal im Hetzärmel verbissen haben, nicht mehr auslassen. Hier machen sich einige „Hundesportler" den technischen Fortschritt zunutze. Das „Teletact-Gerät" kommt zum Einsatz. Vereinfacht beschrieben funktioniert das so: Der Hund bekommt ein Halsband umgelegt, in das ein Empfänger eingebaut ist. Sein Herr hat einen Sender in der Hand. Per Knopfdruck kann er einen elektrischen Impuls auslösen, und der ungehorsame Hund bekommt drahtlos über Funk einen Stromschlag. Vor Schmerz und Schreck läßt er den Ärmel fahren. Ich kenne Hunde, deren Nerven durch hemmungslosen Einsatz dieses Gerätes total zerrüttet sind.

All die eben beschriebenen Methoden sind natürlich verboten. Und der Besucher eines Hunde-Sportplatzes wird sie auch nicht zu sehen bekommen. Aber jeder, der den Übungsbetrieb ein bißchen kennt, weiß davon. Auf fast allen Plätzen gibt es Spezialisten für diese abscheulichen Tricks.

In Dortmund-Huckarde konnte man wieder einmal erleben, was alles in allem des Schäferhundbesitzers Schönstes ist: das Beißen. Wenn Buschke einem seiner Mannen Lob erteilte, „du hassen tollen Reißer am Strick“ oder „deina issen Satan“ (das Wort ist hier ein Gütesiegel), schien da draußen im Dunst der Kokereien und Kohlenhalden auf einmal die Sonne.

Da ist Hanshugo Topp, der seine kolossale körperliche Kondition selber so beschreibt: „Lieber'n Bauch vom Fressen und Saufen als'n Buckel vonne Arbeit.“ Tagsüber ist Topp ein einsamer Mann. Allein sitzt er in der Kabine eines Krans und steuert den technischen Riesen auf Funkbefehl. Abends ist er im Verein. Er hat schon mehrere Hunde gehabt, die alle nicht seinen Ansprüchen gewachsen waren („ein Schäferhund muß scharf und treu sein“). Momentan versucht er sein Glück mit „Gero vom Erlenbruch“ aus Buschkes Zucht. Kurzatmig schnaufend läuft er mit dem Hund über den Platz, schwitzt dabei wie in einem türkischen Dampfbad. Gero hat einen guten Tag. Dumpf grollend fetzt er sich in den Hetzärmel hinein. Topp ist hingerissen, seine Augen glänzen. Er feuert den Hund noch an: „Faß, Gero, faß!“ Schließlich geht er vom Platz, als habe er soeben Cassius Clay höchstpersönlich ausgeknockt. Den Hund sperrt er gleich wieder weg, und dann kippt er auf seinen Erfolg erst mal eine Flasche Bier.

Die Frauen hocken meist im Vereinshaus und schauen durchs Fenster zu, wie auf dem Platz Männer und Hunde ihr Bestes geben. Eine erkundigt sich, als jemand hineinkommt: „Isses draussn imma noch so frisch?“ Der Vorsitzende Buschke hat dafür gesorgt, daß auch sie sich wohl fühlen. Ein vereinseigener Fernsehapparat wurde angeschafft. Die ausrangierte Sparkasse ist längst zu einem Hort deutscher Gemütlichkeit geworden. Es gibt eine Theke, die so lang ist, daß eine ganze Kompanie sich daran betrinken könnte. Ein Tonbandgerät spult Stimmungsmusik ab. Am liebsten hört man Heino. Der hat ja auch Schäferhunde. Hier kommt der Nikolaus zu den Kindern, hier feiert man gemeinsam ins neue Jahr hinein, und hier schwoft man während des Karnevals.

Buschke ist das recht. Alles, was an den Getränken verdient wird, fließt in die Vereinskasse. Die Finanzen sind gesund. Bei der Leber einiger Mitglieder ist das nicht so sicher. Wenn es einmal zu hoch hergeht, ist es wieder Buschke, der auf die Bremse tritt: „Übern Hund kommt de Zusammengehörigkeit und de Kameradschaft. Dat Ende vom Lied darf nich sein, dat alle am Tresen hängen. Gerade Linie, Ordnung. Auf dem Weg muß man bleiben.“ Und Buschke hat noch eine weitere gute Einnahmequelle ersonnen. Wer auf dem Vereinsgelände das Wort „Köter“ ausspricht, muß jedesmal 50 Pfennig Buße zahlen.

Aber auch die Eintracht im Schäferhundverein ist nicht ohne Risse. Die meisten Mitglieder malochen tagtäglich in einer harten Arbeitswelt, einige wenige indes haben es zu mehr gebracht. Letztere können es sich schon zeitlich gar nicht leisten, sich voll unter Buschkes Kommando zu stellen. Obwohl sie versuchen, ihre Passivität durch Spenden auszugleichen, sind die anderen manchmal sauer. Buschke will das nicht wahrhaben: „Ob hier eina Geld hat oder nich, aufn Platz mussa seinen

Mann stehen: Sons wirtta zusammengeschissen wie jeda andere."
Der Schlachtermeister Dieter Kilian macht sich beliebt, indem er seinen Vereinskameraden das Fleisch für die Hunde zum Selbstkostenpreis überläßt und ab und zu mal ein Spanferkel stiftet. Über Arnold Noack, Inhaber des Möbelhauses Fleischer („1000 Wohnideen auf 6 Großetagen"), wird hin und wieder gelästert, weil er seine Hunde vom Sohn seines Lagerverwalters abrichten läßt. Andererseits ist er aber der Stifter des „Großen Möbel-Fleischer-Pokals", der mit einem Geldpreis von 200 Mark für den besten Gebrauchshund gekoppelt ist und den jeder gern gewinnen möchte. Noack ist bemüht, sich den Vereinssitten anzupassen, auch wenn's manchmal schwerfällt. Er nimmt seine Schäferhunde nicht mehr mit in die Wohnung. Bei schönem Wetter deckt seine Frau statt dessen die Kaffeetafel neben dem Hundezwinger im Hof. Auch so kann man bei seinen Tieren sein.
Der Fischhändler Will Jonas „(Jonas-Fisch frisch auf den Tisch") vermeidet es, mit seinem Mercedes vorzufahren. Zum Hundeplatz benutzt er einen alten Passat. Jonas: „Das isn Aufstieg, den ich gemacht habe. Als Kind aufm Bauernhof malocht. Dann im Pütt und auffe Hütte. Und jezz selbständig. Das schaffen nur Ringeltauben." Bislang hat der Aufsteiger Jonas seine Lebensfreude durch den Schäferhund bezogen. Doch damit ist es seit Pfingsten vorbei. Da hat ihn sein Schäferhund-Rüde „Condor vom Zollernblut", wie er es ausdrückt, „im Stich gelassen". Der Hund litt an einer Blutkrankheit und mußte eingeschläfert werden. Jonas hat das bis heute nicht verwunden: „Dat war 'ne Kanone. Der hat sich sogar in Eisenstangen vabissen, und wenn mein Schwiegersohn zu Besuch kam, mußte ich ihm einen Maulkorb ummachen, sonst hätte er den kaltgemacht." Willi Jonas sagt auch noch, daß er sich seiner Tränen nicht schämt, die ihm in die Augen gekommen sind, während er von Condor erzählt.

Ob reich oder arm — in einem sind sich alle einig: Sie empfinden sich als Sportfreunde, die „Hundesport" betreiben. Und für sie ist es schlicht eine Schweinerei, daß ihr Verein trotz vielfacher Bemühungen immer noch nicht in den Deutschen Sportbund (DSB) aufgenommen worden ist. Dann nämlich, so malen sie sich aus, könnte der Hundesport eines Tages sogar olympische Disziplin werden, und ein Schäferhund könnte ganz oben auf dem Siegertreppchen bellen. Daß der Hund dann noch mehr zum Sportgerät werden könnte, ist für sie kein Grund zum Nachdenken.

Über die Macken manches Schäferhundes in Huckarde zu reden wäre gefährlich. Es gibt dort zu viele scharfe Hunde. Schon der Jüngste am Tisch, der 17jährige Günter Dungs, motzt wie die Alten: „Für mich gibt es nur den Schäferhund, alles andere ist Schrott." Dann wird er kleinlaut. Jemand hat Buschke gesteckt, daß er sich eine Freundin zugelegt hat. Das kann der kleine Vorsitzende nicht dulden. „Junge, du tanzt mir auf zuviel Hochzeiten. Da müssn wa noch drüber reden." Und auch der Fischhändler Jonas mischt sich ein: „Wir legen zusammen, und dann gehsse in die Lutsche (Bordell im Ruhrpott-Jargon). Keine Angst, wir binden dich

Nach absolviertem Drill werden die Hunde bewahrt wie Sportgeräte

obendrauf fest." Dungs bekommt einen roten Kopf. Die Damen wiehern. Buschke spendiert eine Runde: „Prost Kameraden. Nochn edleres Tier wien Schäferhund gipps nich auffe Welt, woll!"

Der Schäferhund bleibt bei uns unantastbar. Nachdem ich in meiner STERN-Serie „Deutschland, deine Hunde" die üblen Praktiken des Hundehandels angeprangert hatte, schrieb mir das SV-Vorstandsmitglied Hans Kremhelwer noch: „Der SV-Vorstand und ich sind Ihnen sehr dankbar dafür, daß Sie einen Notstand ans Tageslicht gezerrt haben, und versichern Sie unserer Hochachtung und unseres Beistandes." Mit der Hochachtung war es vorbei, nachdem ich mich später auch mit dem Schäferhund beschäftigt hatte. Gegen Kritik ist man in Augsburg allergisch. Diese Erfahrungen mußten vor mir auch Trumler machen und Professor Dr. Wilhelm Wegner vom Institut für Tierzucht und Vererbungsforschung an der Tierärztlichen Hochschule in Hannover. Beide hatten es gewagt, die Mängel der Rasse aufzuzeigen.

Mängel sind nun aber mal da, ganz abgesehen von der Hüftdysplasie (siehe auch das Kapitel „Hysterische Hündinnen — impotente Rüden"), unter der die Rasse besonders stark leidet. Am besten können das die Tierärzte bezeugen, die den Schäferhund jeden Tag als Kunden in ihrer Praxis haben. Professor Dr. Helmut Kraft, ein renommierter Kleintierspezialist an der Tierärztlichen Fakultät der Universität München, sagte mir: „Schäferhunde werden für uns immer mehr zum Problem. Es gibt unter ihnen zu viele Nervenbündel und Angstbeißer. Oft können wir sie nur noch behandeln, wenn wir sie vorher mit dem Blasrohr oder der Narkosepistole betäubt haben." Und sein Kollege Professor Eikmeier in Gießen beklagt sich: „Hinten wedeln sie mit dem Schwanz, vorne beißen sie einen."
Im SV kennt man die Probleme natürlich auch, aber nach außen wird geschwiegen, nicht zuletzt um sich das Geschäft nicht zu verderben. Intern ist man dagegen längst bemüht, das angekratzte Image des Schäferhundes wieder aufzupolieren. Nicht von ungefähr hat man für Schäferhundfreunde ein Merkblatt herausgebracht, in dem die Grundregeln im Umgang des Menschen mit dem Hund genau festgelegt sind. Diese Regeln sollten sich alle Hundebesitzer zu Herzen nehmen. Ich zitiere aus der Broschüre des SV:

Stelle Dir vor, Du wärst Dein Hund, und behandle ihn so, wie Du selbst behandelt sein möchtest. Der Hund ist ein geselliges Tier und braucht zu seinem Wohlbefinden einen regelmäßigen, ausreichenden Kontakt zu seinem Besitzer und dessen Familie.

Sei bestimmt und konsequent, aber schlage nie. Schlagen ist eines Tierfreundes unwürdig. Lob ist viel wichtiger als Strafe oder Tadel.

Ausschließliche Zwingerhaltung fördert die Aggressivität. Täglicher, ausgiebiger Auslauf ist dringend notwendig. Beachte das Tierschutzgesetz, besonders auch in Fragen der Unterbringung und Pflege. Der Hund ist kein Spielzeug für Kinder. Man kann ihn auch nicht einfach wegstellen, wenn er einem lästig wird wie ein anderes Spielzeug.

Lasse nie einen größeren Hund unbeaufsichtigt bei einem Kleinkind, wenn der Hund auch noch so brav und angeblich gut erzogen ist. Denke an deine Aufsichts- und Sorgfaltspflicht, verlasse Dich nicht auf deine Haftpflichtversicherung.

Die oft gehörte Meinung von Hundehaltern: „Mein Hund paßt auf die Kinder auf", ist sträflich falsch. Bedenke: Der Hund hat keinen Verstand, er denkt nicht und versteht unsere Sprache nicht. Falsche Reize lösen falsche Reaktionen aus.

Lasse nie durch ein Kind einen oder gar mehrere Hunde unbeaufsichtigt ausführen. Der Hund kann auf viele Möglichkeiten für uns unverständlich reagieren. Er fühlt sich stark, wenn ein Kind sich hinlegt oder hinfällt.

In der Nähe von spielenden Kindern sollten Hunde angeleint werden (z. B. bei Ballspielen). Der Beutetrieb könnte sie zu unvorherzusehenden Handlungen führen.

Hunde mit übertriebenem Kampftrieb, die zur Aggressivität neigen, müssen der Zucht ferngehalten werden. Man darf sie nie anderen Personen oder gar Kindern anvertrauen. Wir wollen nicht aggressive Hunde züchten, sondern unbefangene, lebensvolle, zutrauliche, gutartige Hunde.

Dem SV ist natürlich bekannt, daß auf den Abrichtplätzen, und da dominiert der Schäferhund, so mancher Hund kaputtgemacht wird. In dem Merkblatt heißt es dazu, ziemlich vorsichtig formuliert: „Der Ausbilder sollte nie zu früh den Schutzdienst üben. Der Gehorsam ist wichtiger! Achte darauf, daß der Hund nicht aggressiv wird."

Der SV, um den Ruf seines Hundes besorgt, führt seit langem mit viel Stolz und Eifer eine ellenlange Liste, in der alle Heldentaten registriert sind, die deutsche Schäferhunde in der Bundesrepublik vollbracht haben. Jeder dieser Einsätze ist, wie könnte es bei dem Hundebeamten anders sein, amtlich bestätigt. So heißt es zum Beispiel in der Heldenliste bei dem Schäferhund „Jörg von der Bayernwaldperle": Stellen eines Verdächtigen, Auffinden eines Selbstmörders, Hilfe bei der Aufklärung von Jagdwilderei, Verhinderung eines Mordversuches, Auffinden einer vermißten, geisteskranken Frau, wichtige Mithilfe beim Sammeln der Indizien durch Fährtenarbeit bei einem Raubüberfall, Auffinden einer vermißten Rentnerin, die mit Selbstmordabsichten das Haus verlassen hatte, Auffinden eines vermißten zweijährigen Buben, Stellen eines entwichenen Strafgefangenen. All diese Taten sind bestätigt durch die bayrische Landpolizei.

Der Schäferhund Frei von der Einsiedelei stellte eine langgesuchte, vier Mann starke Autoknackerbande. Der Schäferhund Bert fand einen seit 24 Stunden im Schneesturm vermißten Touristen, und der Schäferhund Arno von der Eickkuppe erschnüffelte 300 Kilo Haschisch und 25 Kilo Marihuana.

Der Liste hätte es gar nicht bedurft. Ein guter Schäferhund in guter Hand ist zweifellos ein herrlicher Hund. Leider nur produziert unsere moderne Massengesellschaft immer mehr Neurotiker. Und viele von denen haben einen verhängnisvollen Hang zum Schäferhund, der ihnen den Rücken stärken soll. Und dann wird's schlimm.

Klein, aber oho

Der kleine Dackel ist ein großer Jäger. Unter der Erde liefert er Fuchs und Dachs wilde Kämpfe, und meist ist er der Sieger. Doch in der Unterwelt bewegt sich nur noch eine verwegene Minderheit dieser eigensinnigen Gesellen. Stammplatz der meisten ist heute die Wohnzimmer-Couch

10 Klein, aber oho

Lange schon raufen sie sich darum, in der Publikumsgunst die Nummer eins zu sein: der deutsche Schäferhund und der Dackel, auch Teckel oder Dachshund genannt. Zwei recht unterschiedliche Kontrahenten, diese beiden Hunde. Erschmeichelt sich der Schäferhund die Gunst des Menschen durch ungewöhnliche Anpassungsfähigkeit und Gehorsam, so hat sich der Dackel den Ruf eines eigenwilligen, oft unbequemen Individualisten erworben. Und er macht seinem Image tatsächlich alle Ehre. Wenn ich im Wald spazierengehe und auf Leute treffe, die sich heiser schreien und pfeifen, dann handelt es sich in den meisten Fällen garantiert um den wütenden oder verzweifelten Herrn eines Dackels, der stiftengegangen ist. Dackelbesitzer sind indes Gemütsmenschen, das wird ihnen jedenfalls nachgesagt, und schnell bereit, ihrem Tier Unart und Eigensinn wieder zu verzeihen. Viele resignieren aber auch und gewöhnen sich daran, daß sie einen Hund haben, der nicht wie ein anderer das tut, was sein Herr will, sondern nur, was er selbst für richtig hält. Und so kommt es vielleicht nicht von ungefähr, daß man einen starrköpfigen Menschen einen „Lackel" schilt. Ungerecht dagegen ist die Sache mit den krummen Dackelbeinen. Die sollen nämlich laut Zuchtvorschrift bei diesem Hund kerzengerade sein.

Wo kommt er eigentlich her, dieser kernige Hundezwerg? Seine Urform ist wahrscheinlich durch eine Laune der Natur entstanden, die die Wissenschaft als Mutation bezeichnet, eine plötzliche Veränderung der Erbsubstanz. Schon im alten Ägypten gab es während des Mittleren Reiches (2040—1785 v. Chr.) den Tekal, der als Wachhund diente und später ausstarb. Jener Hund war dem heutigen Teckel sehr ähnlich, wie auf Abbildungen auf Grabstätten zu erkennen ist.

Auch in Peru und Mexiko fand man kleine Statuen, die dem altägyptischen Tekal ähnliche Hunde darstellen. Das alles beweist natürlich nicht, daß der deutsche Teckel altägyptischen oder amerikanischen Ursprungs ist, sondern nur, daß sich zu unterschiedlichsten Zeiten in verschiedenen Teilen der Welt dachshundartige Rassen entwickelt haben.

Die alten Germanen waren ebenfalls schon vor 2000 Jahren auf den Dackel gekommen. Hinweise darauf haben Skelettfunde gegeben. In den großen Jagdmeuten, die sich die Fürsten im Mittelalter hielten, hatten die Hunde-Pygmäen bereits ihren Stammplatz. Der französische Edelmann Jacques du Fouilloux berichtete 1561 in seinem wenig später ins zeitgenössische Deutsch übersetzten Buch „La vénerie": „Es werden aber die Füchs und Dachs mit Schliefferlin gefangen, welche Hündlin zweyerley art und Geschlecht seyn, die einen haben kurtze Füß, und seyn ge-

Zwei Rauhhaardackel, kernige Burschen, mit denen nicht immer zu spaßen ist

meinlich kurtz von Haar, die andern habe stracke gerade Füß und raw Haar, gleich wie auch ein zottiger Barbet. Die mit den krummen Füßen fallen weit ringfertiger und geschwinder in den Baw dann die ersten, so gerad Füß haben, sie seyn auch für die Dächs viel besser, sintemal sie langer in den baw ausharre mögen, die gerade Hündlin kan man zu zweyerley Dingen sehr nützlich brauchen. Dann sie lauffen eben so schnell und geschwind als die andern Jagdhund, und fallen viel begiriger beherzter und hurtiger eyn."

Fortan tauchten die Kurzbeiner immer wieder auf unter den verschiedensten Namen wie „Tachskriecher", „Dachsschlieffer", „Biberhund" oder als

Selbst das Wildschwein treibt der Hundezwerg dem Jäger vor die Flinte, auch wenn er sich dabei manchen Schmiß e

„Lochhündlein“. Bei der harten Arbeit unter der Erde, im Zweikampf gegen Dachs und Fuchs setzten sich nur die kampfstärksten und körperlich geeignetsten Tiere durch. Außerdem wurde Kurzbeinigkeit durch Zuchtauswahl verstärkt. Der Mensch züchtete sich einen Hundezwerg nach seinen Bedürfnissen. Im Hochgebirge war er stärker und massiger, im Flachland, vor allem als Spezialist für die Baujagd gehalten, fiel er leichter und schnittiger aus. Ein gewisser Johann Tänzer beschrieb 1734 „den Dachskriecher neben den Biber- und Fischotterhunden als eine sonderliche und niedrige schlimmbeinige Art“.

Über den Schlimmbeiner geriet der Oberförster Diezel aus dem Spessart in seinem Buch „Niederjagd“, das 1880 erschien, bereits ins Schwärmen: „Die Dachshunde gehören zweifelsohne mit

Jagdtraining im Kunstbau

zu den liebenswürdigsten Repräsentanten des ganzen Hundegeschlechts. Sie sind hervorragend treu, zärtlich und zuthunlichst, dabei klug und gelehrig. Im Zimmer sind sie artig und höchst sauber. Im Hofe sind sie treue, scharfe und zuverlässige Wächter. Für den Jäger ist er der unentbehrliche Begleiter, gewissenmaßen der Universal-Hund."
Am 18. Juni 1888 wurde dann in Berlin durch den Premierleutnant Ilgner und den Leutnant Hahn der Deutsche Teckelklub (DTK) gegründet, den es bis heute gibt. Dessen Ziel war die Reinzucht, Aufstellung von präzisen Rassekennzeichen und die Anlage eines Teckel-Stammbuches. Das ist übrigens von 1888 bis heute lückenlos geführt. Was sich damals so als Dackel tummelte, würde heute nur noch milde belächelt: Es waren tatsächlich Krummbeiner, rundherum ziemlich unförmig. Stammvater der ganzen Sippe ist der Kurzhaardackel. Er ist im Laufe der Jahre allerdings immer mehr in den Hintergrund geraten, und man sieht ihn nur noch selten. Nur in Amerika hat er eine Renaissance erlebt. Der Langhaardackel entstand durch Kreuzung mit dem alten deutschen Stöberhund, auch als Wachtelhund bekannt. Ursprünglich hatte er ausschließlich eine schwarzrote Farbe oder „Brand", wie der Fachmann sagt. Zuletzt kam der Rauhhaardackel, inzwischen zum beliebtesten Dackel avanciert. Er wurde durch Kreuzungen mit dem Schnauzer und englischen Terrier-Rassen geschaffen. Farblich bevorzugt man bei ihm einen dürrlaubenen oder saufarbenen Ton.
Da haben wir sie nun alle drei, den Kurzhaar-, den Langhaar- und den Rauhhaardackel. Doch das ist längst noch nicht alles. Mit züchterischer Phantasie hat man nach und nach alle drei Dackelarten wiederum in drei verschiedenen Größen gezüchtet. Für den Laien ist es schwer, sich da noch durchzufinden. Da gibt es einmal den Normalschlag. Das Idealgewicht dieses Teckels liegt zwischen sechs und sieben Kilo, wenn er ausgewachsen ist. Auf keinen Fall sollte es jedoch neun Kilo über-

schreiten. Seine Schulterhöhe beträgt zwischen 23 und 27 Zentimeter.
Dann folgt der Zwergteckel. Sein Gewicht liegt zwischen 3,5 und 4,5 Kilo. Im Alter von 15 Monaten sollte der Brustumfang dieses Schlages maximal 35 Zentimeter betragen.
Der Superzwerg ist der Kaninchenteckel. Dieser Schlag wiegt durchschnittlich nur drei Kilo oder noch weniger. Damit er möglichst bequem in Kaninchenröhren einschlüpfen kann, darf sein Brustumfang 30 Zentimeter nicht überschreiten.
Ein Wort noch zum sogenannten Tigerdackel, der in letzter Zeit verstärkt angepriesen wird. Seine getigerte Farbe entsteht durch Zucht mit dem Merle-Faktor, einem Defektgen. Ich habe darüber in dem Kapitel „Hysterische Hündinnen — impotente Rüden" ausführlich berichtet. Wer also einen gesunden Hund will und nicht nur einen mit einer extravaganten Farbe zum Angeben, sollte vom Tigerdackel lieber die Finger lassen.
Lange ist die eigentliche Heimat des Dackels das Forst- und Jagdhaus gewesen. Dort wurde er neben den großen Vorstehhunden als Spezialist für die „Bau-Arbeit" gehalten. Er hieß „Waldmann" oder „Erdmann", „Hexe" oder „Waldine". Hermann Löns beschreibt ein solch freies, abenteuerreiches Dackelleben an seinem „Battermann" und Svend Fleuron an seinem „Schnipp Fidelius Adelzahn". Doch dann wurde aus dem Jagdhund ein Modehund und ist es bis heute geblieben. In Bayern reüssierte der „Bierdackel", der Stunde um Stunde unter dem Stammtisch seines Herrn hockt, sich mit Leckerbissen vollstopfen läßt und ab und zu in launiger Runde auch seine Trinkfestigkeit beweisen muß. Das Dackelrevier wurde immer mehr das Wohnzimmersofa, und mancher zieht ihm im Winter sogar einen Mantel an. Für die reinen „Vermehrungszüchter" war der Hund, klein und anspruchslos, das ideale Objekt. Der DTK hat bis heute zu tun, seine Reihen sauberzuhalten. Und über Gergweis schweigen wir lieber.
Innerhalb des Teckelklubs hat es jahrelang erbitterte Kämpfe gegeben. Die einen wollten nur Schönheit, die anderen Leistung. Unversöhnlich droschen die Parteien aufeinander ein. Im Vereinsorgan „Der Dachshund" räsonierte der Dackelliebhaber Dr. Schütte: „Von fundamentalem Interesse ist die Auswahl von Teckeln mit einer außergewöhnlichen Wesensfestigkeit, da diese Eigenschaft — nach bisher nicht exakt bekanntem Erbgang — nur unvollständig oder teilweise weitervererbt wird. Mangelndes Wissen bezüglich der Wesensfestigkeit auf Grund fehlender Beurteilungsmöglichkeiten bei der Arbeit am Bau würde daher bei der Weiterzucht sehr schnell zum Verlust der Wesensfestigkeit führen. Damit wäre dann aber gerade das typische Wesensmerkmal des Teckels verlorengegangen. Leider ist dies — wie man feststellen kann — bei vielen Teckelstämmen schon heute der Fall." Inzwischen hat man sich im Verein dem Dackel zuliebe arrangiert. Die Vertreter des Schönheitsideals sind zahlreicher, die Jagdorientierten aktiver. Allen aber ist klargeworden, daß der ideale Dackel ein Jagdhund sein sollte, der dazu noch gut ausschaut. Noch muß dem Dackel als Jagdhund nicht das Halali geblasen werden. Hinzu kommt, daß viele Jäger

heute in der Stadt leben, und was kann man sich da besser halten als einen Teckel.
Die Arbeit des kleinen Jägers im Revier nennt der Waidmann „schliefen" oder „fuchssprengen". Mutig fährt der Hund in die dunkelste Röhre hinein und versucht, Fuchs oder Dachs aufzustöbern. Er ist dabei ganz auf sich allein gestellt. Manchmal dauern diese Kämpfe tagelang. Ein guter Dackel läßt nicht locker, betreibt sein Geschäft mit Hartnäckigkeit und Raffinesse. Ein besonders unangenehmer Geselle ist der Dachs, meist doppelt so schwer wie sein Gegner und mit einem gefährlichen Gebiß ausgestattet. Er versucht sich vor dem Hund einzugraben. Und der Hund versucht seinerseits, ihm nachzusetzen. Dabei häuft er Erde hinter sich auf. Es besteht die Gefahr, daß er sich dabei sein eigenes Grab schaufelt und zwischen den Erdwällen erstickt. Es ist keine Seltenheit, daß die Jäger ihren Helfer schließlich ausgraben müssen. Darum gilt es als verwerflich, einen Dackel in einen unter Felsen angelegten Bau hineinzulassen.
Der Fuchs ist zu faul zum Graben. Außerdem hat er Angst von dem Hund und setzt sich nur zur Wehr, wenn er in die Enge getrieben ist. In der Regel versucht er aus einem Notausgang zu flüchten. Bei der Fuchsjagd allerdings wurde schon so mancher Dackel von der Kugel seines eigenen Herrn hingestreckt, weil dieser ihn fälschlicherweise für den Fuchs gehalten hat. Richtige Jagdarbeit lernt der Dackel natürlich nicht ohne Training. Bevor der Hund seine Arbeit unter Tage aufnimmt, wird der Ernstfall in einem Kunstbau mit einem eingefangenen Dachs oder Fuchs erprobt. Nach einer Statistik des Teckelklubs wurden allein im Jahre 1976 von Teckeln 1320 Füchse zur Strecke gebracht. Den Rekord hielt die Rauhhaardackelhündin „Ameise von Bandelsdorf", die 70 Meister Reinecke schaffte. Aber auch im Stöbern, also beim Suchen, Finden und Jagen des Wildes, ist der Dackel ein Meister, setzt fleißig seine besonders feine Nase ein. Der Jäger und Dackelzüchter Gerhard Berger hat aufgeschrieben, was er mit seinen vierbeinigen Gehilfen im Revier erlebte, ein Stück echter Jägerprosa. „Da hatte ich Antje, eine robuste Rauh-

Kurzhaardackel

Rauhhaardackel

Langhaardackel

haarige. Sie war an Fuchs und Sau so scharf, daß einem manchmal die Haare zu Berge standen, wenn sie in ihrem Element war. Ich bejagte ein sehr gutes Hochwildrevier. Die Sauen mußten kurz gehalten werden. Das war kaum zu schaffen, aber wir gaben uns Mühe. Antje und ich hatten uns eine besondere Jagdart auf die Schwarzkittel einfallen lassen, die ich Solojagd nannte.

„Wir spürten morgens die Einwechsel der Sauen in die Dickung ab, und dann war Antje der Regisseur, der für den Erfolg zu sorgen hatte. Ich nahm sie mit auf meinen Stand und halste sie erst dort ab. Dann trollte sie oder auch flog wie von der Sehne geschossen zum Einwechsel der Sauen zurück, je nach Laune, und begann ihre Suche. Es dauerte dann nicht lange, bis sie die Sauen im Kessel gefunden hatte. Ihr giftiger Standlaut röhrte zu mir herüber. Keifende Angriffe folgten, auch einmal ein Aufklagen, wenn sie sich einen Schmiß einheimste. Und bald waren die Schwarzkittel locker, denen der Teckel mit hellem Hetzlaut folgte. Und der kleine Hund dirigierte die Sauen auf meinen Stand zu, mit einer Kunstfertigkeit, die verblüffend war.

„Wie manche Sau habe ich vor den Teckeln geschossen, nicht nur vor Antje. Häufiger bin ich nicht zum Schuß gekommen, weil der Hund sich in die Kammborsten des Stückes verbissen hatte und auf ihm an mir vorbeiritt. Besonders Antje, später auch meine Quitte, war darin Spezialistin. Einen groben Keiler habe ich dadurch verloren, den mir Quitte aus Maykus Tannen herausbrachte. Das kleine Biest flog über dem Schild des Bassen hin und her, ließ aber nicht los.“

So robust, wie der Dackel oft hingestellt wird, ist er indes nicht. Etwas, das viele Dackel quält, Jagd- und Salonhunde gleichermaßen, ist die Tekkellähme, ein Leiden ähnlich dem Bandscheibenschaden beim Menschen. An der Wirbelsäule, genauer gesagt: an den zwischen den Wirbeln gelegenen Knorpelscheiben entstehen Veränderungen, die dazu führen, daß diese Pufferscheiben ihre Elastizität verlieren. Sie verrutschen aus ihrer Lage und drücken dann auf das Rückenmark oder auf die davon ausgehenden Nervenwurzeln. Es kann in dem betroffenen Bereich zu Entzündungen kommen, die den ganzen Vorgang noch verschlimmern. Später verkalken solche Zwischenwirbelscheiben meistens, was sich an Hand von Röntgenaufnahmen nachweisen läßt.

Die Teckellähme kündigt sich an, wenn der Hund auf einmal nicht mehr wie gewohnt freudig herumhüpft und Hochheben ihn sichtlich schmerzt. In schweren Fällen kann die gesamte Hinterhand gelähmt sein. Das heißt, der Hund zieht sich mit den Vorderpfoten voran, die Hinterbeine sind schlaff und gefühllos und werden hinterhergeschleift. In diesem Stadium sind häufig auch die Blase und der Mastdarm gelähmt, so daß weder Urin noch Kot abgesetzt werden kann. Die Folgen einer derartigen „Entgleisung“ der Pufferscheiben können bis zur Querschnittslähmung führen. Bei einer anderen Form dieser Erkrankung sind die Veränderungen vorwiegend im Halsbereich zu finden. Die ersten Anzeichen sind Schmerzäußerungen beim Bellen oder beim Schütteln des Kopfes. Schließlich wird der Hals nur wenig bewegt, der Kopf wird nach unten gesenkt.

Wenn es durch den Verfall der Zwischenwirbelscheiben zu Einquetschungen von Nerven gekommen ist, kann auch eine Lahmheit des Vorderlaufes auftreten.

Auf jeden Fall muß man sofort den Tierarzt aufsuchen. Der wird versuchen, dem Hund mit verschiedenen Medikamenten Erleichterung zu verschaffen. So können Schmerzmittel Anwendung finden, um die Verkrampfung der Muskulatur zu lösen, mit cortisonhaltigen Medikamenten werden die Entzündungsprozesse im Bereich des Bandscheibenvorfalls bekämpft. Zusätzlich haben sich die Vitamine der B-Gruppe als günstig für die Wiederherstellung der Nervenfunktion erwiesen. Zur Beschleunigung der Heilung können auch Mikrowelle und Kurzwelle verabreicht werden. Manche Tierärzte verordnen Hunden sogar Schwimmen in einem wohltemperierten Becken. Für viele Hunde aber gibt es keine Heilung, sie müssen schließlich getötet werden.

In den letzten Jahren haben sich jedoch verschiedene veterinärmedizinische Kliniken darauf spezialisiert, diesen schwerkranken Hunden durch eine Operation zu helfen. Bei dieser Operation wird versucht, die abgestorbenen und in den Wirbelkanal vorgefallenen, teils verkalkten Bandscheibenteile zu entfernen. Man beseitigt dadurch den auf die Nerven und das Rückenmark ausgeübten Druck. Die Aussichten auf Erfolg sind bei Vorfällen im Halsbereich meistens günstiger als bei den häufiger auftretenden Veränderungen im Bereich der Lendenwirbelsäule. Mit einer solchen Operation sollte man aber vorsichtig sein. Auch beim Hund kommen genug ärztliche Kunstfehler vor, und jenen komplizierten Eingriff beherrschen bisher nur wenige Experten.

Die einzige Möglichkeit, der Krankheit vorzubeugen, ist, den Hund möglichst wenig springen zu lassen. Gift für den Dackel ist auch Treppensteigen. Mitschuldig an dieser heimtückischen Hundekrankheit ist der Mensch. Zu viel haben die Züchter in den letzten 100 Jahren am Äußeren des Dackels herumgebastelt. Lange wurde er extrem niederläufig und langrückig gezüchtet, „tief auf der Erde gehalten“, wie es damals hieß, damit er ja im Bau beweglich war. Dabei war er aber viel zu schwer, wog er häufig über 25 Pfund. Seine Brust schien über dem Boden zu schleifen. Diese willkürliche Änderung der Statik ist seinem Rücken schlecht bekommen. Im DTK glaubt man, die gemachten Fehler durch vernünftige Zucht wieder korrigieren zu können: Der Bodenabstand des Hundes muß jetzt mindestens ein Drittel seiner Widerristhöhe betragen, dem Dackel wurde Gewichtsbeschränkung aufgelegt, und außerdem soll ein großer Kopf und eine lange Halspartie Gegengewicht zum gefährdeten Rücken bilden.

Obwohl zuweilen dickköpfig und gebrechlich, hat der kauzige kleine Souverän eine eingeschworene Gemeinde, für die es schon fast eine Philosophie ist, einen Dackel ihr eigen zu nennen, und die ihm auch wohl dann noch die Treue hielte, wenn sie ihn im Rollstuhl spazierenfahren müßte.

Wie groß die Liebe zum Dackel sein kann, ist von einer alten Dame aus Weimar überliefert. Sie führte über das Leben ihres Gefährten „Kuno vom Schwertbert“ ein Tagebuch. Es wurde 85 Bände dick.

Der sanfte Riese

Einst beschenkten sich die Fürsten mit dem Irish-Wolfhound, dem größten Hund der Welt. Heute fällt er allzuoft in die Hände von Spinnern, die nur mit seiner Größe prahlen wollen

Die Formel 1 unter den Windhunden: Beim Rennen jagt der Greyhound mit 60 Stundenkilometern hinter dem Kunsthas

nd ist er Profi. Zwei Millionen Mark werden jährlich auf den Hundebahnen verwettet

11 Der sanfte Riese

Ich möchte in diesem Buch auch über einige Hunderassen berichten, die seltener bei uns sind, alles andere als Allerweltshunde, mit einer kleinen, aber um so treueren Liebhabergemeinde. Daß sie so rar sind, spricht bestimmt nicht gegen ihre Qualität, vielleicht sogar eher dafür. Ich selbst — eigentlich auf Airedale-Terrier eingeschworen — bin erst kürzlich der Faszination einer solchen Außenseiter-Rasse voll erlegen, der des Irish-Wolfhound. Lange Zeit kannte ich ihn nur aus Büchern und Geschichten, wovon mir eine, ein richtiges Melodram, unvergeßlich geblieben ist.

Es ist die Geschichte von Gellert, dem Hund des Fürsten Llewelyn der Große von Wales. Gellert war vor allem Spielgefährte und Beschützer des einzigen Sohnes der Fürstenfamilie. Eines Tages, als der Vater zur Jagd ausgeritten war, streiften Hund und Kind durch die Wälder, die die Burg umgaben. Dort wurden sie von zwei Wölfen überfallen. In einem wütenden Kampf brachte Gellert die beiden Angreifer zur Strecke, handelte sich dabei selber schwere Wunden ein. Zum Dank liebkoste der Knabe seinen Retter und war bald selbst über und über mit dem Blut des Hundes besudelt. Erschöpft schliefen die beiden schließlich auf einer Wiese ein. So fand sie Fürst Llewelyn. Er sah nur das Blut an seinem Sohn, der wie leblos dalag, und dachte, der Hund sei toll geworden und über sein Kind hergefallen. Zornig zog er sein Schwert und versetzte Gellert, der seinen Herrn schwach wedelnd begrüßte, mit einem einzigen Hieb den Todesstreich. Zu spät erfuhr er von dem kleinen Prinzen, was sich tatsächlich zugetragen hatte. Voll Scham und Trauer ließ Fürst Llewelyn da, wo Gellert begraben war, ein Ehrenmal errichten. Bis heute heißt eine Ortschaft ganz in der Nähe Beddgellert (Gellerts Ruhestätte), und die Dichter der damaligen Zeit machten den Hund mit einem Vers unsterblich:

„Er war die Blüte seiner Rasse,
So tapfer und so treu.
Zu Hause ein Lamm,
Auf der Jagd war er ein Leu.
Nur an seines Herrn Llewelyns Tafel
Aß Gellert sein Mahl.
Er behütete,
Er diente,
Er erheiterte seinen Herrn,
Und bewachte sein Lager.
Um die Wahrheit zu sagen,
Er war ein unvergleichlicher Hund.
Der Irish-Wolfhound Gellert,
Ein Geschenk von König John.“

1972 fand nach der Münchner Olympiade in der neu erbauten Olympiahalle eine große Hundeausstellung statt. Dort bin ich zum erstenmal einem lebendigen Irish-Wolfhound, einem Nachfahren jenes legendären Gellert, begegnet. Vorher, auf Bildern und alten Stichen, hatte ich schon erahnt, wie groß und mächtig diese Hunde sind. Im „Guiness Book of

World Records“ wird der Irish-Wolfhound als größter Hund der Welt bezeichnet. 1926 ist einer mit 39,5 Zoll Schulterhöhe gemessen worden. Das sind exakt 100,2 Zentimeter.
Doch der Hund, den ich nun sah, brachte mich aus dem Gleichgewicht. Er ließ mein Herz höher schlagen. Wie ein Fels stand er mitten im Rummel, der auf solchen Ausstellungen herrscht, als gehe ihn das alles gar nichts an. Ein zottelhaariger, grauer Riese, um den sich die Neugierigen nur so ballten. Eine Dogge hätte schmächtig neben ihm gewirkt. Nie wieder habe ich einen Hund gesehen, der so viel Ernst und Würde ausstrahlte, jeder Zentimeter eine Majestät. In seinen Augen, den goldbraunen, lag tiefe Melancholie, schien sich das Auf und Ab widerzuspiegeln, das diese Rasse in vielen Jahrhunderten durchlebt hat. Fotografen, auf der Suche nach einem Gag, stellten den größten Hund der Ausstellung neben den kleinsten, einen Chihuahua. Gelassen, ja fast arrogant ließ der Irish-Wolfhound das Blitzlichtgewitter über sich ergehen, war dabei dem kleinen Kontrahenten gegenüber voller Behutsamkeit.
Ich habe in meinem Leben viele Hunde gesehen und besessen, doch nie hatte ich mir so übermächtig gewünscht, einen Hund zu haben, wie angesichts dieses Irish-Wolfhounds mit dem ellenlangen Adelsnamen, von seinem Besitzer Hans Koch aus dem Allgäuer Bergdorf Rettenberg aber schlicht bayrisch Krampus genannt. Herr und Hund gefielen mir auf Anhieb. So, wie beide miteinander umgingen, einander verstanden, deutete das auf eine ungewöhnlich tiefe Freundschaft hin. Seit damals stand es fest, daß ich einen Irish-Wolfhound wollte, und Krampus sollte der Vater sein. Vier Jahre später ging mein Wunsch in Erfüllung, und Sally kam zu ins Haus.
Vorher hatte ich die Geschichte dieser ungewöhnlichen Hunderasse studiert. In der irischen Mythologie und in alten Heldensagen taucht der Wolfhound häufig als der Kampfgefährte keltischer Stammesfürsten auf. Er muß schon damals von ihnen als eine Art Überhund betrachtet worden sein, wurde nicht, wie die anderen Hunde, in Zwingern gehalten und von der Dienerschaft betreut. Der Irish-Wolfhound genoß das Privileg, immer bei seinem Herrn sein zu dürfen. Er hatte seinen festen Platz an dessen Tafel und vor dessen Lager. Auf der Jagd wurde er gegen Wolf, Elch, Hirsch und Eber eingesetzt, die es damals in Irland noch reichlich gab. Die Hundemeute mußte das Wild aufspüren und stellen, erst dann wurde der Wolfshound von seinem Herrn in den Endkampf gehetzt und mußte seinen Gegner im Zweikampf den Garaus machen. Es ist überliefert, daß ein einziger Wolfhound in der Lage war, sogar einen Bären zu besiegen. Die Adeligen wachten streng über das Wohlergehen ihres vierbeinigen Kampfgenossen. Einem Wolfhound Leid zuzufügen — das war gesetzlich verankert — zog schwere Strafen nach sich. Reisende berichteten ehrfürchtig von den „Big Dogs of Ireland“ oder den „Wolfdogs of Ireland“. Und Thomas Bewick, Holzschneider und Verfasser von Tierbüchern, beschrieb sie 1790 so: „Er ist der größte aller Hunde, und seine Erscheinung ist wunderschön. Sein Anblick sanft, sein Wesen ist friedlich. Seine Kraft ist so groß, daß er im Kampf den Mastiff oder Bulldog weit übertrifft. Seine riesige Stärke erlaubt es ihm, sei-

Greyhound, Renner aus England

Whippet, Windhund des kleinen Mannes

nen Gegner im Genick zu packen und ihn zu Tode zu schütteln."

Schon viel früher hatten auch die Römer an dem für sie so fremdartigen Hund Gefallen gefunden. Überschwenglich bedankte sich im Jahre 391 n. Chr. der römische Konsul Quintus Aurelius Symmachus bei seinem Bruder für die Übersendung von sieben der irischen Hunde: „Ganz Rom bestaunt sie wie ein Wunder."

Eine Sage aus dem 10. Jahrhundert erzählt, wie Olaf, ein Norweger und Sohn einer irischen Prinzessin, seinem Freund Gunnar einen Wolfhound zum Geschenk machte: „Ich schenke Dir einen Hund, den ich aus Irland mitgebracht habe. Er ist groß und nicht minder als ein gestandenes Mannsbild. Außerdem ist es ein Teil seines Wesens, daß er so schlau ist wie ein Mensch. Er schlägt bei jedem an, von dem er weiß, daß er Dein Feind ist, niemals aber bei einem Freund. Er kann in jedermanns Gesicht lesen, ob dieser Dir gut oder böse gesinnt ist, und er wird stets sein Leben einsetzen, um Dir treu zu dienen. Der Name des Hundes ist Sam!" Die Sage berichtet weiter, daß, als Gunnars Feinde planten, ihn umzubringen, sie zuerst den Hund aus Irland töteten.

Der Irish-Wolfhound war so begehrt, daß sich der Hochadel untereinander damit beschenkte. Bald waren sie an vielen europäischen Königshöfen zu finden. Das englische Königshaus übersandte dem polnischen König Johann I. 500 Koppeln dieser Hunde als Präsent, und auch im Palast des Zaren zu Petersburg tummelten sie sich. Zu viele Hunde gingen außer Landes, und Englands puritanischer Diktator Oliver Cromwell, ein großer Freund des Irish-Wolfhound, erließ Mitte des 17. Jahrhunderts schließlich ein Ausfuhrverbot, um im Stammland den Zuchtbestand zu erhalten. Doch es war schon zu spät. Mit den Wölfen starb in Irland auch sein Jäger, der Wolfhound, aus. Im 18. Jahrhundert gab es auf der Insel so gut wie keinen Irish-Wolfhound mehr.

Seine Wiedergeburt erlebte der Irish-Wolfhound Mitte des letzten Jahrhunderts. Er hat sie dem Captain G. A.

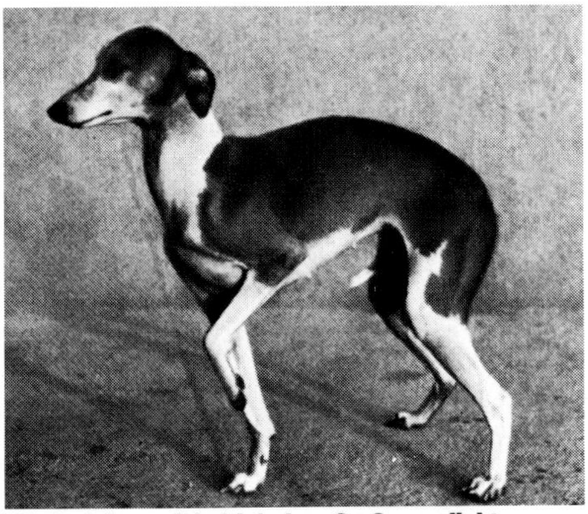

Windspiel, von Friedrich dem Großen geliebt

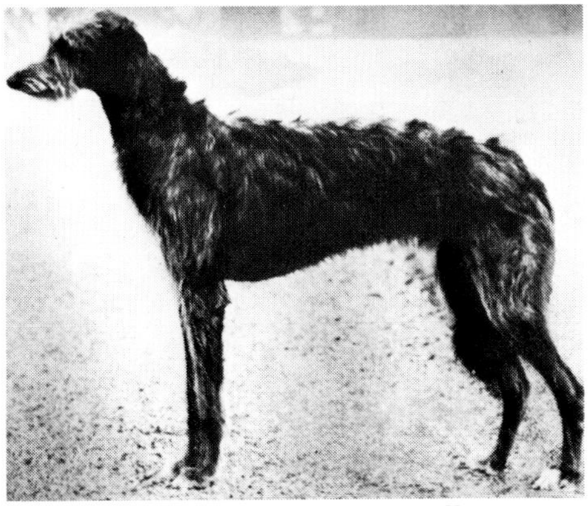

Deerhound, beim schottischen Adel zu Hause

Graham zu verdanken, einem schottischen Offizier in der britischen Armee. Graham reiste kreuz und quer durchs Land und versuchte, die noch verbliebenen wenigen Exemplare aufzuspüren und aufzukaufen. Dieser Schotte war nicht geizig, für das Comeback des Wolfhounds opferte er etwa 250 000 Mark aus seinem Privatvermögen. Indes, die Zuchtbasis war zu schmal. Graham und einige andere idealistische Züchter, die den Hund in seiner wilden Schönheit wieder erstehen lassen wollten, kreuzten andere große Hunderassen ein, vor allem einen Vetter des Irish-Wolfhounds, den schottischen Deerhound, sowie Doggen und tibetanische Wolfshunde. Sie gingen sehr behutsam zu Werke, um sein Äußeres nicht zu verändern. 1885 wurden auf einer Schönheitsschau in Dublin — inzwischen hatten die Züchter auch schon einen eigenen Klub gegründet — zwölf Irish-Wolfshounds vorgestellt.

Während der beiden Weltkriege war die große Rasse, die viel Pflege und Futter braucht, noch einmal bedroht. Der Klub gestattete nur Mitgliedern die Zucht, die ihre Tiere auch angemessen versorgen konnten. Besonders erfolgreich über viele Jahrzehnte ist der Irish-Wolfhound-Zwinger Sulhamstead der Mrs. Nagle gewesen, einer großen Züchterpersönlichkeit, allerdings aber auch etwas kauzigen Lady. Ihren Rüden Sulhamstead Conncara setzte sie intensiv zur Zucht ein und zeigte ihn auf vielen Ausstellungen. Niemand hat gemerkt, daß der Hund blind war. Erst viel später hat sie das erzählt und sich dabei köstlich amüsiert. Conncara brachte herrlichen Nachwuchs und hat seine Blindheit nie vererbt. Eines Tages schoß die streitbare Dame sogar einem Sportflugzeug, das zu tief über ihren Zwinger geflogen war und die Hunde erschreckt hatte, mit dem Gewehr in die Tragfläche, so daß es notlanden mußte. Und unlängst macht Mrs. Nagle, mittlerweile über 80, wieder von sich reden. Streiks und der ständige Wertverlust des Britischen Pfundes hatten sie so erbittert, daß sie in einem Leserbrief in der Londoner „Times“ ankündigte, nach Amerika

Barsoi, Wolfsjäger aus Rußland

Saluki, Windhund aus Persien

auszuwandern, weil „der Boden Englands es nicht mehr wert ist, von den Pfoten meiner herrlichen Hunde betreten zu werden“.

Zurück zu Sally, unserem eigenen Irish-Wolfhound. Als sie mit 15 Wochen zu uns kam, war sie schon fast so groß wie ein ausgewachsener Airedale-Terrier. In den folgenden Monaten konnte man ihr beim Wachsen regelrecht zuschauen. So ein Irish-Wolfhound legt monatlich bis zu neun Zentimeter und neun Kilo zu. Laut Rassestandard soll der ausgewachsene Rüde mindestens 79 Zentimeter Schulterhöhe haben und 54 Kilo wiegen. Für die Hündin sind 71 Zentimeter und 40,5 Kilo vorgeschrieben. Sally ist jetzt schon 78 Zentimeter groß und wiegt 46 Kilo. Das ist aber noch nicht das Endstadium — diese Rasse ist erst zwischen dem 2. und 3. Lebensjahr richtig ausgereift. Die Aufzucht dieser so großen und schnell wachsenden Hunde erfordert wesentlich mehr Mühe und Sorgfalt als die anderer Rassen, nur mit Hilfe eines ausgeklügelten Ernährungs- und Vitaminfahrplans kann der Irish-Wolfhound vor körperlichen Schäden bewahrt werden.

Anders als unsere Terrier, die manchmal eine harte Hand brauchen, kann man sie schon durch ein zu scharfes Wort aus dem Gleichgewicht bringen — sanfte Riesen, die gestreichelt werden wollen und die Aussprache suchen. Der Natur sei Dank, denn ein Irish-Wolfhound mit dem aggressiven Temperament eines Terriers wäre ein nicht zu bändigender Koloß — man könnte ihn nur noch einschläfern lassen. Mir sträuben sich die Haare, wenn ich höre, daß es immer wieder verantwortungslose Menschen gibt, die diesen Hund scharf machen. Das hat er auch gar nicht nötig, denn er ist alles andere als ein Feigling. Sally hat bereits ihre ersten Raufereien mit anderen Hunden hinter sich. Nie war sie der Angreifer. Der Irish-Wolfhound verfügt über eine ganz spezielle Kampftechnik. Wie der Eishockeyspieler beim Bodycheck, versucht er seinen Gegner mit dem Einsatz seines Körpergewichtes umzurempeln,

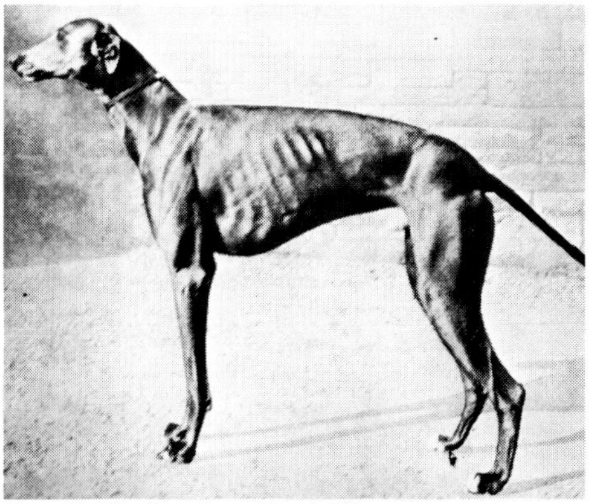
Sloughi, Windhund aus Nordafrika

und er beißt erst sehr spät zu. Einmal wurde ein Handwerker, der unangemeldet auf unser Grundstück kam und den Sally für einen Eindringling hielt, einfach von ihr niedergerannt, für den Mann ein Schockerlebnis.
Sally hat all die Eigenschaften, die ich schon bei ihrem Vater beschrieben habe. Sie ist zwischen den quicken Terriern der ruhende Pol und eine Ergänzung, vor allem aber der Liebling und Spielkamerad meines kleinen Sohnes. Wir möchten einen Irish-Wolfhound, das kann man schon jetzt sagen, in unserer Familie nicht mehr missen. Doch je mehr ich die Rasse kennenlerne, desto größere Sorgen mache ich mir um sie. Der Irish-Wolfhound hat eine magische Anziehungskraft auf Spinner, denen es nur darum geht, einen Superlativ ihr eigen zu nennen: den größten Hund der Welt. Daß er wie kein anderer Hund in die Natur gehört, in eine Landschaft, in der er sich frei entfalten kann, vergessen sie. Und schon sind auch die Massenzüchter da, die einen neuen Markt wittern und diesen Riesen am Fließband herstellen wollen. Das aber wäre fatal für einen so komplizierten Hund, wie der Irish-Wolfhound es ist.
Die Kynologen ordnen den Irish-Wolfhound den Windhundrassen zu, wo er freilich eine Außenseiterrolle spielt. Das trifft auch auf seinen nahen Verwandten, den Deerhound, zu. Der ist etwas kleiner und leichter. Einst hetzte er im schottischen Hochland den Hirsch (deer), woher sein Name abgeleitet ist. Schottische Adelsfamilien haben dem Deerhound bis heute die Treue gehalten. Und in Amerika wird er auch weiterhin zur Jagd gegen Kojoten benutzt.
Der populärste Windhund in Deutschland ist unbestritten der Afghane, dessen Name schon auf seine Heimat hinweist. Er ist eine recht exotische Erscheinung mit seiner langen Behaarung, die seine Bewegungen weich und fließend wirken läßt, so daß es zum ästhetischen Genuß wird, ihm beim Lauf zuzusehen. Die Farbskala seines Fells ist vielfältig, sie reicht von Schwarz über Löwenfarben, Beige, Grau, Gestromt bis hin zu Weiß. In seiner Heimat Afghanistan bewacht dieser Hund noch heute die Karawanen. Nach dem britischen Kolonialkrieg gegen Afghanistan (1878—1881) kamen die ersten Afghanen nach England, und von dort haben sie sich ziemlich rasch über die ganze Welt verbreitet. Dem Afghanen wird nachgesagt, daß er wenig bellt, abweisend gegen Fremde ist und sich außerdem ziemlich schwer erziehen läßt.
Der Greyhound ist die Formel 1 unter den Windhunden, der schnellste Renner. Es ist ein Erlebnis, ihn beim Laufen zu beobachten, denn unter seinem kurzhaarigen Fell zeichnet sich das Spiel der Muskelstränge so deutlich ab wie unter

dem engen Trikot eines Athleten. Der Greyhound hat eine Jahrtausende alte Geschichte, ist wahrscheinlich durch die Phönizier nach England gekommen, das seine eigentliche Heimat wurde. Als Lord Orford 1776 in Norfolk den ersten Hunderennklub der Welt gründete, waren natürlich Greyhounds mit dabei.

Der Whippet, ebenfalls ein Engländer, gilt als Windhund des kleinen Mannes. Alles in allem ist er eine Miniaturausgabe des Greyhounds und wird auf kurzen Strecken an Schnelligkeit nur von diesem übertroffen. Der Whippet ist ein unkomplizierter Hund und ein angenehmer Hausgenosse.

Der zierlichste und grazilste unter den Windhunden ist das Windspiel. Schon die alten Römer, die etwas auf sich hielten, schätzten ihn als Begleiter. Und berühmt ist die Rasse durch Friedrich den Großen geworden, der lieber mit seinen Windspielen zusammen war als mit den Menschen. Das Windspiel ist ein sehr sensibler Hund, der viel Verständnis braucht, sonst ist er schnell verdorben.

Die Funktion der Barsoi verrät schon sein Name: Barsoi heißt auf russisch soviel wie flink oder schnell. Lange Zeit wurde dieser langhaarige, stromlinienförmige Hund ausschließlich von russischen Großgrundbesitzern gehalten, die ihn auf den Wolf hetzten. Er wird als „Aristokrat unter den Hunden" bezeichnet. Der Barsoi ist ein sehr großer Hund (die Rüden sind bis zu 82 cm groß) mit einem gewölbten Rücken und einem langen, extrem schmalen Schädel, in dem seine Gegner — zu Unrecht — besonders wenig Grips vermuten. Nach der Revolution hatte der Barsoi in der Sowjetunion kein leichtes Leben, zu sehr galt er als Symbol des Feudalsystems.

Aus Persien brachte der deutsche Gesandte in Teheran, Friedrich Werner Graf von der Schulenburg, in den zwanziger Jahren Salukis nach Deutschland mit. Der Saluki ist in Persien ein beliebter Hetzhund, der mit auf die Kaninchenjagd genommen wird. Sein Fell ist seidig glatt, nur die herabhängenden Ohren und die lange Rute sind reich befranst.

Zuletzt noch der Sloughi, jener nordafrikanische Windhund, der als reinster Nachkomme der altägyptischen Jagdwindhunde gilt, die schon auf Pyramidenzeichnungen dargestellt sind. Die Franzosen haben diesen Hund, der kurzhaarig ist, während der Kolonialzeit nach Europa gebracht und mit gutem Erfolg vor allem im warmen Südfrankreich weitergezüchtet. Äußerlich weist dieser Hund, auch Gazellenhund genannt, viel Ähnlichkeit mit dem Greyhound auf. Die Araber setzen den Sloughi vor sich in den Sattel, und wenn eine Antilope oder eine Gazelle aufgespürt ist, springt der Hund vom Pferd hinunter und greift dann an. Es gibt noch andere, noch viel seltenere Windhundrassen, so den ungarischen Magyar agár oder den chinesischen Tschika, aber es wäre müßig, sie hier zu beschreiben, weil man ihnen bei uns ohnehin kaum jemals begegnet.

Sämtliche Windhundrassen werden in der Bundesrepublik vom Deutschen Windhundzucht- und Rennverband (DWZRV) betreut. Nur in Irland werden Windhunde noch auf lebendes Wild gehetzt, auf Hasen, die extra für diesen „Sport" gezüchtet sind. Auch bei uns gibt es inzwischen viele Hunde-Rennplätze, auf denen die Hetzjagd, einst Leidenschaft des Adels, passend zum

20. Jahrhundert in automatischer Form betrieben wird: Die Windhunde jagen hinter einem „künstlichen Hasen“ her, der sich etwa 15 Meter vor ihnen auf der Bahn bewegt. Der falsche Hase wird an einer Schnur über Rollen von einer „Hasenmaschine“ gezogen. Die Länge der Strecke beträgt zwischen 300 und 900 Meter. Die vierbeinigen Rennläufer erreichen während der Hatz eine Durchschnittsgeschwindigkeit von 60 Stundenkilometer und mehr. Sie tragen verschiedenfarbige Decken mit Nummern darauf. Um Beißereien zu verhindern, wird ihnen außerdem ein Maulkorb angelegt. Rennverlauf und Ergebnisse werden mit elektronischer Zeitmessung, Zielfotografie und Videoanlage kontrolliert. Zusätzlich fungieren vier Bahnbeobachter als Schiedsrichter. Behindert ein Hund Konkurrenten, wird er disqualifiziert.

Eine zweite Variante des Windhund-Rennsports ist das sogenannte Coursing. Es wird vor allem im Herbst veranstaltet, wenn die Felder frei sind. Der Hase wird hier kreuz und quer durchs Gelände gezogen, und die Windhunde können sich bei der Verfolgung richtig frei entfalten, ganz so wie in alten Zeiten.

Deutsche Windhunde sind Amateure, ihre Artgenossen in England, Amerika und Australien dagegen waschechte Profis. Vor allem auf der britischen Insel ist das Windhundrennen beliebt und zieht nach dem Fußball die größten Massen an. Während sich die „Upper class“ beim Pferderennen in Ascot ergötzt, geht der einfache Mann zum Hunderennen. Als die Bergarbeiter im Winter 1973/74 streikten und ganz England im Dunkeln lag, ließ man einzig auf den Hunderennplätzen das Licht nicht ausgehen. Zu den großen Windhund-Derbys im berühmten Londoner White City Stadion kommen über 30 000 Zuschauer. Jüngst wurde vor dem Finale ein Champion aus Irland von einem irischen Priester mit original irischem Quellwasser gesegnet. Der Besitzer des Siegers erhielt für den Derby-Erfolg sage und schreibe 75 000 Mark.

Die Leidenschaft des Engländers ist das Wetten. Bei den Windhundrennen beträgt der Wettumsatz mittlerweile jährlich über zwei Milliarden Mark. Den Hunden ist das große Geschäft schlecht bekommen. Sie sollen möglichst schnell Geld für ihre Eigentümer bringen und werden oft schon trainiert, wenn sie noch viel zu jung sind. Durch zu viele Rennen überfordert, sind viele schon mit vier oder fünf Jahren am Ende, oder sie ziehen sich beim Rennen Knochenbrüche und Muskelrisse zu. Ein Hund aber, der keinen Sieg mehr erringt, ist in vielen Fällen zum Tode verurteilt. Ehrgeizige Hundebesitzer, die um jeden Preis siegen wollen, steigern die Rennleistung ihrer Tiere mit Stimulantien, und manche scheuen nicht einmal davor zurück, die Konkurrenz zu vergiften.

In der Bundesrepublik gibt es diese Auswüchse nicht. Der Sieger sammelt lediglich Pokale. Unlängst provozierte allerdings in Berlin ein Windhund einen gesamtdeutschen Zwischenfall. Auf der Jagd nach einem Hasen geriet der Barsoi „Baruschka aus dem Zarenreich“ in den Osten der Stadt und wurde dort von einem Volkspolizisten eingefangen. Doch die Tierliebe scheint von Ideologien unbeeinflußt geblieben zu sein. Die Besitzerin bekam den Ausreißer zurück und schenkte ihrerseits dem uniformierten Finder zum Dank einen Windhundwelpen aus ihrer Zucht.

Der Gladiator

Einen Bullterrier zu besitzen kann zum Abenteuer werden. Denn in ihm fließt noch viel Blut von uralten Kampfhunden. Wenn er einmal in Wut gerät, wird es schrecklich

Zu Hause ist
der Bullterrier
ein sanfter Genosse,
der gestreichelt
sein will. Wer einmal
so einen Hund
besessen hat, hält
der Rasse meist
die Treue

12 Der Gladiator

Aus Büchern kannte ich ihn schon als Kind, den Bullterrier. Den „Weißen Wolf" von Max Brand habe ich genauso verschlungen wie die Geschichte von „Schnapp" des Tierschriftstellers Ernest Thompson Seton. Der „Weiße Wolf" mußte sich schon als winziger Welpe durch die Wildnis der Rocky Mountains schlagen. Seine Mutter war von Wölfen getötet worden. Der Hund wird später vom Wolfsrudel angenommen, und nach vielen wilden Kämpfen ist er, der weiße Bullterrier, schließlich Meutechef der Wölfe. Am Ende aber findet er zu den Menschen zurück. Und auch der Bullterrier „Schnapp" war ein harter Kämpfer, der einen Gegner nach dem anderen besiegte, bis es „Schnapp" zuletzt selber erwischte. Die Heldentaten dieser beiden Hunde haben mir damals kolossal imponiert.

Nach dem Zweiten Weltkrieg war diese Rasse bei uns noch eine Rarität. Dem ersten Bullterrier aus Fleisch und Blut begegnete ich Mitte der fünfziger Jahre auf einem Spaziergang in der Eilenriede, dem hannoverschen Stadtwald. Ein schneeweißer Hund, ganz wie der weiße Wolf. Nur über dem linken Auge hatte er einen tiefschwarzen Fleck wie ein Monokel. Selbstbewußt marschierte er mitten auf dem Weg entlang, doch ging keinesfalls etwas Bedrohliches oder Gefährliches von ihm aus. Die kleinen Augen blinzelten listig, aber freundlich. Die Schnauze hatte er halb geöffnet, und es sah aus, als lächele er. Um die Nase herum schimmerte es leicht rosa durchs Fell, und für mich hatte er mehr von „Schweinchen Schlau" als von einem Hundehelden.

Ich wurde damals von meinem Airedale-Terrier-Rüden Konos begleitet. Konos pflegte jedem anderen Rüden zu zeigen, wer der Herr im Revier war, und sein Revier, das war für ihn die ganze Eilenriede. Schäferhunde hatte er schon dutzendweise aufs Kreuz gelegt, und selbst dem viel schwereren Rottweiler des Schlachters Nolte hatte er das Fell versohlt. Auch auf diesen Hund, der einen Kopf kleiner war als er, stelzte er mit gesträubten Nackenhaaren zu. Der Bullterrier blieb ganz gelassen. Freundlich wedelte er mit seinem langen Schwanz. Das machte Konos wütend. Er knurrte, entblößte sein Gebiß und stürzte sich auf den weißen Hund. So schnell habe ich nie wieder einen Hund reagieren sehen. Der Bullterrier wich geschickt aus und startete dann, wie von einem Katapult abgeschossen, einen Gegenangriff. Unter seinem kurzen Fell wurden auf einmal riesige Muskelpakete sichtbar wie unter dem Trikot eines Athleten. Wie eine Dampframme fuhr er in den armen Konos. Der lag schon nach Sekunden auf dem Rücken und ergab sich. Der Bullterrier hockte über ihm und entblößte ein Gebiß, das so gefährlich aussah wie eine Kreissäge. Das hatte Konos noch nie erlebt. Er, der Beherrscher der Eilenriede, hatte seinen

Meister gefunden. Gott sei Dank konnte der Besitzer des Bullterriers, ein englischer Offizier, seinen Hund rechtzeitig zurückpfeifen. Nie wieder sind wir ihm begegnet, und die Niederlage hat Konos lange deprimiert.
Erst viel später habe ich die Geschichte des Bullterriers kennengelernt. Es ist eine blutrünstige und traurige Geschichte. In den Adern dieses Hundes fließt das Blut britannischer Kampfhunde. Seine Urahnen verteidigten im 1. Jahrhundert vor Christus gemeinsam mit ihren Herren ihre Heimat gegen den Einfall der Römer. Die Hunde müssen damals Angst und Schrecken verbreitet haben. Römische Geschichtsschreiber priesen ihren Kampfesmut. Die Römer waren es auch, die den Hund mißbrauchten. Sie nahmen ihn mit nach Italien und ließen ihn in den Arenen gegen Raubtiere und Gladiatoren kämpfen.
Nach und nach wurden diese Hunde selber zu vierbeinigen Gladiatoren. Der englische Adel fand Vergnügen daran, die Kampfhunde gegen wilde Tiere oder auch Menschen zu hetzen. Während andere Hunderassen immer mehr zum Gefährten des Menschen wurden, mußten diese Hunde zu dessen Zeitvertreib ihr Leben lassen. Feiglinge und Unvorsichtige hatten keine Chance, nur die Tapfersten und Klügsten überlebten und gaben ihr Erbgut weiter.
Einer der ersten Berichte von diesen Hundekämpfen stammt aus dem Jahr 1050. Danach ließ Eduard der Bekenner in Norwich sechs Hunde gegen einen Bären kämpfen. Der Bär trug ein eisernes Halsband und war an eine Eisenkette gebunden. Die Kette wurde durch einen Ring gezogen, der am Boden befestigt war. So konnte man ihm je nach Kampflage mehr oder weniger Spielraum geben. Meist wurden zwei Hunde gleichzeitig gegen den Bären gehetzt. Sie waren so abgerichtet, daß sie ihm sofort an die Kehle gingen.
Aus dem Jahr 1575 ist der Bericht eines Augenzeugen von einem solchen Kampftag überliefert: „Es war ein sehr angenehmes, sportliches Ereignis, mitzuerleben, wie der Bär mit kleinen, blutunterlaufenen Augen den Angriff seines Gegners erwartete. Erstaunlich sind der Mut und der Schneid des angreifenden Hundes, aber auch die Geschicklichkeit des Bären, der es meist verstand, jegliche ernstliche Verwundung zu vermeiden. Wurde er an einer Stelle wirklich gebissen, so griff er sofort energisch an, um sich wieder zu befreien. Hatte sich der Hund fest verbissen, so kam der Bär dank seiner Bisse und Prankenhiebe mit Fauchen, Brüllen, Stoßen und Pressen geschickt wieder los."
Ein großer Liebhaber der Tierkämpfe war auch König James I. Er bezahlte seinem „Master of the Game Beeres, Bulles and Dogges" jährlich die damals horrende Summe von 450 englischen Pfund. Der Mann mußte die Kämpfe organisieren und außerdem einen Zwinger überwachen, in dem 20 Hündinnen gehalten wurden, die ständig Nachwuchs für die Kämpfe produzieren mußten. In alten Dokumenten kann man nachlesen, wie es damals zuging. Über einen Kampf zwischen drei Hunden und einem Löwen, der zu Ehren des Prinzen Henry im Tower zu London stattfand, hieß es: „Der erste der Hunde, der in den Käfig gelassen wurde, war schnell am Ende. Der Löwe packte ihn am Kopf und Hals und schleppte ihn durch den Käfig. Der

Der schwarze Fleck über dem Auge heißt Monokel

zweite Hund wurde auf den Löwen gehetzt und auf dieselbe Art erledigt. Der dritte jedoch packte den Löwen sofort an dessen Lefzen und hielt ihn eine ganze Zeitlang fest. Der Hund wurde von den Prankenhieben des Löwen fürchterlich zugerichtet und mußte schließlich seinen Griff lockern. Der Löwe war durch den Kampf so erschöpft, daß er den Kampf nicht wieder aufnahm, sondern einen großen Sprung über den Hund hinweg machte und sich in den hinteren Teil des Käfigs zurückzog."

Prinz Henry ordnete daraufhin an, daß dieser Hund nie mehr in die Arena kam. Er sagte: „Er hat mit dem König der Tiere gekämpft und soll sich später nicht mit einer niedrigeren Kreatur herumschlagen müssen."

Über den Kampfhund Urcanus schreibt Dr. John Cains in seinem Buch „De Canibus Britannicis" — „Über die britannischen Hunde" im Jahre 1570: „Der Urcanus ist ein wildes Tier, im Zorne nicht zu bändigen. Im Kampf ist er entschlossen, schnell und so hart, daß man ihn eher in Stücke reißen als ihn abschütteln kann. Er fürchtet weder Wolf noch Stier, Bären oder Löwen." Der Kampfhund der damaligen Zeit muß dem Mastiff ähnlich gewesen sein, einem großen massigen Hund, der heute noch in England gezüchtet wird und den man in einzelnen Exemplaren auch bei uns findet.

Auch über den Gegner des Hundes, den Bären, gibt es Legenden. Zur Zeit Shakespeares kämpfte der berühmte Bär Blackface. Sein Hals wurde von einem breiten, schmiedeeisernen Halsband geschützt. In 22 Kämpfen blieb er siegreich und zerfetzte viele Gegner. Dann wurde er ohne das Halsband, das seine Kehle schützte, in den Bärengarten geführt und mußte gleichzeitig gegen drei riesige Hunde kämpfen. Das war sein Ende. Sein Mut wurde noch lange nach seinem Tod in Balladen besungen.

Der Kampf zwischen Hund und Raubtier blieb ein dem Adel vorbehaltenes Privileg. Aber auch das Volk sollte Brot und Spiele haben. Seit Mitte des 14. Jahrhunderts wurde der Hund auch auf Bullen gehetzt. Bald hatte jede Stadt, die etwas auf sich hielt, einen eigenen Bullenring, und es wurde ein Gesetz erlas-

sen, nach dem jeder Bulle, bevor er zum Steak verarbeitet wurde, gegen Hunde antreten mußte. Angeblich sollte dadurch sein Fleisch zarter werden.
Der große, mastiffartige Hund, der sich gegen Raubtiere bewährt hatte, konnte gegen den Bullen wenig ausrichten. Er war zu schwer und unbeweglich. So züchtete man für diese Variante des Kampfes einen speziellen Hund, schneller und kurzläufiger: den Bulldog. Er wurde aus kleineren Mastiffschlägen herausgekreuzt und hat wahrscheinlich auch Jagdhundblut in sich. Um gegen den Bullen überhaupt eine Chance zu haben, mußte er eine ganz bestimmte Kampftechnik beherrschen: Der Hund mußte dicht auf den Boden gepreßt unter den Hörnern des Bullen herankriechen und versuchte, sich in dessen empfindlicher Nase zu verbeißen. Nur so hatte er eine Chance gegen den übermächtigen Gegner. Hunde, die anders attackierten, wurden, falls sie das überlebten, auf Lebzeiten als nicht rasserein vom Bullenkampf disqualifiziert. Damit der Hund, auch wenn er sich verbissen hatte, noch genug Luft bekommen konnte, züchtete man ihm einen vorbeißenden Unterkiefer an. Schon die Junghunde wurden an den blutigen Köpfen frisch geschlachteter Bullen abgerichtet.
Der Kampf gegen den Bullen war nicht minder gefährlich als der gegen Raubtiere. Wartete der Bär auf den Angriff des Hundes, so griff der Bulle sofort von selbst an. Die Hunde wurden oft von den Hörnern mehr als zehn Meter hoch in die Luft geschleudert. Unzählige Hunde starben oder wurden zu Krüppeln. Hatte sich ein Hund aber erst mal in der Bullennase festgebissen, so war er kaum noch zu lösen. Meist blieb ein Stück Fleisch aus der Bullennase in seinen Fängen.
Der Bullenkampf wurde zum Volkssport. Auch die Wettleidenschaft der Engländer kam voll zum Zug. Hohe Summen wurden auf Hunde und Bullen gesetzt. Bald züchteten clevere Geschäftsleute regelrechte Kampfbullen, mit denen sie von Bullenring zu Bullenring zogen. Unvorstellbare Grausamkeiten waren damals an der Tagesordnung. Unter den Leibern der Bullen entfachte man Feuer, damit sie wieder auf die Beine kamen, oder man goß ihnen siedendheißes Öl in die Ohren, um so die Tiere erneut anzustacheln.
Einmal brachte ein Züchter, so ist überliefert, nicht nur seine alte Bulldoghündin mit in den Ring, sondern auch deren Welpen. Als die Hündin sich im Bullen verbissen hatte, hackte sie ihr Herr mit einem Schlachtmesser in Stücke. Die Hündin ließ bis zuletzt nicht los. Der Nachwuchs einer solchen Kampfnatur war höchst begehrt. Der Züchter bekam die stolze Summe von 50 Guineas für einen Hund.
Ende des 18. Jahrhunderts ersannen die Menschen wieder ein neues Schauspiel. Jetzt mußte der Hund gegen seinen eigenen Artgenossen antreten. Der Kampf verlief, ähnlich wie ein Boxkampf, nach genau festgelegten Regeln. Die Hunde kämpften in verschiedenen Gewichtsklassen und wurden vor dem Fight genau gewogen. Es gab einen Kampfring, den „pit". In der Ringmitte war eine weiße Linie gezogen. Die Hunde wurden von ihren Besitzern ohne Halsband, nur am Nackenfell gefaßt, in den Rang geführt. Dann wurde ein Hund losgelassen. Sowie er die weiße Linie überquert hatte, ließ man auch

den zweiten Hund frei, gehetzt von seinem Herrn.

Wie ein Boxkampf war auch der Hundekampf in Runden eingeteilt. Am Ende jeder Runde zerrten die Besitzer ihre ineinander verbissenen Tiere auseinander. Das ging so lange, bis einer der beiden Hunde nicht mehr in der Lage war, den weißen Trennungsstrich zu überqueren, oder er unter den Bissen seines Gegners sein Leben ausgehaucht hatte. Man konnte für seinen Hund auch das Handtuch werfen. Doch davon machte kaum ein Kampfhundbesitzer Gebrauch, denn hier standen ebenfalls große Wettsummen auf dem Spiel.

Wieder mußten Spezialisten für diese Art des Kampfes gezüchtet werden. Ein Bulldog wäre ein langweiliger Kämpfer gewesen. Er hätte sich einfach in seinen Gegner festgebissen und wäre schwerlich wieder von ihm zu lösen gewesen. Deshalb kreuzte man den leichteren und temperamentvolleren Terrier ein. Es entstand der Bullterrier. Die Norm, die sich die Züchter für diesen neuen Typ des Kampfhundes gesetzt hatten, lautete: kämpfen, töten, nie nachgeben und trotzdem gehorsam gegenüber dem eigenen Herrn.

Kampfhundtraining in der Tretmühle

Oft war bei diesen Kämpfen auch Betrug im Spiel. Das Fell der Hunde wurde mit Tabaksaft, Pfeffermischungen und sogar Blausäure eingerieben, um so den Gegner zu schwächen. Deshalb mußte bei jedem Kampf ein „Taster" dabeisein. Der hatte die delikate Aufgabe, den Hunden, bevor sie einander attackierten, das Fell abzulecken. Für seinen Job bekam er pro Hund einen Schilling.

Wie es bei solchen Hundekämpfen zuging, vermittelt der Bericht eines amerikanischen Reporters aus dem Jahre 1804:

„Paddy aus New York und Trix aus Philadelphia trugen am gestrigen Abend einen Kampf auf Leben und Tod aus. Paddy und Trix gehören der Rasse der Bullterrier an.

Die Wetten standen für beide Seiten auf je 300. Die Hunde wogen, wie vertraglich festgelegt, jeweils 28 Pfund. Paddy ist ein weißgelber Bullterrier, etwa vier Jahre alt. Er kann auf zahlreiche Kämpfe und Siege zurückblicken. Trix ist einer der ‚kommenden Weltsieger', zumindest meinten dies seine Besitzer in Philadelphia. Hundekämpfer trauen sich gegenseitig nie über den Weg, und so verlangt es die Regel, daß beide Hunde in demselben Zuber gewaschen und gereinigt werden, um so zu verhindern, daß eine der Parteien gefährliche Drogen oder Gift in das Waschwasser schüttet. Dann mußten die Besitzer mit eigener Zunge jeweils den gegnerischen Hund ablecken. Wenn sie festgestellt hatten, daß kein Gift im Hundefell war, wurde der Ring geräumt. Dann kam das Kommando: ‚Los!'

Die Geschicklichkeit und Schläue von Paddy zeigte sich recht schnell. Er stieß

In England hatte der Hundekampf viele Fans. 1835 wurde das grausame Spiel verboten

und biß seinen Gegner durch den Ring in einer so fürchterlichen Art, daß die ganze Zuschauerschaft vor Entzücken laut kreischte. Trix kämpfte mutig dagegen an. Aber bald lag Trix langhingestreckt am Boden, sein hübsches Fell war besudelt von Schmutz und von Blut überzogen.

Wie jetzt sein Führer auf ihn einredete! ‚Trix, komm mein Junge, reiß ihm den Kopf ab!‘ Wie der Führer von Paddy schrie: ‚Paddy, zerfleische den Quäker!‘ Der Kampf dauerte zwei Stunden. Trix wurde schrecklich zugerichtet. Er war fast tot, als die Hunde wieder einmal in ihre Ecken gebracht, mit dem Schwamm sorgfältig abgewaschen und dann wieder aufeinander losgelassen wurden. Es war Paddys Angriff, und dieser Angriff war einer der besten, die jemals in einem Kampfring zu sehen waren. Da schrie zum Erstaunen aller Zuschauer der Schiedsrichter: ‚Dies ist ein unfairer Angriff!‘ Dann schaute er sich um, als suche er von irgendwem Unterstützung und rief: ‚Der Angriff war unfair! Hiermit erkläre ich diesen Kampf für unentschieden!‘

Viele Zuschauer fingen an zu fluchen und beschimpften den Schiedsrichter: ‚Du bist ein feines, diebisches Ferkel. Du gekaufter Schurke!‘ Es hätte nur eines Funken bedurft, und sie hätten die Pistole abgefeuert, mit der sie herumfuchtelten, um jemanden ins Jenseits zu befördern.“

In Großbritannien wurde der Hundekampf 1835 durch das Parlament offiziell verboten. Aber noch lange wurde in Lagerhallen und auf Hinterhöfen heimlich weitergekämpft. Man schickte die Hunde nun auch gegen Ratten in den Ring. So ist überliefert, daß „Billy, der Rattenkiller“, nur sieben Minuten und zehn Sekunden brauchte, um 100 Ratten den Garaus zu machen. Und „Jacko“ erledigte 1000 Ratten in weniger als 100 Minuten.

Der Bullterrier, wie wir ihn heute kennen, entstand etwa um 1860. Als sein Schöpfer gilt James Hinks. Er züchtete in Birmingham Bulldoggen und den weißen englischen Terrier. Diese beiden Rassen brachte er nun zusammen. In den Kampfhunden waren ohnehin schon viele andere Rassen vereint. Kenner vermuten den Greyhound, Dalmatiner, Foxhound, Mastiff und viele Terrierarten darin. Er sah plump aus, hatte eine steile Hinterhand, einen kurzen, dicken Kopf und Hängelefzen. Hinks veredelte diesen Hund. Er wollte zeit seines Lebens nur den reinweißen Bullterrier züchten. Der Hund bekam einen längeren Kopf, einen langen Hals, einen schlanken Körper und eine gut gewinkelte Hinterhand. Seine Gegner warfen dem Züchter vor, daß er zwar schöne Hunde züchte, der alte Schneid des Bullterriers aber dabei verlorengegangen sei. Auf einer Hundeausstellung im Jahre 1862 ließ Hinks, um das Gegenteil zu beweisen, seine Zuchthündin Puss gegen einen Kampfhund vom alten Schlage antreten. Puss tötete ihren Gegner und bekam selber kaum eine Schramme ab. Der neue Typ hatte sich durchgesetzt.

1882 wurde „The Bullterrier Club“ gegründet. Neben dem Bullterrier entwikkelten sich der Miniature-Bullterrier, der wie eine Taschenausgabe des Bullterriers aussieht. Seine Vettern sind

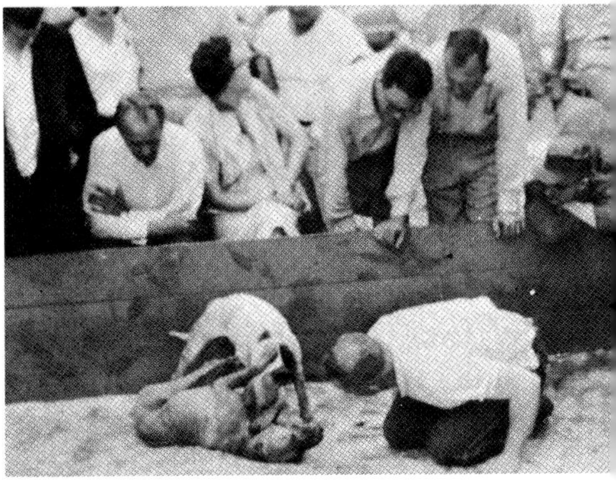

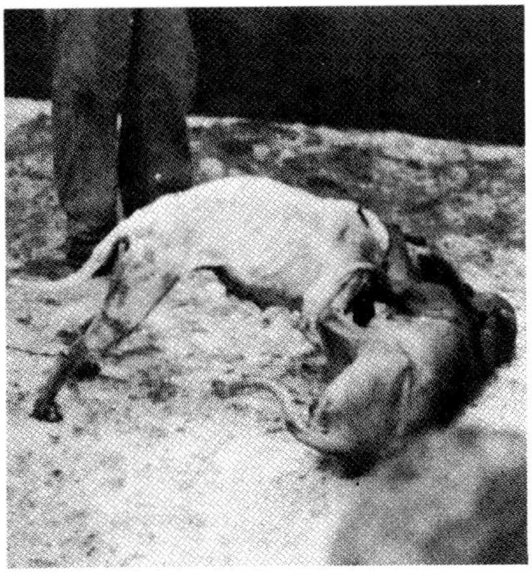

In den USA gibt es auch noch heute viele geheime Zirkel, die sich an dem blutigen Schauspiel ergötzen. Die Hunde kämpfen bis zum letzten Atemzug. Immer wieder werden sie von ihren Besitzern aufeinander gehetzt. Dabei geht es um hohe Wettsummen

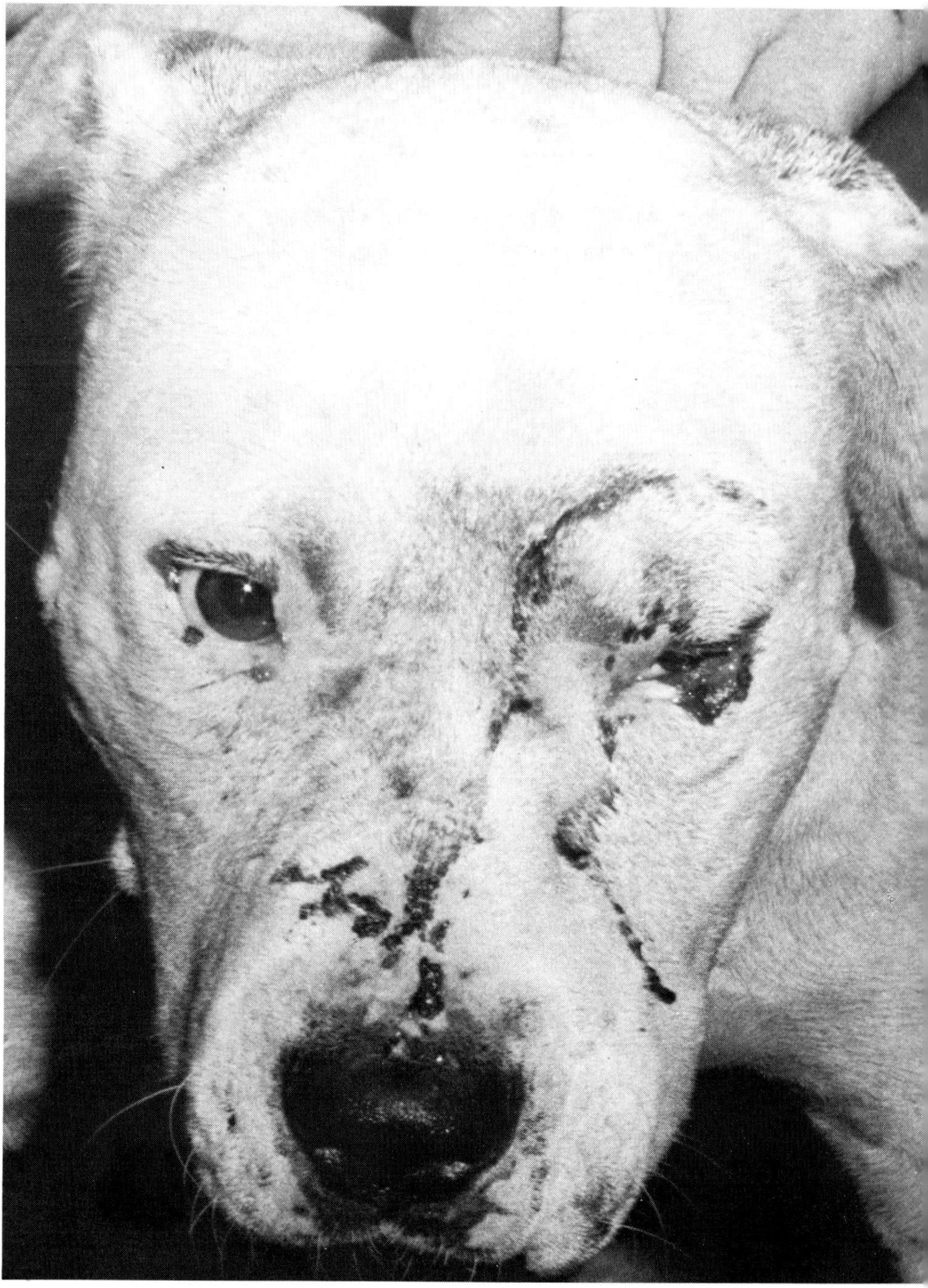

Als die Polizei in den USA eine Kampf-Arena aushob, rettete sie diesen Hund. Seine Schnauze war völlig zerbissen, und er hatte schon ein Auge verloren

außerdem der Staffordshire-Bullterrier und der Staffordshire-Terrier, beides Rassen, in denen das Bulldog-Erbe überwiegt. Hinks und seine Jünger ließen nur den reinweißen Bullterrier gelten. Die Zucht farbiger Tiere wurde von ihnen bekämpft. Sie waren darin regelrechte Rassisten. Heute hat sich auch der farbige Bullterrier durchgesetzt, wobei ein gestromter Ton bevorzugt wird.

Der wohl intimste Kenner der Bullterrier-Rasse in Deutschland ist Dr. Dieter Fleig. Seit fast 20 Jahren züchtet er sie in seinem Zwinger „Alemannentrutz". Er ist Zuchtleiter des „Deutschen Clubs für Bullterrier" und Schönheitsrichter. Er hat außerdem ein ausgezeichnetes Buch über diese Rasse geschrieben. Fleig wohnt in einem einsam gelegenen Landhaus in der Eifel. Ich habe ihn dort besucht. Das Haus ist angefüllt mit einer kostbaren Sammlung alter Hundebilder-Zeichnungen und -Stiche. Es gibt eine Bibliothek mit seltenen Hundebüchern, die man sonst nirgendwo mehr findet. Der Hausherr ist ein Hundenarr, aber keiner von denen, die kritiklos „ihre Rasse" in den Himmel heben und andere Hunde daneben nicht gelten lassen.

Abends sitzen wir am offenen Kaminfeuer. Zu meinen Füßen hat es sich die schneeweiße Bullterrier-Hündin Jill bequem gemacht. Sie hat den typischen Rammskopf ihrer Rasse, der dem eines Pferdes sehr ähnelt. Auf vielen Ausstellungen wurde sie preisgekrönt. Fleig erzählt: „Der Bullterrier hat ein völlig anderes Sozialverhalten, als man es sonst bei Hunden findet. Vielleicht muß man sogar sagen, daß es entartet ist. Er kennt keine Tötungshemmungen, und wenn er in Rage ist, empfindet er keinen Schmerz mehr. Das alles ist seit Jahrhunderten in ihm. Was nichts taugte, das starb im Ring. Zur Zucht wurden nur die siegreichen Gladiatoren benutzt. Das Blut dieser altenglischen Kampfhunde", fährt Dr. Fleig nicht ganz ohne Stolz fort, „pulst noch immer in den Adern unseres heutigen Bullterriers. Dies zu wissen und einzukalkulieren ist von außerordentlicher Bedeutung für eine richtige Behandlung und verständnisvolle Erziehung unseres Hundes."

Einen Bullterrier zu besitzen kann zum schlimmen Abenteuer werden. Frau Fleig zeigt mir ihre linke Hand. Vom Mittelfinger fehlt die Hälfte. Als sie beim Deckakt assistieren wollte, hat eine Hündin ihr den Finger abgebissen. Vor ein paar Tagen, so erzählt Dr. Fleig, war er von einer befreundeten Züchterin angerufen worden, deren bester Deckrüde auf der Jagd nach einer Katze einfach geradeaus gegen eine Mauer gelaufen war und sich das Genick gebrochen hatte. Er erzählt von einer Hündin Della, die sich mitten in Köln plötzlich blindwütig auf einen fahrenden Tanklastzug stürzte und in die Reifen des Fahrzeugs beißen wollte. Seine Hündin „Amazon" griff aus Eifersucht einmal das Pferd an, auf dem er gerade saß, biß in Fesseln, Brust und Weichen, bis ein Huftritt ihr den Hinterlauf zertrümmerte.

Unter Bullterrier-Zähnen haucht auch heute noch mancher Hund sein Leben aus. Sie können der Schrecken ganzer Stadtviertel sein. Unlängst drang ein Bullterrier in einen Kuhstall ein und richtete dort ein Blutbad an. Er wurde erschossen. Ähnlich ergeht es manchem Bullterrier, in dem das alte Erbe noch

zu stark ist. Manche müssen vom Tierarzt eingeschläfert werden.
Die Zucht des Bullterriers ist viel mühsamer als die anderer Rassen. In den ersten Wochen darf der Züchter den Wurf Tag und Nacht nicht aus den Augen lassen. Oft werden die Welpen von ihrer eigenen Mutter totgebissen. „Sie hält ihren Nachwuchs", so vermutet der Zuchtwart Fleig, „wahrscheinlich für Ratten." Andere werden von ihr in der Wurfkiste erdrückt. Die Welpensterblichkeit ist extrem hoch, liegt bei fast 40 Prozent. Bereits mit sieben Wochen gibt Fleig seine jungen Hunde ab. Ungewöhnlich früh, aber er muß das tun, sonst würden sich die Welpen untereinander regelrecht zerfleischen.

Bullterrier sind nicht leicht zu züchten. Schon mit acht Wochen fallen die Welpen übereinander her und fügen einander böse Wunden zu. Der Züchter muß sie deshalb möglichst früh abgeben

Das alles ist kaum zu glauben, wenn ich die Hündin betrachte, die vor mir liegt und wie ein Kater schnurrt, während ich ihr die Ohren kraule. Im Bullterrier-Club ist man bemüht, extrem aggressive Tiere von der Zucht fernzuhalten. Aber auch dort gibt es viele, die diese Hunde immer noch gern als Kampfmaschine sehen. Fleig schickt als Richter auf Schönheitskonkurrenzen Hunde, die sich im Ring zu wild gebärden, grundsätzlich hinaus. Er mußte das auch schon mit einem von ihm selber gezüchteten Hund tun. Bullterrier-Käufern gibt er stets den Rat mit auf den Weg: „Ermuntern Sie nie einen Bullterrier zum Kampf." Denn vernünftig erzogen, ist der Bullterrier durchaus ein angenehmer Familienhund. Er ist auch gut in der Stadt zu halten, weil er — ein Erbe des Bulldogs — nicht allzuviel Bewegung braucht.

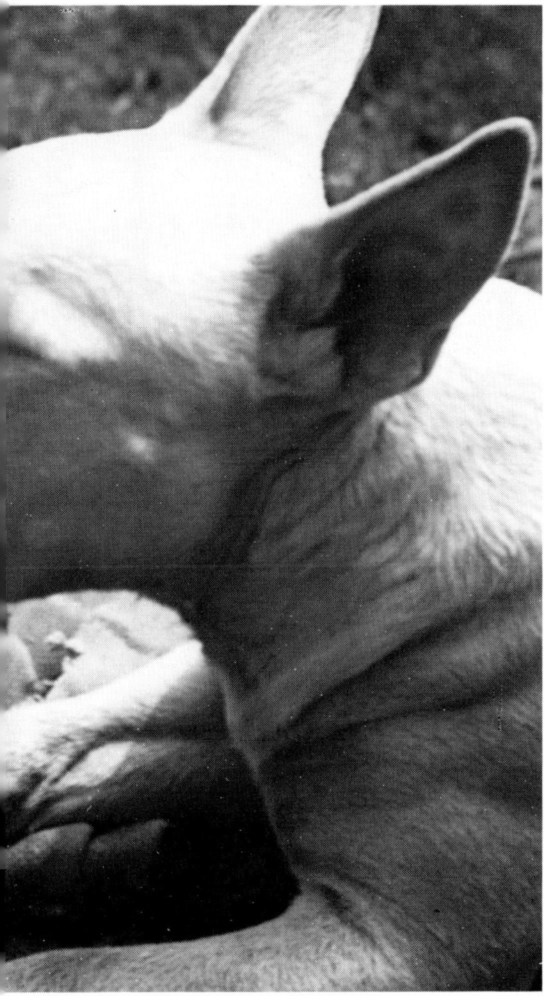

Es ist schon lange nach Mitternacht, als Fleig ein Shakespeare-Zitat auf den Hund anwendet, dem er sich verschrieben hat: „Ach, es ist groß, des Riesen Kraft zu besitzen, doch tyrannisch, dem Riesen gleich sie zu gebrauchen!"

Daß sich gerade in der letzten Zeit immer mehr „Spinner", angelockt durch dessen gefährliches Image, einen Bullterrier zulegen, ja dieser sogar bei einem Zuhälterkrieg in Berlin als lebende Waffe eingesetzt wurde, bedrückt Fleig. Er selbst gibt seine Hunde nur in Kennerhand.

Längst ist der Bullterrier von seiner Vergangenheit eingeholt worden. Es gibt auch heute noch genug Menschen, die das blutige Schauspiel des Hundekampfes als angenehmen Kitzel empfinden. „Dogfighting" ist in Amerika wieder ganz groß in Mode. Gekämpft wird meist am Wochenende. Über Ort, Zeit und Paarungen verständigen sich die Teilnehmer per Telefon. Stehen größere Gemetzel ins Haus, schwelgt die Hundekämpfer-Untergrundpresse — zwei Magazine mit geheimgehaltenen Abonnentenlisten — in Vorberichten.

Zuschauer reisen aus allen Teilen des Landes an, in der Regel samt Familie und häufig sogar in Wohnwagen. Es sind Fabrikarbeiter, Friedensrichter, Autohändler — alle, die Spaß am tierischen Vernichtungskampf finden. Männer mit breitkrempigen Cowboyhüten ballern gelegentlich mit Revolvern in die Luft, Schlägereien sind an der Tagesordnung, Blut und Bier fließen in Strömen. Gekämpft und gefeiert wird auf Hinterhöfen, in Scheunen, auf offenen Feldern; Teilnehmerzahlen um 500 sind nicht selten.

Fast immer sind die Kampfhunde Staffordshire-Terrier, die, wenn sie gut kämpfen können, mehrere tausend Dollar teuer sind. Der Staffordshire-Terrier ist ein Vetter des Bullterriers, aber auch Bullterrier kommen zum Einsatz und gelegentlich auch Schäferhunde, Bernhardiner, Sibirische Huskys und Malamuten aus Alaska.

Die Ausbildung zum Kampf dauert bis zu zwei Jahren. Den Hunden werden Gewichte an die Schnauze gehängt, um die Kiefer zu stärken, sie müssen an langen Leinen Autos nachjagen, in Tretmühlen schwitzen sie überflüssige Pfunde ab. Ihr Futter ist eine proteinreiche Diät, die fast ausschließlich aus rohem Fleisch besteht. Menschen werden nur selten von ihnen angegriffen.

Um den Blutinstinkt der Gladiatoren zu wecken, werden ihnen junge Hunde und Katzen in den Zwinger geworfen, die sie totbeißen sollen. Beliebt ist die „Springsack-Methode“: Eine Katze wird in einen Sack gesteckt, der unten Öffnungen für die Pfoten hat und in etwa zwei Meter Höhe an eine Stange gehängt wird. Die Katze, die in ihrer Todesangst versucht, den Bissen der hochspringenden, nach ihren Pfoten schnappenden Hunden zu entkommen, bringt den Sack in Schwingungen — ein ideales Trainingsobjekt, wie der Punchingball für den Boxer.

Am Kampftag bekommen die Hunde nichts zu trinken: Der Flüssigkeitsgehalt in ihren Körpern soll gesenkt werden, damit später das Blut aus den Wunden nicht so heftig fließt. Dann werden die Hunde gewogen und von der gegnerischen Partei gewaschen. So soll verhindert werden, daß die Felle mit giftigen Chemikalien präpariert werden, die den angreifenden, zubeißenden Hund lähmen könnten. Den „Taster“, der in England das Fell der Hunde ableckte, gibt es heute nicht mehr.

Ein einzelner Hundekampf kann bis zu drei Stunden dauern. Angeführt von ihren Besitzern, die im Ring stehen oder knien, stürzen sich die Hunde aufeinander. Gelingt einem der beiden ein tödlicher Biß, so kann nach den Spielregeln der Verlierer vom Gewinner verlangen, daß der Siegerhund nach kurzer Unterbrechung den toten Hund erneut attakkiert, um so seine überlegene Wildheit zu demonstrieren. Erst dann ist der Kampf beendet. Lebt der unterlegene Hund noch und ist er so schwer verletzt, daß er künftig kaum noch einen starken Kämpfer abgeben würde, wird ihm von seinem Besitzer ein Stahlstift ins Herz gestoßen. Dies gilt als die sauberste Lösung. Ein erfolgreicher Hundekämpfer bringt es im Jahr leicht auf 25 000 Dollar aus den Wetteinnahmen — zwischen 500 und 1000 Dollar pro Kampf.

Inzwischen hat sich sogar der amerikanische Kongreß mit den Hundekämpfen beschäftigt. In einem öffentlichen Hearing suchten die Abgeordneten Einzelheiten zu erfahren über den Sport, der ständig populärer wird und in den USA mindestens schon 10 000 Anhänger hat. In diesem Hearing sagte ein Zeuge über einen Hundekampf aus, den er miterlebt hatte. Sein Bericht deckt sich mit denen der Chronisten aus vergangenen Jahrhunderten, die mancher noch als Märchen abgetan hat.

Hier ist ein Auszug aus dem Protokoll des Hearings: „An diesem Kampfabend war eigentlich ‚Red Lady', 39 Pfund schwer, 6 Jahre alt, der Favorit gewesen. Sie stand dem noch unbekannten Hund ‚Hungry Tiger' gegenüber. Mehr als 1000 Dollar Wettgeld standen auf dem Spiel. Aber es kam anders. Red Lady, gerade noch an der Kehle von Hungry Tiger, unterliegt plötzlich. Ihre Flanken zucken wild, Hungry Tiger hat sich in ihrem rechten Vorderlauf festgebissen. Blut spritzt die Ringwand hoch, man hört Knochen zersplittern. Es ist die 76. Minute des Kampfes. Die Sport-Fans, die am Ring stehen, kommen langsam in Stimmung. Dosenbier für die Männer, Likör für die Frauen, und die Kinder haben auch ohne Alkohol ihren Spaß. Der Besitzer von Red Lady, die für ihn schon 14 Hundekämpfe gewonnen hat, rutscht nun auf seinen Knien über den blutverschmierten Ringboden und feuert seine Lady, die nicht mehr kann, mit Bitten und Flüchen an. ‚Come on, my Baby, bitte, bitte.' Und gleich hinterher: ‚Faß zu, du verdammter Bastard, faß zu.'

„Noch einmal bäumt sich Red Lady auf. Sie schnappt nach dem linken Ohr von Hungry Tiger, legt ihre Reißzähne hinein. Sie kaut auf dem Ohr herum und reißt es halb ab. Die Menge johlt. Ineinander verkeilt wälzen sich die Hunde durch den vier Meter großen Ring. Sie zerfleischen sich. Neues Dosenbier wird gereicht.

„Dann gibt Red Lady auf. Mit eingezogenem Schwanz, den Bauch fast aufgerissen, humpelt sie auf gebrochenen Vorderläufen in die Ringecke und versucht, durch einen Sprung über die kniehohen Bretter Hungry Tiger zu entkommen. Sie schafft den Sprung nicht mehr und bleibt mit ihrem Bauch auf der Brettkante hängen. Der Kampf wird unterbrochen, die Hunde werden in ihre Ecke genommen. Gelingt es dem Besitzer von Red Lady nicht, das halbtote Tier innerhalb der nächsten Minuten erneut zum Kampf anzustacheln, ist die Partie entschieden und das Geld verloren. Hungry Tiger ist kaum zurückzuhalten. Auf ein Zeichen des Ringrichters werden die Hunde wieder aufeinander losgelassen. Tiger stürzt sich blutrünstig auf die Lady, die sich ihm mit letzter Kraftanstrengung entgegenwirft. Nach drei Minuten ist es aus mit Red Lady. Sie verblutet im Ring.

„Jemand schlägt einen Fleischerhaken in den Kadaver und wirft ihn in eine Blechtonne, die zehn Schritte hinter den Reihen der Zuschauer steht."

„Es ist ein gräßliches, gewalttätiges Volk, das sich da ergötzt", sagt Duncan Wright vom „Amerikanischen Hundebesitzer-Verband", „was wir fordern, ist ein energisches Vorgehen der Bundesbehörden gegen diese Barbarei." Die Höchststrafe, zu der bislang ein Kampfhund-Züchter verurteilt wurde, war die lächerliche Summe von 875 Dollar. Das Spiel ist noch lange nicht aus. Das Blut manchen Hundes wird noch fließen.

Peter und Fiffi machten eine neue Rasse

Die meisten Hunderassen sind das Ergebnis planmäßiger Zucht. Aber mitunter spielt auch der Zufall eine Rolle – wie beim Kromfohrländer, der neuen Rasse aus dem Siegerland

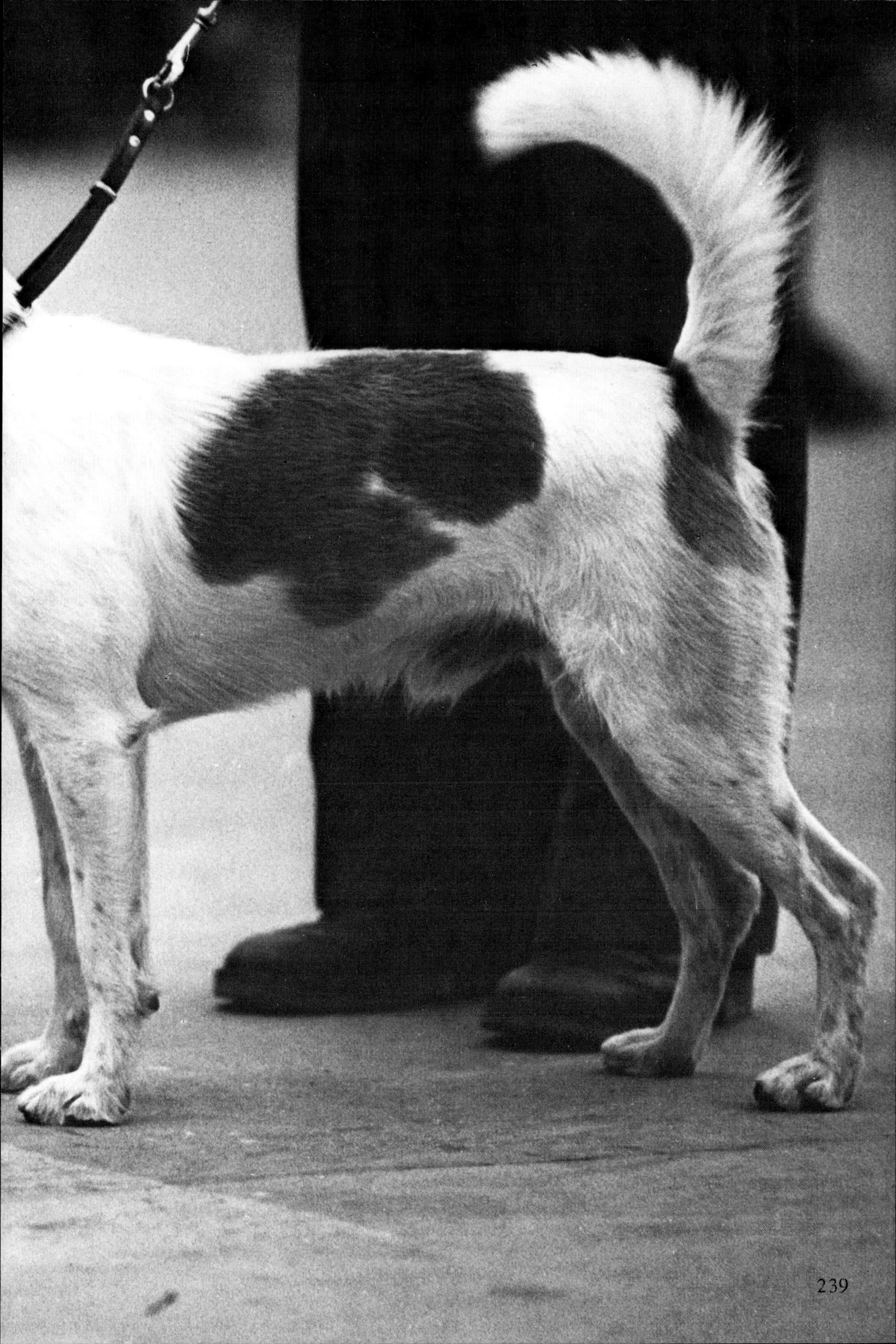

13 Peter und Fiffi machten eine neue Rasse

Es gibt ihn noch nicht lange. Er war weder der Schoßhund einer Prinzessin, noch hatte er die Ehre, einen König auf der Jagd zu begleiten. Der Kromfohrländer, neben dem Eurasier die jüngste deutsche Hunderasse, ist alles andere als blaublütig. Manchem Rassefanatiker unter den Hundeleuten ist seine Existenz auch heute noch — obwohl inzwischen offiziell anerkannt — ein Dorn im Auge. Sie rümpfen die Nase und bezeichnen ihn hartnäckig als Bastard.
Den Kromfohrländer kümmert das wenig. Er ist ein robuster Aufsteiger, seine Geschichte ein typisches Nachkriegsschicksal. 1945 sprang im Siegerland ein junger Hund, etwa ein halbes Jahr alt, von einem amerikanischen Militärlastwagen. Offenbar hatten ihn die Amerikaner beim Vormarsch aus Frankreich mitgebracht. Der Hund, ein Rüde, ähnelte dem bretonischen Griffon. Das Soldatenleben muß ihm zu langweilig geworden sein, die amerikanische Schokolade mit der Zeit ihren Reiz verloren haben. Der Bretone wurde fahnenflüchtig. Wochenlang streunte er durch die Dörfer und wurde immer magerer. Niemand fütterte ihn. Die Leute hatten selber nichts zu essen, und auch Wohlstandsmüll gab es damals noch nicht. Schließlich fingen zwei Männer das halbverhungerte Tier ein und wollten es erschlagen.
Zufällig kam Ilse Schleifenbaum dazu, die Frau eines Anwalts aus Siegen, die auf dem Dorf evakuiert war. Sie rettete dem kleinen Hund das Leben, nahm ihn mit nach Hause und nannte ihn Peter. Schon bald gehörte Peter mit zur Familie. Nicht mal im Traum hätte jemand damals daran gedacht, daß Peter der Stammvater einer neuen Hunderasse wird, sein Frauchen als Schöpferin des Kromfohrländers in die Geschichte der Kynologie eingehen sollte.
Ilse Schleifenbaum — sie ist inzwischen achtzig geworden — lebt in einer Villa auf einem bewaldeten Hang über Siegen. Der Blick geht von dort über die Stadt hinweg weit ins Land hinein. Die Familie führt dort ein beschauliches Leben. Herr Schleifenbaum, ein paar Jahre älter als seine Frau, geht noch jeden Tag in seine Kanzlei. Von April bis September schwimmt das Ehepaar täglich im nahe gelegenen Seelbacher Weiher. „Dort sind die Karpfen mindestens so alt wie ich“, sagt Frau Schleifenbaum. Und wenn es zu kalt wird zum Baden, setzen sich die Schleifenbaums in ihr Auto und fahren über den Winter nach Afrika. Alle ihre Kinder haben sich auf Grundstücken rund um das Elternhaus angesiedelt. Eine heile Welt also, in der sich auch Hunde wohl fühlen müssen.
Peter hat inzwischen längst das Zeitliche gesegnet. Er liegt hier oben begraben. Zärtlich nennt Ilse Schleifenbaum ihn in ihren Erzählungen „den Urpeter“. Der Peter suchte sich, nachdem er sich eingelebt hatte, auf eigene Faust eine Hundebraut. Das war „Fiffi“, eine

Peter (links), der Urvater des Kromfohrländers, mit drei seiner Nachkommen

schwarz-weiße, rauhhaarige Foxterrier-Hündin aus der Nachbarschaft. Auch Fiffi hatte keinen Stammbaum. Eigentlich hätte aus der Mesalliance der beiden ein wildes Hunde-Mischmasch entstehen müssen. Aber die Welpen sahen ganz gleichmäßig aus. Einer ähnelte dem anderen, als seien sie schon seit vielen Generationen Rassehunde. Peter und Fiffi fanden noch ein paarmal zusammen, und Ilse Schleifenbaum staunte immer mehr: „Jeder Wurf war ganz egal. Ein Hündchen wie das andere.“
Ist das alles für den Hundefachmann schon unglaubhaft, so kommt es noch dicker. Fiffi, so behauptet Ilse Schleifenbaum steif und fest, war, als sie sich zum erstenmal mit Peter einließ, schon 18 Jahre alt, in einem Alter also, in dem die meisten Hunde schon im Himmel sind. Fiffi aber habe mit 24 Jahren zum letztenmal geworfen und sei danach verstorben. Ich habe mit Tiermedizinern darüber gesprochen. Sie hielten mich sämtlich für verrückt. Doch Frau Schleifenbaum beharrt auf ihrer Geschichte. Ein Irrtum sei unmöglich, Fiffi sei ihr zur Silberhochzeit als Welpe geschenkt worden, und deshalb könne sie das Alter des Hundes genau zurückrechnen.

Mit Geduld und Idealismus züchtete Ilse Schleifenbaum aus einer Laune der Natur eine neue Rasse

Und auch der Tierarzt, der die Hunde damals betreute, ist bereit, das Unmögliche zu beschwören.

Lassen wir es dabei bewenden — es ist ebenso seltsam wie vieles an dieser jungen Rasse. So ganz unmöglich vielleicht auch nicht, denn schließlich ist im Buch der Rekorde als ältester Hund der Welt der schwarze Neufundländer „Adjutant" registriert. Er wurde 27 Jahre und drei Monate alt. Wie lange er zeugungsfähig war, ist dort freilich nicht zu erfahren.

Als Fiffi verstorben war, paarte Ilse Schleifenbaum ihren Peter mit seinen Töchtern. Auch die Inzucht brachte wieder nur ausgeglichene Würfe. Jetzt packte die Anwaltsfrau der Ehrgeiz: Was eine Laune der Natur zu sein schien, sollte amtlich als Rasse bestätigt werden. Frau Schleifenbaum scheute

keine Mühe, und die ganze Familie spottete über die ehrgeizige Mutter. Ilse Schleifenbaum fuhr nach Dortmund, zur Geschäftsstelle des Verbandes für das Deutsche Hundewesen (VDH), damals, so kurz nach dem Zweiten Weltkrieg, eine beschwerliche Reise. Sie erinnert sich: „Als ich dort den Antrag stellte, meine Hunde als Rasse anzuerkennen, haben die nur den Kopf geschüttelt." Aber sie ließ sich nicht entmutigen und züchtete weiter, nur mit den besten Hunden. Einen Namen für ihre Rasse, die noch keine war, hatte sie längst gefunden. Sie besaß ein kleines Wochenendhaus, das in einer Gegend stand, die „Krumme Furche" hieß, plattdeutsch „Krom Fohr". Daraus machte sie den „Kromfohrländer".
Die Reisen nach Dortmund wurden zur Routine. Die Jahre währende Beharrlichkeit der Dame aus Siegen war bei den Hundverbands-Funktionären bald gefürchtet. Aber die Würfe, die sie präsentierte, waren einwandfrei. Es gelang Ilse Schleifenbaum, den VDH-Geschäftsführer Otto Borner für ihre Idee zu gewinnen. Heute züchtet er sogar selber Kromfohrländer.

Am 25. August 1955 war es endlich geschafft. Die Fédération Cynologique Internationale (FCI) in Brüssel — der Kynologische Weltverband — erkannte den Kromfohrländer als eigene Rasse an. Nach 82 Jahren gab es wieder eine neue deutsche Hunderasse. Fiffi, die das nicht mehr erlebte, und Peter, inzwischen sehr alt geworden, wurden nachträglich in den Adelsstand erhoben. Ihr Stammbaum aber ist ein Kuriosum. Sonst sind Stammbäume Tummelplätze adliger Ahnen mit ellenlangen Namen, bei Peter und Fiffi aber ist in den Rubriken Eltern, Großeltern und Urgroßeltern je 14mal das Wort unbekannt eingetragen.

Einen Monat später konnte Ilse Schleifenbaum auf einer großen Hundeschau in Dortmund zum erstenmal ihre schönsten Exemplare aus ihrem Zwinger „von Wellersberg" zeigen. Die neue Rasse fand sofort Interessenten, machte Schlagzeilen in der Presse. Im Kreis der Züchter alter Nobelrassen jedoch blieb Ilse Schleifenbaum noch lange Außenseiter. Sie mußte sich beschimpfen lassen: „Wie können Sie es wagen, mit Ihren Mischlingen auf Ausstellungen zu erscheinen." Als in Oldenburg einer ihrer Hunde eine Goldmedaille gewann, versuchten Konkurrenten sogar, Ilse Schleifenbaums Kromfohrländer zu vergiften. Sie sagt: „Die haben mir so viele Knüppel zwischen die Beine geworfen, wie sie nur konnten." Das aber hat die Züchterin keinen Augenblick beirrt, eher noch angespornt. Ihr Mann, der Spötter von einst, begleitet sie nun zu jeder Ausstellung.

Der angesehene Hundefachmann Dr. Erich Schneider-Leyer schrieb in seinem Buch „Mein Freund, der Rassehund" auch ein Kapitel über den Emporkömmling Kromfohrländer. Er erteilte den dünkelhaften Rassisten unter den Züchtern eine Lektion: „Eine große Zahl der amtlich anerkannten verschiedenen Hunderassen in der Welt und auch ein beträchtlicher Prozentsatz der deutschen Hunderassen mit ihren verschiedenen Unterarten und Zwergformen ist erst im vergangenen Jahrhundert entstanden. Fast jede Rasse, die planvoll gezüchtet oder auch zufällig entstanden

Hunde von straßenköterhafter Vitalität: ein Wurf Kromfohrländerwelpen

ist, wurde sehr mißtrauisch aufgenommen, und zwar scheint dies eine typisch deutsche Eigenschaft gewesen zu sein, denn wir haben aus anderen, kynologisch stark interessierten Ländern vernommen, daß dort jede Neuzüchtung mit großer sportlicher Fairness bewundert wurde. Bei uns aber hat es stets heiße Kämpfe gegeben, ehe sich eine Rasse durchsetzen konnte. Es gehört schon viel Züchtermut und Idealismus dazu, eine neue Hunderasse zu schaffen, und vor allem, dieser Rasse in der weiteren Entwicklung Gesundheit, Wesensfestigkeit und auch Artbeständigkeit zu geben und zu erhalten. So darf ich denn die jüngste deutsche Rasse vorstellen: den Kromfohrländer aus dem Siegener Land."

In mehr als 30 Jahren hat sich Peters und Fiffis Nachkommenschaft durchgesetzt und gefestigt. Der Kromfohrländer wird heute in drei Schlägen gezüchtet: kurzhaarig, rauhhaarig und langhaarig. Sein Foxl-Erbe ist unverkennbar, nur ist er noch nicht so überzüchtet wie viele Fox-Terrier, kein nervöser Kläffer. In seinem Standard heißt es: „Ein eleganter, mittelgroßer, im Rücken etwas länger als schulterhoch erscheinender Hund." Das weiße Fell hat braune Abzeichen wie einst das des Urahns Peter aus Frankreich. Schwarze Flecken, wie Urmutter Fiffi sie hatte, sind dagegen verpönt. Der Kromfohrländer gehört nicht zur Kundschaft der Hundesalons. Er wird nicht getrimmt, auch sein Schwanz wird nicht kupiert,

Muster ihrer Rasse: Kromfohrländerhündin Sylvä Lampi

er ringelt sich fröhlich über den Rücken. Sicher wirkt er nicht so vornehm wie mancher Hundeadel, an dem der Mensch jahrhundertelang herumexperimentiert hat. Dafür strömt er eine fast straßenköterhafte Vitalität aus, was keinesfalls eine Schmähung sein soll. Sein Wesen beschreibt Frau Schleifenbaum so: „Er ist eine Mixtur aus Fröhlichkeit und Nachdenklichkeit. Der Kromfohrländer ist anhänglich, ohne unterwürfig zu sein, treu und zuverlässig, eigenwillig, ohne jenen fatalen Hang zu widerborstigem eigenen Willen, wie es bei manchen anderen Rassen der Fall ist.“ Kromfohrländer werden ungewöhnlich alt, 15 bis 17 Jahre sind nicht selten. Auch dem Jäger werden sie nicht vor die Flinte laufen. Diese Rasse wildert nicht.

Wie es sich für einen anständigen Rassehund gehört, hat auch der Kromfohrländer mittlerweile seinen eigenen Club, den „Rassezuchtverein der Kromfohrländer“. Präsidentin ist Ilse Schleifenbaum. Sie sagt: „Das Geld hat mich an der Hundezucht nie gereizt.“ Und so hat sie dafür gesorgt, daß die Mitglieder wirkliche Hundeliebhaber sind. Geschäftemacher haben in dem Verein keinen Platz. Das kommt der Rasse zugute. Pro Jahr werden in der Bundesrepublik höchstens 60 Kromfohrländer gezüchtet. Der Welpenpreis ist genau festgelegt. Die Züchter dürfen für einen jungen Hund nicht mehr und nicht weniger als zwischen 500 und 600 Mark nehmen.

Auf einer Perserbrücke vor der gläsernen Terrassentür liegt die Kromfohrländer-Hündin Sylvä Lampi (Tiefer See), ein Geschenk finnischer Kromfohrländer-Freunde an Frau Schleifenbaum. In Finnland gibt es mehr als 500 Exemplare dieser urwüchsigen Rasse. Sylvä läßt sich die Herbstsonne auf den Pelz scheinen. Ilse Schleifenbaum hockt sich zu ihrem Hund und streichelt ihn. Sie sagt: „Vor ein paar Jahren lagen hier noch Fax und Dina. Sie sind gestorben. Sylvä soll mein letzter Hund sein. Für neue Freundschaften bin ich zu alt.“

So wie sie das sagt, klingt das weder traurig noch sentimental. Sie ist stolz auf ihr Lebenswerk, den Kromfohrländer, den sie nach ihren Vorstellungen geprägt und für dessen Anerkennung sie gekämpft hat. Den Kromfohrländer wird es noch geben, wenn sie längst nicht mehr ist, und mit ihm wird die Geschichte von Ilse Schleifenbaum und ihrem Peter weiterleben.

»Ein Hund, der wärmt det Herze«

Der alte Hund hat auf dem Friedhof in Lankwitz seine letzte Ruhe gefunden. Ein Nachfolger hat diesen Platz eingenommen. Doch vergessen hat man ihn nicht. Einmal in der Woche besuchen Herrchen und Frauchen zusammen mit ihrem neuen Gefährten sein Grab

JACKIE

14
»Ein Hund, der wärmt det Herze«

Sowie man da draußen im Süden Berlins in Lankwitz von der Dessauer Straße abgebogen und durch das Tor hindurch ist, wird man eingelullt von einem bißchen Ewigkeit. Wacholder, Zwergzypressen, Eiben, immergrüne Signale für die letzte Ruhe, wachsen aus der Erde, die jene deckt, die es hinter sich haben. Das Schlendern wird zum Schreiten, auch der aufrechteste Gang — das wird einem bewußt — endet unabwendbar und endgültig in der Horizontalen. Hände zucken aus den Hosentaschen und falten sich auf dem Rücken. Einige Amseln streiten sich in der Grabesstille zeternd um einen Regenwurm. Hier und da knien Menschen an den Gräbern, zupfen mit ernstem Eifer an Geranien, Pfennigkraut und Petunien, schleppen Wasser in Gießkannen herbei, nehmen verdorrte Schnittblumen aus Plastikvasen, die im Boden stecken.

Ein Friedhof, und doch ist es etwas anders: Die Gräber sind viel zu klein geraten. Und auf die Grabsteine, solide Steinmetzarbeiten, sind Inschriften gemeißelt, die aus dem Rahmen, dem sakralen, fallen. Da steht:

Für Poldy
Frauchens Liebchen
Herrchens Lausekopp
Wir kommen immer wieder

Der Treueschwur wird bekräftigt durch einen frischen Rosenstrauß.

Oder:

Eure Augen gebrochen,
Eure Schnäuzchen stumm,
Geliebte Tiere warum?

Der Vers ist Echo und Servus gewidmet. Und gleich nebenan heißt es:

Einsam zu wandern,
wie ist es so schwer,
Ohne den Toni
ist alles so leer

Auf einem der Gräber flackert in einer Laterne ein Ewiges Licht. Auf einem kleinen Sockel steht mit goldenen Lettern auf schwarzem Grund:

Ihr wart ein Geschenk der Allmacht
Dank für Eure Liebe und Treue

Der Dank gilt Elfa (1945—1957) und Dana (1957—1971). Toni und Poldy, Echo und Servus, Elfa und Dana waren Hunde, gebettet zur letzten Ruhe auf dem Tierfriedhof in Lankwitz, eingewikkelt in die Wolldecke, die sie zeitlebens wärmte, an ihrer Seite das Lieblingsspielzeug, eine Quietschmaus aus Gummi oder einen Teddybären.

Auch so ein Hundetod ist nicht umsonst: 40 Mark fürs Eingraben und die steinerne Grabfassung, je nach Grabgröße zwischen 40 und 80 Mark Jahresmiete, und dann noch einmal 20 Mark Wassergeld. Früher konnte man hier seinen Vierbeiner in einem richtigen Kindersarg bestatten. Das hat die Friedhofsverwaltung inzwischen untersagt, weil es den Prozeß der Vergänglichkeit zu lange aufgehalten hatte.

2400 Gräber von Hunden und Katzen, einigen Vögeln und sogar einer Ziege gibt es auf dem Tierfriedhof in Lank-

Auf dem Hundefriedhof kommen die Menschen sich näher, für Stunden vergessen sie ihre Einsamkeit

witz, der vom Berliner Tierschutzverein betrieben wird. Immer mehr Menschen scheuen davor zurück, ihre Vierbeiner der Tierkörperverwertungsanstalt zu überlassen. Er soll auch nach dem Tod noch seinen eigenen Platz haben. „Ich könnt' mich nie mehr mit Seife waschen", sagt eine Friedhofsbesucherin, „immer müßte ich denken, daß da vielleicht ein Stück von meinem Peterl drin wäre."

In New York gibt es heute schon einen Hundefriedhof mit 35 000 Gräbern. Hier geht im Gegensatz zu Berlin Perfektion vor Idylle. Nicht selten werden die Hunde in Mahagonisärgen bestattet, das Stück für 110 Dollar. Auf Anforderung spricht sogar ein Geistlicher am offenen Grab ein Gebet. Die Kirche hat dafür extra eine Standardformel entworfen, die so lautet: „Himmlischer Vater, wir wissen, daß Deine Liebe groß ist, und wir fühlen, daß Du mit Verstehen auf eine Szene wie diese heute blickst, wo das, was so sehr geliebt wurde, von uns geht. Da dieser Liebling seinem Herrn gegenüber immer treu und gehorsam war, wollen wir, bevor wir diesen Friedhof verlassen, geloben, daß auch wir unserem Schöpfer gegenüber noch treuer und noch gehorsamer sein werden. Im Namen des Herrn erbitten wir Stärke. Himmlischer Vater, wir übergeben unseren geliebten Freund Deiner Obhut. Wach über ihn, geleite seinen Geist zur himmlischen Ruhe. Laß ihn auf ewig in Deinem himmlischen Garten spielen und endlich, lieber Gott, danken wir Dir für acht wundervolle Jahre als Weggenossen unseres Lieblings. Amen.

Eine alte, hagere Frau, die eben noch eine stumme Andacht vor dem Grab mit der Nummer 229 gehalten hat, spricht den Fremden an. Sie scheint froh über die Begegnung zu sein und führt ihn bereitwillig herum. Längst ist der Hundefriedhof in Lankwitz ihr Revier geworden. 1955 brachte sie „Letti" hierher, und elf Jahre später war das Grab 229 für „Axel", den Nachfolger, Endstation. Rassehunde waren beide nicht. Aber, so sagt die Frau, sie waren beide „viel zu jut für diese Welt. Det darf man nie verjessen".
„Jlauben Sie mir det", sagt sie, „hier is viel Weinen jewesen. Aber det kennt man als junger Mensch nich. Det kann man erst im Alter fassen." Sie zeigt auf eine ungepflegte Grabstelle: „Die da zum Beispiel. Erst ham se'n Boxer jehabt. Dann mußtet 'n Hirtenhund sein. Wat ham se anjegeben mit dem. Und schaun Se sich det Jrapp an! Det is der Dank der Menschen."
Auch zu dem Grab 1684 weiß die alte Frau eine Geschichte zu erzählen. Da liegt Senta. Elf Jahre lang hatte sie einen blinden Musiker durchs Leben geführt. Später war der Mann noch oft nach Lankwitz hinausgekommen und hatte am Grabe seines Hundes auf dem Akkordeon das Lied vom Guten Kameraden gespielt. „Jetzt issa schon lange wechjeblieben", sagt die Frau und schaut zum blauen Augusthimmel hinauf, „vielleicht is er schon bei seine Senta."
Die Frau ist schon wieder weiter, winkt zu einem Grabstein, der etwas abseits steht und größer ist als die anderen. „Der Mann hat so 'ne schöne Pension. Und nich mal 'n Erikastrauß setzt der aufs Jrapp. Der Waldo hat sich doch wirklich um Jott vadient jemacht." Waldo, das war ein Polizeihund. Von 1936 bis 1954 hat er gelebt. 18 Verwundungen hatte er aus dem Krieg mit heimgebracht. „Mit seinem Leben hatta so ville Menschenleben jerettet im Krieg. Und det hätt'n se sehen solln, als wir ihn zu Grabe jetragen ham." Mühsam geht die alte Frau in die Knie und zupft etwas Unkraut von Waldos Grab. „Ein Heulen

„Das, was wir liebhatten, werfen wir nicht weg . . ."

und Zähneklappern war det. Zwee Polizisten ham Wache jestandn zu beeden Seiten von det Jrapp. Die Musike hatt 'n ‚Guten Kameraden' gespielt. Und nu? Nich mal für 'n Blumenstrauß soll die Pension reichen? Erzähl'n Se mir nischt von Menschen. Der Mensch verkooft doch Vatta und Muttern für 'ne Bockwurst. Aber Hunde . . ."

Die alte Frau wühlt in ihrer Einkaufstasche, zieht ein Portemonnaie hervor und nestelt es auf. Hinter Cellophan stecken die Fotos ihrer beiden Hunde, die man anschauen soll. Lebt sie denn jetzt allein? „Nee, 'n Well'nsittich hab ick zu Haus sitzen. Hier, kucken Se mal", sie faltet ein Blatt Papier auseinander. Darauf steht in einer steilen, altmodischen Schrift: Gertrud Burmeister, BLN 36, Wrangelstraße 33—34. „Falls mir wat passiert, wissen Se, in meinem Alter weiß man ja nie, wann's passiert. Wenn ick hierher jeh, dann pack ick mein Well'nsittich 'ne doppelte Portion hin, und viel zum Trinken. Man weiß ja nie, mit 78."

Um sich selbst macht Gertrud Burmeister nicht mehr viel Aufhebens. Sorgen bereiten ihr nur die Tiere noch, die toten. Jungen Leuten in ihrem Haus hat sie Geld gegeben für den Fall, daß sie es einmal nicht mehr zum Friedhof schafft. „Dann wird det Jrapp von den beiden wenigstens noch zwee, drei Jahre jefleecht. Und det is schön." Die Frau geht langsam zurück über den Friedhof zu dem Grab Nummer 229, das ihr Lebensinhalt ist.

Auch Murkelchen (1965 bis 1977) hat heute Besuch. Herrchen und Frauchen legen an seinem Grab einen Nelkenstrauß nieder, und Herrchen muß Frauchen trösten. Murkelchen war ein Dakkel. Das Schicksal ereilte ihn im Juni während der Ferien in Oberbayern. Herrchen und Frauchen fuhren mit dem toten Hund ins Tierheim nach München und ließen ihn dort einäschern. In einer Urne trat Murkelchen die Heimreise an; und jetzt liegt er hier draußen in Lankwitz. „Wir sind nicht die Menschen, die das, was sie liebhatten, einfach in eine Tüte stecken und wegwerfen", sagen Murkelchens Besitzer.

Plötzlich sind Kinder auf dem Friedhof. „Kuckt mal, 'ne richtige Krone", ruft ein kleiner Junge und lockt die anderen zu einem Grabstein, auf dem eine Krone thront. „Prinzessin Sissi", buchstabiert ein Mädchen.

„Wie die Königin?" fragt der Junge.

„Nee, Quatsch", sagt das Mädchen. „Die liegt doch nich hier. Det ist die Königin von den Hunden."

„Und jetzt isse tot, wa?"

„Na klar, siehste doch. 71 isse jestorben."

„Da is ja auch 'n Bild von ihr", sagt das Mädchen. Neugierige Kinderfinger betasten eine Vignette mit dem Hundeporträt, das auf hellen Marmor geschraubt ist.

Die Kinder bleiben hinter einer Frau stehen. Sie hat sich rote Plastikhandschuhe übergestülpt und reinigt mit einem Schwamm einen Grabstein. Auf dem Stein steht: Schnapsi, 25. 3. 58 — 29. 9. 72. Der Junge fragt: „War det dein Hund?" Die Frau dreht sich herum. Sie ist erschrocken darüber, daß man sie anspricht:

„Ja."

„War det 'n Cocker?"

„Nein, ein Zwergpudel."

„Und wie hießa denn?"

„Kannst du denn nicht lesen?"

„Nee, noch nich so richtig."
„Schnapsi hieß sie."
„Och, die Arme."
Die Kinder laufen weiter. Die Frau weint, sie nimmt die Brille ab und sagt: „14 Jahre hatte ich sie. Schnapsi ist das einzige gewesen in all den Jahren. Sie war wie ein Schatten. Eigentlich hieß sie ja Elke von Ellswerder. Aber als sie zu mir kam, hab ich ein Fläschchen aufgemacht, mit ihr angestoßen, Prost gesagt, und da hatte sie schon ihren Namen weg — Schnapsi." Die Frau nimmt den Schwamm und wischt weiter. Es sieht aus, als streichele sie den Grabstein.
Zwei schwarz gekleidete Frauen gehen vorüber. Die Jüngere führt die Ältere am Arm. Sie trägt eine gelbe Binde mit drei schwarzen Punkten und stützt sich auf einen weißen Stock. Die beiden verweilen an dem Grab Numero 985. Vor drei Jahren hat die fast blinde Frau, sie heißt Schickel, hier ihre Schäferhündin Nixe begraben. Nixe war, nur zehn Jahre alt, an einer Rückenlähmung gestorben. „Eine treue Seele war das", sagt Frau Schickel und starrt durch die milchigen, überdicken Gläser auf das Grab. „Ein Bild von einem Hund", schwärmt die Begleiterin und stößt mit dem Fuß heruntergefallenes Laub und Zweige beiseite.
„Niemand hat mich anfassen dürfen", sagt Frau Schickel. Hilflos sucht sie mit dem Stock und dem freigewordenen Arm nach ihrer Begleiterin, die zu einem Abfallkübel gegangen ist. „Wir kommen nächste Woche noch mal her", sagt die Jüngere und faßt Frau Schickel wieder unter. „Dann pflanzen wir der Nixe was Schönes."
„Ja, ja", antwortet Frau Schickel, froh, wieder einen Halt zu haben. Am Friedhofsausgang hängt ein großes gelbes Plakat. Darauf ist eine Dogge abgebildet. Die beiden Frauen bleiben davor stehen. „Nein, so was", sagt die Jüngere. „Was ist denn, was steht denn da?" fragt Frau Schickel.
Die Jüngere liest ihr vor: „Diese Dogge wurde fast verhungert mit zusammengebundenen Vorder- und Hinterläufen auf den Rieselfeldern in Gatow gefunden.

Auch ein Hundetod ist nicht umsonst . . .

. . . für die Beerdigung wird 40 Mark verlangt . . .

... und für das Grab bis zu 80 Mark Jahresmiete ...

... Särge indes sind jetzt nicht mehr gestattet

Tausend Mark Belohnung für Hinweise, die zur Ergreifung des Täters führen."
Frau Schickel sagt: „Solche gemeinen Verbrecher müßten für immer hinter Schloß und Riegel."
Ein kleiner Hund, ein lebendiger, flitzt auf dem Weg entlang, schlägt ein paar Kapriolen, und schwupps ist er auf einen Schoß gesprungen. Und da sitzen sie nun eng zusammen auf einer Bank, Louise Achtermann, Berlinerin, Jahrgang 1904, und Doria, Pudelhündin, Jahrgang 1965, auch „Püppchen" genannt. Frau Achtermanns „letzte Liebe".
Die Augustsonne läßt Haar und Fell von Mensch und Hund im selben Silber glänzen. „'nen Klunker fürs Püppchen, weil sie so brav ist", sagt Louise Achtermann und hält ihrem Hund einen Hundekuchen hin.
Warum macht sie einmal in der Woche den beschwerlichen Weg von Tempelhof nach Lankwitz? „Wir beide ham jern wat Jrünet unter den Füßen, und hier auf dem Friedhof, da kann man doch reden, wie einem der Schnabel jewachsen is. Die Leute hier denken so wie ick. Die haben doch auch von Menschen de Nase voll. Die Erde könnte een Paradies sein, wenn keene Menschen da wärn."
Es muß einmal eine andere Louise Achtermann gegeben haben. Sie erzählt aus dem Berlin der zwanziger Jahre, die für sie wie für so viele die „goldenen" geblieben sind: „Det warn Zeiten. Kabaretts, Zirkus, Konzerte, Tauber-Premieren. Und wat für Schauspieler hatten wa damals! Pola Negri, Reinhardt, Bassermann, Hans Albers, Elisabeth Bergner, all die Kanonen. Det war doch wat. Heut möcht ick nich mehr jung sein. Wenn ick das so vergleiche, wat die mir bieten. Musik, Malerei, wie haben wir früher jesagt: Punkt, Punkt, Komma, Strich, fertig ist det Anjesicht, und heut is det Kunst."
Louise Achtermann heiratete einen Kaufmann. Auch er muß ein Hundefreund gewesen sein. In seinem Kontor hatte er einen Spruch aufgehängt, den Louise Achtermann nicht vergessen hat: „Es vernahm nicht jedes Ohr der Erfah-

rung Kunde, daß die Hunde Freunde sind und die Freunde Hunde."
Nach acht Jahren Ehe war Louise Achtermann wieder allein: „Ne schwere Nierenbeckenentzündung hat der Meine jehabt. Damals warn se noch nich so weit. Operation jut verlaufen, Patient tot." Noch keine 30 Jahre alt, mußte Louise Achtermann sich und ihre kleine Tochter durchbringen. Sie verdiente sich ihr Geld als Hausschneiderin. Damals muß vieles in ihr zerbrochen sein. Sie erzählt darüber aber nur wenig: „Unsere Generation hat nischt weiter mitjemacht wie verrückte Zeiten, Inflation und Kriege. Die besten Jahre unseres Lebens ham wa im Keller zugebracht, janz schön bunt war det."
Nach dem Krieg zog ihre Tochter nach München, und auch mit ihrer einzigen Schwester war nichts mehr anzufangen: „Vier Jören hat se jehabt, alle durften zu Herrn Hitler in den Kriech. Keiner ist zurückjekommen. Kein Wunder, det se nich drüber wegjekommen is und sich zum Schluß die Tür mit 'm Koppe uffjemacht hat."
Louise Achtermann holte sich in ihre Einsamkeit Gesellschaft. Zuerst kam die Katze Pussy und dann der Foxterrier Whisky: „Die ham sogar zusammen jeschlafen und sich den Buckel jewärmt. Wenn Pussy im Korb lag und schlief, dann is der Foxl dazujestiegen, vorsichtig, damit er sie nich störte. Wer macht det von de Menschen? Da sagt man doch ‚Hut ab'." Lange schon liegen die Katze und der Hund zusammen unter Lankwitzer Erde. Püppchen, die geduldig neben Frauchen sitzt und von Zeit zu Zeit nach einer vorüberfliegenden Fliege schnappt, hat sie darüber hinweggetröstet.
Es soll ihr letzter Hund sein. Sie hat Angst, daß der nächste sie überleben könnte, vorm eigenen Sterben da fürchtet sie sich nicht: „Eine Blume blüht, entfaltet sich, vergeht. So is det Leben. Ick mach mir nich verrückt damit. Wie sagt doch Otto Reuter ‚wenn er kommt, dann is man weg'."
Noch einmal redet Louise Achtermann von der Vergangenheit: „Als junges Ding hab ick mal so 'n Stück jesehn im Theater, ‚Aus dem Leben der Insekten' hieß det. Ein Ehepaar als Käfer verkleidet, und ihr Jrößtes war 'ne joldene Kugel. Nischt weiter hatten se zu tun, als die Kugel zu rollen, zu schieben, zu vajrößern. Die keuchten und schufteten. Und solche Leute jibt's mehr wie jenuch, die ihr Leben lang nischt tun wie Raffen. Und vor lauter Raffen sehn die keen Blümchen, keen Jrashalm, nur ihre joldene Kugel."
„Geld is kalt. Ein Hund, der wärmt det Herze", sagt Louise Achtermann und steht langsam von ihrer Bank auf. „Es wird Zeit, Madamchen." Püppchen ist schon hinuntergesprungen. Die beiden gehen über den Friedhof in ein Berlin hinein, das nicht mehr Louise Achtermanns Berlin ist, nur noch „ein dreckiges verkommenes Grenznest". Wie immer wollen sie vor der Dunkelheit daheim sein. In ihrer Handtasche hält Louise Achtermann eine Sprühdose mit Tränengas gegen „Haschfritzen" und „Penner" bereit.
Zu Hause in der Okerstraße müssen sie vier Stockwerke hochsteigen, 73 Stufen, die den beiden alten Damen von Tag zu Tag schwerer fallen, denn beide haben es in den Gelenken. Oben angekommen, schließt Louise Achtermann drei Schlösser auf und wieder zu, sie sperrt sich sel-

ber weg. Sie hängt Püppchens Leine und Halsband an einen Haken, unter dem auf einem Schild „Doria“ steht. Sie wischt, Ordnung muß sein, dem Hund mit einem Lappen die Pfoten sauber. Dann geht sie in die Küche, schneidet mit einer Schere Gulaschfleisch in kleine Stükke und mischt sie mit Mohrrüben und Haferflocken in Püppchens Futternapf. Später schaltet sie den Fernsehapparat ein. Karl-Heinz Köpcke berichtet auch heute nichts Gutes aus der Welt. Krisen und Konflikte stehen vorne an. Püppchen hat sich auf Louise Achtermanns Füßen zusammengerollt. Der Hund wärmt ihr nicht nur die Füße.

Wenn diesem alten Mann sein toter Hundefreund in den Sinn kommt, dann pilgert er nach Lankwitz hinaus und spielt ihm auf dem Akkordeon das Lied vom „Guten Kameraden“

15
Wo finde ich meinen Hund?

Deutschland
Verband für das
Deutsche Hundewesen (VDH)
Mallinckrodtstraße 26
Postfach 13 90
4600 Dortmund 1
Tel. 02 31/8 18 22 89

Österreich
Österreichischer Kynologenverband (ÖKV)
Karl-Schweighofer-Gasse 3
1070 Wien
Tel. 02 22/93 22 94

Schweiz
Schweizerische Kynologische
Gesellschaft (SKG)
Falkenplatz 11
Postfach 23 07
3012 Bern
Tel. 0 31/23 58 19

Bei den drei Dachverbänden
erhält man Informationen über alle
Hunderassen

Chow-Chow

Deutschland
Allgemeiner Chow-Chow-Club
Gisela Büchner
Fichtenstraße/7
6927 Bad Rappenau
Tel. 0 72 64/3 08

Österreich
Österreichischer Club für Chow-Chow
Brigitte Cech
Autokaderstr. 3/33/4
1210 Wien
Tel. 02 22/3 81 09 15

Schweiz
Schweizerischer Chow-Chow-Club
V. Serandrei
Via Genzana 4
6900 Lugano
Tel. 0 91/3 67 98

Rottweiler

Deutschland
Allgemeiner Deutscher Rottweiler-Klub
K. H. Juhl
Rintelner Straße 385
4952 Porta Westfalica 4
Tel. 0 57 22/2 11 06

Österreich
Österreichischer Rottweilerklub
Helga Bernscherer
2231 Straßhof
Rainergasse 7
Tel. 0 22 87/7 17/
8 55 93 95

Schweiz
Schweizerischer-Rottweiler-Hunde-Club
Jak. Staub
Grütstraße
8625 Goßau
Tel. 01/9 35 14 32

Polnische Hunde

Deutschland
Allgemeiner Klub für Polnische Hunderassen
Jörg Haufschild
Kaiser-Wilh.-Str. 20
5630 Remscheid-Hasten
Tel. 0 21 91/8 15 59

Basenji

Deutschland
Basenji-Klub Deutschland
Berta Burkert
Zuccalistraße 13
8000 München 19
Tel. 0 89/17 67 57

Basset

Deutschland
Basset-Hound-Club von Deutschland
Ulla Kliebenstein
Hofweg 24
6602 Dudweiler
Tel. 0 68 97/7 41 72

Österreich
Österreichischer Basset-Club
Friederike Tangelmayer
Simonystraße 36
4600 Wels
Tel. 0 72 42/7 78 52

Schweiz
Basset- und Bloodhound-Club der Schweiz
Ruth Binder
Oberhofstraße 8
8353 Elgg
Tel. 0 52/47 15 40

Beagle

Deutschland
Beagle Club Deutschland
Wolfgang W. Ellissen
Im Neugrabener Dorf 80
2104 Hamburg 92
Tel. 0 40/7 02 37 84

Österreich
Austrian Beagle Club
Annelies Reisinger
Winzer Straße 21 b
1133 Wien
Tel. 02 22/82 43 67

Collie

Deutschland
Club der Britischen Hütehunde
Willi Römpert
Hockenheimer Str. 76
6831 Reilingen/Baden
Tel. 0 62 05/45 62

Österreich
Österreichischer Club für Britische Hütehunde
Margit Brenner
Donaufelder Str. 215
1222 Wien
Tel. 02 22/2 34 21 25

Schweiz
Schweizerischer Collieklub
Luciano Basso
5106 Veltheim AG
Tel. 0 56/43 19 95

Schweizerischer Shetland-Sheepdog-Club
S. Streun
Voracker Weg 42 a
3072 Gümligen
Tel. 0 31/52 37 52

Boxer

Deutschland
Boxer-Klub Zuchtbuchstelle
Veldener Straße 66
8000 München 60
Tel. 0 89/56 86 72

Österreich
Österreichischer Boxerclub
Ingrid Khayll
Joh.-Teufel-Gasse 8
1238 Wien
Tel. 02 22/88 22 31

Schweiz
Schweizerischer Boxer-Club
Edouard Gutknecht
33 Chemin des Limites
1294 Genthod
Tel. 0 22/74 11 27

Mastiff

Deutschland
Club für Bordeaux-Doggen und Mastiffs
Maria Pufahl
Schloß-Wolfsbrunnen-Weg 58
6900 Heidelberg
Tel. 0 62 21/2 24 06

Österreich
Klub für große Hunderassen und Hütehunde
Inge Hauschka-Treuenfels
Mommsengasse 13
1040 Wien
Tel. 02 22/65 34 51

Bloodhound

Deutschland
Bloodhound-Club
Siegfried Peter
Mommsenstraße 70
1000 Berlin 12

Schweiz
Basset- und Bloodhound-Clubs der Schweiz
Ruth Binder
Oberhofstraße 8
8353 Elgg
Tel. 0 52/47 15 40

Briard

Deutschland
Club für Französische Hirtenhunde
Ruth Oeß
Holzbachtal 129
7501 Marxzell
Tel. 0 72 48/52 50

Österreich
Österreichischer Verein der Freunde des französischen Schäferhundes
Karl Mungenast
Amrasser Str. 15
6020 Innsbruck
Tel. 0 52 22/4 22 53

Schweiz
Schweizerischer Briard-Club
Sebastian Stuppan
Haldenweg
8153 Rümlang

Bracke

Deutschland
Deutscher Brackenverein
Ludwig Denk
8911 Beuerbach über Landsberg
Tel. 0 81 95/3 59

Österreich
Österreichischer Bracken-Verein
Hans Herz
Gscheid 44
3195 Kemhof

Bouvier

Deutschland
Deutscher Bouvier-Club v. 1977
Joachim Gerhardt
Achterberg 12
4152 Kempen-3-Tönisberg
Tel. 0 28 45/81 74

Österreich
Klub für große Hunderassen und Hütehunde
Inge Hauschka-Treuenfels
Mommsengasse 13
1040 Wien
Tel. 02 22/65 34 51

Schweiz
Schweizerischer Klub für Flandrische Treibhunde
M. Berger
Chenil Albion
1349 Penthaz
Tel. 0 21/87 21 02

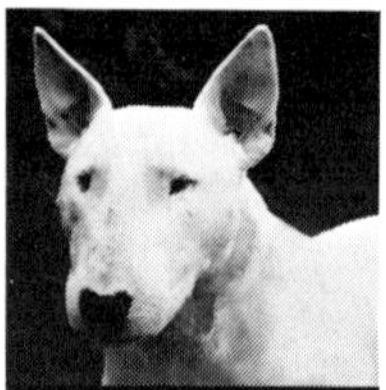

Bullterrier

Deutschland
Deutscher Club für Bullterrier
Else Sippel
Erlenstegenstr. 33 a
8500 Nürnberg
Tel. 09 11/59 49 42

Österreich
Bullterrierclub
Johann Georg Graf Herberstein
Joh.-Strauß-Gasse 38
1040 Wien
Tel. 02 22/65 01 39

Schweiz
Bullterrierklub der Schweiz
Dr. K. Schürch
Im Wuhracker
3454 Sumiswald
Tel. 0 34/71 15 22

Leonberger

Deutschland
Deutscher Club für Leonberger Hunde
Wilma Beutelspacher
Lenauweg 3
7250 Leonberg
Tel. 0 71 52/1 94 30

Österreich
Klub für große Hunderassen und Hütehunde
Inge Hauschka-Treuenfels
Mommsengasse 13
1040 Wien
Tel. 02 22/65 34 51

Schweiz
Schweizerischer Leonberger-Club
Hans Wenger
Eggwaldstraße 32
3076 Worb
Tel. 0 31/83 32 34

Nordische Hunde

Deutschland
Deutscher Club für Nordische Hunde
Dorothee Diehl
Rilkeweg 16
6831 Rheinhausen
Tel. 0 72 54/33 77

Österreich
Österreichischer Klub für Spitze und Polarhunde
Margit Hübl-Hörbiger
Jesuitensteig 8
1238 Wien-Mauer
Tel. 02 22/88 22 63

Schweiz
Schweizerischer Klub für nordische Hunde
Helly Vogt
Langmättli
4249 Blauen BE

Dalmatiner

Deutschland
Deutscher Dalmatiner-Club
Dr. Elisabeth Wagner
Kirchstraße 24
8021 Sauerlach
Tel. 0 81 04/4 11

Österreich
Österreichischer Dalmatinerclub
Hildegard Grießer
Villacher Straße 46
3220 Velden/W.
Tel. 0 42 74/25 05

Schweiz
Schweizer Dalmatiner-Club
Hans Kilchenmann
Scheuermattweg 10
3427 Utzenstorf
Tel. 0 65/45 46 37

Deutsche Dogge

Deutschland
Deutscher Doggen-Club
Alwin Theobald
Tiefenthaler Str. 12
6718 Grünstadt
Tel. 0 63 59/34 17

Österreich
Österreichischer Doggen-Klub
Geschäftsstelle:
Praterstr. 44/2/4/21
1020 Wien
Tel. 02 22/2 42 82 75

Schweiz
Schweizerischer Club für Deutsche Doggen
Robert Meier
Burg 630
9620 Lichtensteig
Tel. 0 74/7 14 12

Foxterrier

Deutschland
Deutscher Foxterrier-Verband
Axel Möhrke
Dorneystr. 65/67
4600 Dortmund 76
Tel. 02 31/6 58 12

Österreich
Österreichischer Foxterrierclub
Hedwig Gaube
Kahlenberger Str. 111
1190 Wien
Tel. 02 22/32 13 24

Schweiz
Schweizerischer Foxterrier-Club
Albert E. Mahler
Postfach 159
8044 Zürich
Tel. 01/28 66 58

Jagdterrier

Deutschland
Deutscher Jagdterrier-Club
W. Bierwirth
Mönchebornweg 6
3444 Wehretal 4
Tel. 0 56 51/2 13 90

Österreich
Club zur Züchtung deutscher Jagdterrier
Alois Stadelbauer
2251 Ebenthal-Garten
Tel. 0 25 38/5 21

Schweiz
Schweizerischer Jagdterrier-Club
Werner Christen
Dorf, 6311 Finstersee
Tel. 0 42/52 15 48

Groenendale

Deutschland
Deutscher Klub
für Belgische
Schäferhunde
Josef Schaller
Wiesenstraße 22
7961 Berg-Ravensburg
Tel. 07 51/4 31 70

Österreich
Verband der Freunde
der Belgischen
Schäferhunde
in Österreich
Margret Stöckl
Gramartstraße 12
6020 Innsbruck-
Hungerburg
Tel. 0 52 22/3 31 38

Schweiz
Schweizerischer
Klub des Belgischen
Schäferhundes
Alois Auf der Mauer
Höhenweg 6
8266 Steckborn

Neufundländer

Deutschland
Deutscher
Neufundländer-Klub
Heinrich Ippen
Brungerstr. 19
5253 Lindlar
Tel. 0 22 66/65 67

Österreich
Österreichischer
Neufundländer-Klub
Friedrich Kaiser
Simmeringer Haupt-
straße 252/1/2
1110 Wien
Tel. 02 22/77 84 63

Schweiz
Schweizerischer
Neufundländer-Klub
Margrit Jeannot
Waldhof
5032 Rohr b. Aarau
Tel. 0 64/22 48 75

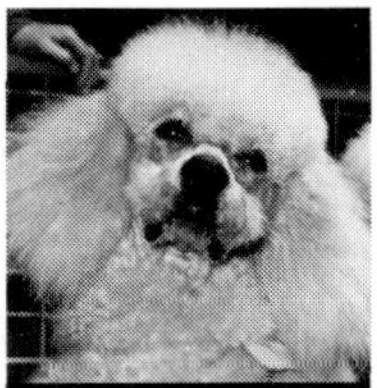

Pudel

Deutschland
Deutscher Pudel-Klub
Doris Lotz
Parkstr. 2
2371 Schülp
Tel. 0 43 31/8 80 45

Verband der Pudel-
freunde Deutschland
Mudel Tirocke
Billungstraße 34
2820 Bremen 70
Tel. 04 21/66 45 74

Österreich
Club der Pudelfreunde
Ing. S. v. Versbach-
Hadamar
In der Gugl 6
3400 Klosterneuburg
Tel. 0 22 43/29 81

Schweiz
Schweizerischer
Pudel-Club
L. Mach
Haus Kacian
6062 Wilen
Tel. 0 41/66 50 63

Retriever

Deutschland
Deutscher
Retriever-Club
Utz Böklen
Am Sägewerk 12
3100 Celle-Hustedt
Tel. 0 50 86/13 38

Österreich
Österreichischer
Jagdgebrauchshunde-
Verband
Ilse-Maria Kettner
Döblinger Hauptstr. 33
1190 Wien
Tel. 02 22/36 24 84

Schweiz
Schweizerischer
Springer-Spaniel-
und -Retriever-Club
L. Bernhauser
Säntisstraße 21
8640 Rapperswil
Tel. 0 55/27 40 44

Dackel

Deutschland
Deutscher
Teckelklub 1888
Zuchtbuchstelle:
Prinzenstraße 38
4100 Duisburg
Tel. 02 03/33 02 15

Österreich
Österreichischer
Dachshundeklub
Geschäftsstelle:
Walfischgasse 15/1
1010 Wien
Tel. 02 22/5 27 03 94

Schweiz
Schweizerischer
Dachshund-Club
Dr. Hanna Vogt
Römerstraße 24
4310 Rheinfelden
Tel. 0 61/87 64 64

Windhund

Deutschland
Deutscher
Windhundzucht-
und Rennverband
Christa Plum
Saaler Straße 84
5060 Bensberg
Tel. 0 22 04/5 24 06

Österreich
Österreichischer
Club für Windhunde-
zucht und Rennsport
Else Neugam
Herzgasse 63
1100 Wien
Tel. 02 22/64 21 26

Schweiz
Schweizerischer
Windhundclub
Paul Hausammann
Hechtliacker 33
4000 Basel
Tel. 0 61/34 04 80

Dobermann

Deutschland
Dobermann-Verein
Ilse Jost
Heegstraße 84
4300 Essen 11
Tel. 02 01/66 07 76

Österreich
Österreichischer
Dobermann-Klub
Karl P. Reisinger
Winzerstraße 21 b
1133 Wien
Tel. 02 22/82 43 67

Schweiz
Dobermann-Verein
der Schweiz
Siegfried Banz
Traubengasse 9
8820 Wädenswil
Tel. 01/75 72 77

Eurasier

Deutschland
Eurasier-Klub
Monika Stammler
Birkhahnkamp 4
2000 Norderstedt

Österreich
Österreichischer
Klub für Spitze und
Polarhunde
Margit Hübl-Hörbiger
Jesuitensteig 8
1238 Wien-Mauer
Tel. 02 22/88 22 63

Franz. Bulldogge

Deutschland
Internationaler Klub
für Französische
Bulldoggen
Lore Spakowsky
Woltersstraße 15
2000 Hamburg 61
Tel. 0 40/51 33 31

Österreich
Österreichischer
Bulldog-Klub
Gerd Prenner
Aue 52
2461 Schottwien
Tel. 0 26 63/4 77

Schweiz
Schweizerischer Klub
für Französische
Bulldoggen
Y. Künzli-Passoni
Peter-Rot-Straße 103
4058 Basel
Tel. 0 61/33 50 90

Tibet. Hunde

Deutschland
Internationaler Klub
für Tibetische
Hunderassen
Rotraud Witzler
An der Bahn 204
4178 Kevelaer 4
Tel. 0 28 82/17 37

Österreich
Österreichischer
Klub für tibetische
Hunderassen
Inge Hauschka-
Treuenfels
Mommsengasse 13
1040 Wien
Tel. 02 22/65 34 51

Schweiz
Schweizerischer
Zwerghunde-Club
T. Brandenberg
Sprengerweg 15
3084 Wabern
Tel. 0 31/54 20 39

Pekinese

Deutschland
Internationaler Klub
für Japan-Chin,
Peking-Palasthunde
und Toy-Spaniel
Christine Bernhardt
Ackerstraße 2
6380 Bad Homburg 1
Tel. 0 61 72/4 21 56

Österreich
Österreichischer
Zwerghunde-Klub
Hedy Wahl
Hochheimgasse 2
1130 Wien
Tel. 02 22/8 21 79 32

Schweiz
Schweizerischer
Club für Peking-
Palast-Hunde
G. Villiger
Klusstraße 6
4142 Münchenstein
Tel. 0 61/46 07 60

Jagdhund

Deutschland
Jagdgebrauchs-
hundverband
alle Jagdhundrassen
Clemens Nobis-
Wicherding
Braamweg 6
2901 Kirchhatten
Tel. 0 44 82/4 58

Österreich
Österreichischer
Jagdgebrauchs-
hunde-Verband
Ilse-Maria Kettner
Döblinger
Hauptstraße 33
1190 Wien
Tel. 02 22/36 24 84

Schweiz
Schweizerischer
Vorstehhund-Klub
Kurt Gantenbein
Kleestr. 3
9470 Buchs
Tel. 0 85/6 11 15

Cocker-Spaniel

Deutschland
Jagdspaniel-Klub
Hulda Ottinger
Am Löwentor 12
5400 Koblenz 1
Tel. 02 61/4 86 58

Österreich
Österreichischer
Jagdspanielclub
Richard Löhlein
Porzellangasse 11
1090 Wien
Tel. 02 22/34 74 01

Schweiz
Schweizerischer
Springer-Spaniel-
und -Retriever-Club
L. Bernhauser
Säntisstraße 21
8640 Rapperswil
Tel. 0 55/27 40 44

Spaniel-Club
der Schweiz
P. Bieri, Postfach 1
3053 Münchenbuchsee
Tel. 0 31/86 09 68

Jug. Hirtenhund

Deutschland
Jugoslawischer
Hirtenhund Club
der BRD
Georg Tietz
Heddernheimer
Landstraße 245
6000 Frankfurt/Main 50
Tel. 06 11/57 44 77

Österreich
Klub für große
Hunderassen und
Hütehunde
Inge Hauschka-
Treuenfels
Mommsengasse 13
1040 Wien
Tel. 02 22/65 34 51

Schweiz
Klub für ausländische
Hirtenhunde
Marietta Martin
Willistraße 79
5028 Ueken
Tel. 0 64/48 12 78

Terrier

Deutschland
Klub für Terrier
Geschäftsstelle:
Schöne Aussicht 9
6092 Kelsterbach
Tel. 0 61 07/23 65

Österreich
Österreichischer
Club für
rauhhaarige Terrier
Dr. Fritz Naegerl
Elisabethstraße 26
1010 Wien
Tel. 02 22/57 26 60

Schweiz
Schweizerischer
Club für Terriers
Annemarie Vogt
Hofackerstraße
8311 Brütten
Tel. 0 52/30 12 59

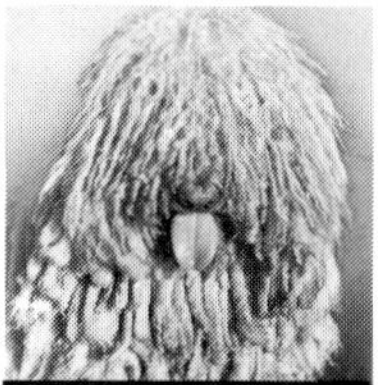

Ung. Hirtenhund

Deutschland
Klub für Ungarische
Hirtenhunde
Martha Schleu
Salzburger Str. 10
1000 Berlin 62
Tel. 0 30/7 82 15 61

Österreich
Österreichischer
Club für Ungarische
Hirtenhunde
Geschäftsstelle:
Wilhelm-Exner-
Gasse 11/18
1090 Wien
Tel. 02 22/3 43 08 64

Schweiz
Klub für ausländische
Hirtenhunde
Marietta Martin
Willistraße 79
5028 Ueken
Tel. 0 64/48 12 78

Schnauzer

Deutschland
Pinscher-Schnauzer-
Klub
Heinz Höller
Behringstraße 26
5110 Alsdorf
Tel. 0 24 04/6 19 15

Österreich
Erster Österr.
Schnauzer-Pinscher-
klub 1914
Geschäftsstelle:
Karl-Schweighofer-
Gasse 3
1070 Wien
Tel. 02 22/93 22 94

Schweiz
Schweizerischer
Club für Schnauzer
und Pinscher
H. Lehni
Landenbergstr.
6020 Emmenbrücke
Tel. 0 41/53 26 81

Kromfohrländer

Deutschland
Rassezuchtverein
für Kromfohrländer
Ilse Schleifenbaum
Am Fichtenhang 6
5900 Siegen
Tel. 02 71/5 50 49

Schweiz
Kromfohrländer
Club der Schweiz
Harry G. Wirth
Weinbergstraße 8
8353 Elgg
Tel. 0 52/47 25 64

Hovawart

Deutschland
Rassezuchtverein
für Hovawart-Hunde
Wanda Wiehe
Am Ohlmoorgraben 14
2000 Hamburg 62
Tel. 0 40/5 20 77 67

Österreich
Österreichischer Klub
der Hovawartfreunde
Inge Hauschke-
Treuenfels
Mommsengasse 13
1040 Wien
Tel. 02 22/65 34 51

Schweiz
Schweizerischer
Hovawart-Club
René Oppliger
Unterer Rütscheten-
weg 18
4133 Pratteln
Tel. 0 61/81 70 86

R. Ridgeback

Deutschland
Rhodesian Ridgeback
Club Deutschland
Egon Holzke
Holunderweg 10
2850 Bremerhaven 31
Tel. 04 71/6 09 62

Schw. Sennenhund

Deutschland
Schweizer Sennen-
hund-Verein für
Deutschland
Hugo Seel
Schwarzer Weg 62
4600 Dortmund 12
Tel. 02 31/25 85 40

Österreich
Verein für Schweizer
Sennenhunde in
Österreich
Thumegger Bezirk 9
5020 Salzburg
Tel. 0 62 22/43 37

Schweiz
Klub für Berner
Sennenhunde
Paul Gerhard-Marbot
4805 Brittnau
Tel. 0 62/51 94 01

Klub für
Große Schweizer
Sennenhunde
Joh. Eberhardt-Lanz
Kilchweg 19 a
4914 Roggwil
Tel. 0 63/9 67 06

Bernhardiner

Deutschland
St. Bernhards-Klub
Georg Kasten
Hemmingstedter
Weg 164
2000 Hamburg 42
Tel. 0 40/82 97 45

Österreich
Club der
St. Bernhardshunde
Österreich
Helmut Schenold
Schneiderhahn-
gasse 3
1120 Wien
Tel. 02 22/8 55 58 13

Schweiz
Schweizerischer
St. Bernhards-Club
Fritz Hürzeler
Herrengasse 84 b
3295 Rüti b. Büren
Tel. 0 32/81 30 74

Kleinhunde

Deutschland
Verband Deutscher
Kleinhundezüchter
Dr. med. E. Möckesch
Leuschnerstr. 82
3500 Kassel
Tel. 05 61/4 01 11

Österreich
Österreichischer
Zwerghunde-Klub
Hedy Wahl
Hochheimgasse 2
1130 Wien
Tel. 02 22/8 21 79 32

Schweiz
Schweizerischer
Zwerghunde-Club
A. Waldner
9432 Platz-
Walzenhausen
Tel. 0 71/44 16 09

Schweizerischer
Papillon-Club
Erika Bolt
Waldgutstraße 43
9010 St. Gallen

D. Schäferhund

Deutschland
Verein für deutsche
Schäferhunde
Zuchtbuchstelle
Beim Schnarr-
brunnen 4 - 6
8900 Augsburg 17
Tel. 08 21/3 36 35 oder
08 21/51 55 51

Österreich
Österr. Verein für
Deutsche Schäfer-
hunde
Geschäftsstelle:
Rotensterngasse 31
1020 Wien
Tel. 02 22/2 48 82 55

Schweiz
Schweizerischer
Schäferhund-Club
Bruno Basler
Stapferstraße 7
5000 Aarau
Tel. 0 64/21 12 09

Spitz

Deutschland
Verein für
Deutsche Spitze
Hansjörg Puschacher
Oberer Schützen-
rain 16
7250 Leonberg
Tel. 0 71 52/2 51 86

Österreich
Österreichischer
Klub für Spitze und
Polarhunde
Margit Hübel-
Hörbiger
Jesuitensteig 8
1238 Wien-Mauer
Tel. 02 22/88 22 63

Schweiz
Schweizerischer
Spitzerclub
Margit Stricker
Dorfbachweg 430
5035 Unterentfelden
Tel. 0 64/43 42 17

Setter

Deutschland
Verein für
Pointer und Setter
Marianne Schmid
Halzapfelstraße 18
8493 Kötzting
Tel. 0 99 41/89 34

Österreich
Österreichischer
Klub für englische
Vorstehhunde
Gernot Haas
3441 Dietersdorf
Tel. 0 22 74/65 21

Schweiz
Setter- und Pointer-
Club Suisse
René Vallotton
case postale 308
2800 Delémont
Tel. 0 66/22 35 61

Weimaraner

Deutschland
Weimaraner-Klub
Dr. Werner Petri
Konradin-Kreutzer-
Straße 15
7500 Karlsruhe
Tel. 07 21/57 10 40

Österreich
Österreichischer
Weimaraner-Verein
Carl Graf Gudenus
3473 Mühlbach
Tel. 0 29 57/3 01

Schweiz
Schweizerischer
Vorstehhund-Klub
Fritz Baur
Tierheim Seehalde
8914 Aeugst
Tel. 01/99 69 44

Engl. Bulldog

Deutschland
Allgemeiner Club für
Englische Bulldogs
Doris Ehrenstein
Römerstraße 343 a
5040 Brühl
Tel. 0 22 32/2 79 11

Österreich
Österreichischer
Bulldog-Klub
Dr. Walburga Ruppert
Mühlbergstraße 28
1147 Wien
Tel. 02 22/9 71 06 34

Schweiz
Schweizer Club für
Englische Bulldogs
Imelda Angehrn
Lärchensteig
9202 Goßau
Tel. 0 71/85 38 23

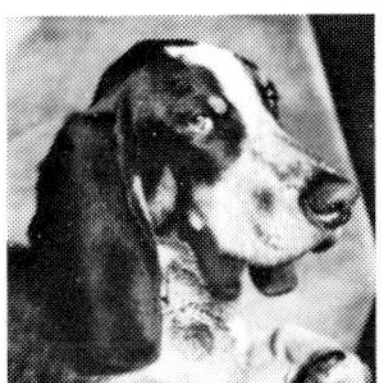

Franz. Laufhund

Deutschland
Verein für
französische Lauf-
hunde
Dr. Wolfram Heinrich
Lacherstraße 62
5650 Solingen 1
Tel. 0 21 22/81 06 86

Schweiz
Schweizerischer
Laufhund-Club
Hermann Brüesch
Grischunaweg 6
7000 Chur
Tel. 0 81/24 38 76

Magyar-Vizsla

Deutschland
Magyar-Vizsla-Club
Josef Rauwolf
Forsthaus Kettnitz-
mühle
8475 Wernberg/
Köblitz
Tel. 0 96 04/2 43

Österreich
Österr. Klub für
drahthaarige
ungarische Vorsteh-
hunde
Ilse Amon
Karl-Wilh.-Diefen-
bach-Gasse 16
1130 Wien
Tel. 02 22/8 81 98 74

Das Leben in der Großstadt wird für manchen Hund zur Qual. In den Parkanlagen ist ihm Leinenzwang verordnet. Über Maulkorbzwang wird noch diskutiert. Viele Stadtparlamente haben hinter verschlossenen Türen längst ein totales Hundeverbot für ihre Städte erwogen

Früher einmal war der Irish Setter ein leistungsstarker Vorsteh-Hund. Heute ist er im Revier nur noch selten zu sehen. Die Schönheitszucht hat ihn für die Arbeit verdorben. Er ist allzu oft sehr sensibel und himmelt am liebsten sein Herrchen an

Mantelpavian oder Hund, das ist hier die Frage? Der Hundecoiffeur kann stolz sein auf sein Werk

Der Hundefriedhof ist ein Treffpunkt für alte Leute, die ihren Tieren noch über den Tod hinaus die Treue halten

Cora
UNSER LIEBES
PETERLE
1941 – 1957

Literatur-Verzeichnis

Juliette de Bairacli-Levy:
Die Aufzucht junger Hunde nach natürlichen Methoden
Albert Müller Verlag

Ludwig Beckmann:
Geschichte und Beschreibung des Hundes

Max Brand:
Der weiße Wolf
Verlag Th. Knaur

H. Brummer:
Beobachtungen zum Fluchtverhalten des Hundes
Kleintierpraxis 12

H. Brummer:
Die Bedeutung der präpubertären Entwicklungsphasen für das Verhalten des Hundes
Kleintierpraxis 5

H. Brummer und H. Eikmeier:
Psychosomatische Erkrankungen und Störungen bei Tieren
Deutsche tierärztliche Wochenschrift 74/17

Ferdinand Brunner:
Der unverstandene Hund
J. Neumann-Neudamm-Verlag

Ferdinand Brunner:
Das Verhalten des Hundes im Großstadtverkehr
Tierärztl. Monatszeitschrift 48

Ferdinand Brunner:
Die Bedeutung der modernen Verhaltensforschung für praktische Fragen des Alltags und der Tierhaltung sowie für die Zoologie, Psychologie, Medizin und Tiermedizin
Kleintierpraxis 7

Ferdinand Brunner:
Wie der Herr so der Hund
Eine wissenschaftliche Untersuchung der Korrelation einiger Verhaltenseigenschaften des Hundes mit den entsprechenden seines Herrn
Kleintierpraxis 5

Eric F. Daglish:
Das große Hundebuch
Emil Vollmer Verlag

Eric F. Daglish:
Hundezucht auf Grund der Vererbungslehre
Albert Müller Verlag

Gladis Brown Edwards:
The Complete Airedale-Terrier
Howell Book House New York

Irenäus Eibl-Eibesfeldt:
Grundriß der vergleichenden Verhaltensforschung
Piper Verlag

Dieter Fleig:
Gladiatoren
Honden Woef's Bibliothek

Michael W. Fox:
Versteh Deinen Hund
Albert Müller Verlag

Michael W. Fox:
Vom Wolf zum Hund
BLV

Anita und Emanuel Gay:
Die französische Bulldogge
Edition Rhodaniques
St.-Maurice (Schweiz)

Richard H. Glyn:
Bull Terriers and how to breed them
Hall The Publishers Ltd. Oxford

John F. Gordon:
The Bullterrier
John Gifford Ltd. London

Bernhard Grzimek:
Die „Radfahrerreaktion“
Tierpsychol. 6

Hegendorf:
Wie sag' ich's meinem Hunde
Hubertusverlag Wien

Hegewald:
Schriften über den Gebrauchshund
J. Neumann-Neudamm-Verlag

Wolf Herre:
Demonstration im Tiergarten des Instituts für Haustierkunde der Universität Kiel, insbesondere von Wildcaniden und Canidenkreuzungen
Verb. zool. Ges.

Wolf Herre/Manfred Röhrs:
Haustiere, zoologisch gesehen
Gustav Fischer TB.

Joachim Illies:
Anthropologie des Tieres
DTV

Ernst Kamphausen:
Der Dackel
Franckh'sche Verlagshandlung

James R. Kinney:
Hundehaltung in der Stadt
Ullstein

Ulrich Klever:
Dein Hund das unverstandene Wesen
Belser-Verlag

Ulrich Klever:
Knaurs Hundebuch
Droemer-Knaur

Hugo und Jane van Lawick-Goodal:
Unschuldige Mörder
Rowohlt

Konrad Lorenz/Paul Leyhausen:
Antriebe tierischen und menschlichen Verhaltens
Piper Verlag

Konrad Lorenz:
Das sogenannte Böse
G. Borotha-Schoeler-Verlag Wien

Konrad Lorenz:
So kam der Mensch auf den Hund
G. Borotha-Schoeler-Verlag Wien

Konrad Lorenz:
Über tierisches und menschliches Verhalten
Piper Verlag

R. Menzel:
Durchführung von Eignungsprüfungen bei Nichtjagdhundrassen
G. Grunau Bern

R. Menzel:
Hundeausbildung, Verhalten, Gehorsam, Abrichtung
Falken-Verlag

R. Menzel:
Über die Analyse hundlicher Charakteranlagen
Z. f. Hundeforschung 2. Bd.

R. Menzel:
Welpe und Umwelt
Z. f. Hundeforschung, N. F. 3

E. S. Montgomery:
The Bull Terrier
Orange Judd Publishing Company
New York

Konrad Most:
Abrichtung des Hundes individuell und ohne Strafen unter besonderer Berücksichtigung des Dienst- und Gebrauchshundes
A. Gersbach-Verlag

Raymond Oppenheimer:
After Bar Sinister
The Dog World Ltd. Bradford

Friedo Schmidt:
Verstehst du deinen Hund?
J. Neumann-Neudamm-Verlag

Dorothee und Hans-Otto Schmidtke
Über eine Verhaltensstörung bei einfarbigen Cocker-Spaniels
Kleintierpraxis

Erich Schneider-Leyer:
Der deutsche Schäferhund mit seinen belgischen und niederländischen Verwandten
A. Ulmer-Verlag

Erich Schneider-Leyer:
Die Hunde der Welt
Albert Müller Verlag

Erich Schneider-Leyer:
Mein Freund, der Dachshund
A. Ulmer-Verlag

J. P. Scott:
Critical Periods in the Development of Social Behavior in Puppies
Psychosomat. Medic. Vol. XX

J. P. Scott:
The Social Behavior of Dogs and Wolfes, Annals of the New York Academy of Sciences 51

Eugen Seiferle:
Neue Hundekunde
Albert Müller Verlag

Eugen Seiferle:
Wesensgrundlagen und Wesensprüfung des Hundes
SKG. Bern
„Der Spiegel“ Nr. 5/1976

Alma J. Starbuck:
The complete Irish Wolfshound
Howell Book House New York

Wiebke Steen:
Der Terrier
Verlagsgesellschaft Rudolf Müller

Gottfried Stein:
Kurzweiliger Hundespiegel
Prestel Verlag

Rittmeister v. Stephanitz:
Der deutsche Schäferhund in Wort und Bild

Horst Stern:
Stern's Bemerkungen über Hunde
Kindler Verlag

Eberhard Trumler:
Hunde ernst genommen
Piper Verlag

Eberhard Trumler:
Mit dem Hund auf du
Piper-Verlag

Eberhard Trumler:
Trumlers Ratgeber für den Hundefreund
Piper-Verlag

Wilhelm Wegner:
Kleine Kynologie
Terra-Verlag

Erik Zimen:
Wölfe und Königspudel – vergleichende Verhaltensbeobachtungen
Piper Verlag

Bildnachweis

Schutzumschlag: Hanns-Jörg Anders (1), Andrej Reiser (13), Max Scheler (1)
Vorsatzpapier: Andrej Reiser
Seite 6 bis 15: Andrej Reiser
Seite 16/17: Uli Weyland
Seite 18/19: Andrej Reiser
Seite 24/25: Helmut Cäsar
Seite 27: Heiko Gebhardt
Seite 30/31: Heiko Gebhardt
Seite 34/35: Andrej Reiser
Seite 38/39: Joachim Widmann
Seite 41: Erik Zimen
Seite 42: Peter Thomann
Seite 44 bis 48: aus „Das Große Hundebuch“
Seite 50: Peter Thomann
Seite 52/53: Elliott Erwitt/Magnum
Seite 54/55: Will McBride
Seite 56/57: Elliott Erwitt/Magnum
Seite 60: Konrad Linder
Seite 63: STERN-Archiv
Seite 64: aus „Stern's Bemerkungen über Hunde“
Seite 67: Herm Nathan
Seite 68/69: Michael Ruetz
Seite 70: Quick-Magazin
Seite 72/73: Bild-Zeitung
Seite 74 bis 77: STERN-Archiv
Seite 78/79: M. Hassler
Seite 82 bis 89: Hanns-Jörg Anders
Seite 90/91: Hanns-Jörg Anders (2), Uli Weyland (1), Andrej Reiser (1)
Seite 92/93: Hanns-Jörg Anders (2), Uli Weyland (2)
Seite 94/95: Andrej Reiser (1), Uli Weyland (3)
Seite 96/97: Hanns-Jörg Anders (3), Uli Weyland (1)
Seite 98/99: Andrej Reiser (1), Uli Weyland (3)
Seite 100/101: Max Scheler
Seite 103: Andrej Reiser
Seite 104: Bernhard Kollschen
Seite 106/107: Jan van Eijndhoven
Seite 110/111: Dr. Jürgen Gebhardt
Seite 112/113: Quick-Magazin
Seite 115: Wilfried Bauer
Seite 116: Fanda W. Holubovsky
Seite 119: dpa
Seite 120: Hilmar Pabel
Seite 122/123: Michael Friedel
Seite 124/125: Andrej Reiser (1), aus „Champion Dogs of the World“ (1)
Seite 126/127: Michael Friedel (4), UPI (1), Wide World Photos (1)
Seite 128/129: Keystone (1), Camera Press (1), AP (1)
Seite 130/131: Mihaly Moldvay
Seite 136: Andrej Reiser
Seite 139: Andrej Reiser
Seite 140/141: STERN-Archiv (1), Mönch (1), J. C. Christensen (1)
Seite 145: Werner Bokelberg
Seite 146: S. W. Siepmann (1), Helmut Rüffler (1)
Seite 148 bis 153: Andrej Reiser
Seite 154/155: Uli Weyland
Seite 157: Andrej Reiser
Seite 158/159: Andrej Reiser (1), Souma (1), Uli Weyland (1)
Seite 160: Andrej Reiser
Seite 162/163: Camera Press
Seite 168/169: Eberhard Trumler
Seite 176 bis 179: Andrej Reiser
Seite 183: STERN-Archiv
Seite 184/185: STERN-Archiv (1), Werner Bokelberg (1)
Seite 186/187: Frentz (1), aus „Unser Hund“ (3)
Seite 189: Andrej Reiser
Seite 195: Andrej Reiser
Seite 198/199: Immo Vogel
Seite 201: Uli Weyland
Seite 202/203: Immo Vogel
Seite 209: aus „Unser Hund“
Seite 208/209: Ulrich Maurach (1), aus „Das große Hundebuch“ (1)
Seite 210/211: Peter Thomann (1), Müller-May (1)
Seite 214 bis 217: aus „Die Hunde der Welt“
Seite 220/221: Uli Weyland
Seite 222/223: Andrej Reiser
Seite 226: Andrej Reiser
Seite 228/229: STERN-Archiv (1), Mary Evans-Picture Library (1)
Seite 230/231: STERN-Archiv
Seite 232: Sheridan S. Klein
Seite 234/235: Dieter Fleig
Seite 238/239: Andrej Reiser
Seite 241: Ilse Schleifenbaum
Seite 242: Heiko Gebhardt
Seite 244/245: Michael/Bild (1), Andrej Reiser (1)
Seite 246 bis 255: Stark-Otto
Seite 257: Werner Bokelberg (2), Herrlich (1), PON (1), STERN-Archiv (2), aus „Champion Dogs of the World“ (4)
Seite 258/259: Jochen Blume (2), aus „Champion Dogs of the World“ (4), Dt. Klub für belg. Schäferhunde (1), Eurasier-Klub Weinheim (1), Bob Hank (1), Klub für franz. Hirtenhunde (1), aus „Die Hunde der Welt“ (1), Jochen Mönch (1), STERN-Archiv (5), Peter Thomann (2), UPI (1)
Seite 260/261: Hanns-Jörg Anders (1), Blumebild (1), Jochen Blume (2), aus „Champion Dogs of the World“ (5), dpa (1), Herrlich (2), Käte Knaur (2), Andrej Reiser (1), Wolfgang Sorsche (1), STERN-Archiv (1), UPI (1), Georg Tietz (1), Uli Weyland (1)
Seite 262 bis 269: Andrej Reiser
Nachsatzpapier: Andrej Reiser